Ada Erichsen: Die Flüchtlingsfrau

Ada Erichsen

Die Flüchtlingsfrau
Von Memel bis Panamà

CIP-Titelaufnahme der Deutschen Bibliothek
Ada Erichsen
Die Flüchtlingsfrau – Von Memel bis Panamà
ISBN 3-936128-28-6
Alle Rechte beim Autor. Printed in Germany.
2002

Herstellung:

Mein Buch

Elbdock, Hermann-Blohm-Str. 3
20457 Hamburg
Freecall 0800-634 62 82
www.MeinBu.ch

Inhalt

Prolog 9
Nachtwache 11

Teil 1
Ungebetener Besuch 17
Im Gefängnis 21
Briefe 27
Abschied 37
Im Krankenhaus 43
Haber 45
Montreal 51
Mutter und Tochter 55
Unter fremden Sternen 59
Der Traum von Schorsch 65
Die erste Zigarette 71
Ein neues Nest 73
Reise in die Vergangenheit 75
Genesung 79

Teil 2
Die Flucht 83
Der Treck 87
Entdeckung 91
Der Hunger 95
Liebe 103
Alex 107
Josies Pläne 111
Karl-Heinz 117
Monika 121
Trennung 129

Unter dem liegenden Halbmond *135*
München *153*
Hochzeit *173*

Teil 3
Katja *181*
Hamburg *185*
Sybille *191*
Lena *197*
Helen *199*
Spanien *201*
Der erste Kuss *205*
Familienbande *209*
Tüt *211*
Der Antrag *217*
Segeln *221*
Katjas Wege *227*
Der Unfall *229*
Hoffnung *237*

Teil 4
Albtraum *243*
Der Anruf *245*
Flug nach Panamà *251*
Ritt durch den Urwald *261*
Panamà City *267*
Chiriquí *279*
Im Regenwald *289*
Heimflug *293*
Fortschritte *299*
Erpressung *301*
Krieg in Panamà *303*
Allein *317*

Die letzte Flucht *329*

Epilog *335*

Der Fächer Deines Lebens spannt sich mir noch einmal auf.

Für alles gibt es eine Zeit.
Es gibt die Zeit der Stille,
Eine Zeit des Schmerzes und der Trauer,
Aber auch eine Zeit der dankbaren Erinnerung

an deinen Lebenslauf

Für meine Mutter

Prolog

Im Jahr 1984 verwandelte sich ein bis dahin in ruhigen Bahnen verlaufendes Leben in einen erschreckenden Albtraum. Eine nach dem Krieg aufgebaute Karriere, die damit verbundene soziale Stellung in der Gesellschaft, eine gesicherte Kranken- und Altersversorgung, Freundschaften, Bindungen an die Familie zerbrachen an einer gnadenlosen Hetzkampagne und Vorverurteilung der Medien, an übereifrigen Haftrichtern und schonungsloser Behandlung durch die Polizei.

Es passierten Dinge, die dazu führten, dass eine Frau zum zweiten Mal in ihrem Leben flüchtete und schließlich infolge jahrelangen Exils und einem daraus resultierenden Verfolgungswahn an Leib und Seele erkrankte und schließlich wieder in die Heimat zu der einzigen Person, der sie meinte vertrauen zu können, zurückkehrte. Sie floh ein drittes Mal vor einer unbekannten Größe, die sie hautnah erfahren musste, dem Tod.

Ihre seelischen Nöte und das Mitleiden ihrer Tochter bewirkten, dass Mutter und Tochter sich innerlich so nahe kamen, wie nie zuvor in ihrem Leben. Das erste Mal entstand Verständnis füreinander. Beide lernten sich neu kennen und beide lernten trotzdem ihr eigenes Leben zu leben.

Um die starke Identifikation mit ihrer Mutter abzubauen und sich innerlich abzugrenzen beschloss die Tochter die Geschichte ihrer Mutter aufzuschreiben. Dabei kamen Erinnerungen hervor, die nicht immer glücklich, sondern zum Teil schmerzlich und belastend waren.

Ähnlich wie bei einer Psychotherapie veränderte das, was beim Schreiben ans Licht befördert wurde, die Stimmungen und den allgemeinen Gemütszustand der Autorin. Den Zustand einer Flüchtenden erfuhr sie selbst, wenn sie das Krankenhaus, in dem ihre Mutter gelandet war, verließ.

Es glich einer Flucht, wenn sie weinend zu ihrem Auto rannte, Gott und die Welt verfluchend über die für sie veränderte Lebenssituation, verursacht durch ihre Mutter und deren Krankheitsbild, wie es sich ihr täglich in der erschreckendsten Weise offenbarte. Zitternd ließ sie sich dann hinter dem Lenkrad nieder, zerrte ungeduldig ihre Zigaretten hervor und rauchte eine im Akkordtempo.

Aufgewühlt fuhr sie in meist zu schnellem Tempo heim und schrie sich während der zwanzigminütigen Autofahrt die Seele aus dem Leib. Sie brüllte immer wieder: „Mein Gott! Lass sie endlich sterben! Nimm sie zu dir oder zur Hölle, wo auch immer. Ich ertrage es nicht".

Niemand, der ihr zusah, wenn sie sich rührend jeden Nachmittag seit der Ankunft ihrer Mutter um sie kümmerte, hätte von ihr geglaubt, dass sie solche schrecklichen Wünsche hatte. Wenn sie wieder bei Sinnen war, empfand sie nur Trauer und Sorge. Sie fühlte sich wie ein zwiegespaltener Mensch, der einerseits bereit war für den Menschen zu sorgen, der sich ihm anvertraut hatte, der andererseits die erdrückende Verantwortung meinte nicht übernehmen zu können. Sie hatte die Last, die sie nun tragen sollte, eindeutig unterschätzt und sich selbst überschätzt. Erst durch das Schreiben ihres Buches gelang ihr weitgehend eine Vergangenheitsbewältigung und die Annahme ihres Schicksals.

Nachtwache

Schwester Gaby schaute den langen Krankenhausflur entlang. Die Notbeleuchtung erhellte den Flur mit ihrem schwachen Licht. Keine Zimmerlampe brannte. Es herrschte eine trügerische Ruhe auf der Unfallstation. Bevor sie eine Zigarette rauchen konnte, wollte sie noch einmal in das Zimmer mit dem Neuzugang, der erst gestern eingeliefert worden war, gehen.

Das war ein eigenartiger Fall, dachte sie, während sie sich mit langsamen Schritten der Zimmertür von Raum Nummer 206 näherte. Sie hatte mitbekommen, wie sich die beiden jungen Assistenzärzte über die Patientin unterhalten hatten.

Eine eindeutige Diagnose war zu diesem Zeitpunkt anscheinend nicht möglich. Es wurde nach dem Ausschlussverfahren gearbeitet. Hochgradig verwirrt war die Frau mit einem Krankenwagen eingeliefert worden. Anschließend wurde sie geröntgt, wobei ein Lendenwirbelbruch festgestellt worden war. Zudem litt die alte Frau an akuter Austrocknung und starker Inkontinenz. Deshalb hatte man einen Dauerkatheter gelegt und sie in Pampers verpackt. Es war nun Zeit die Patientin zu kontrollieren.

Als Schwester Gaby die Tür leise öffnete, gefror ihr fast das Blut in den Adern. Mit einem Blick erkannte sie, dass hier ein Mordversuch stattfand. Die neue Patientin stand gebeugt über der keuchenden alten Frau, die im Nebenbett lag, und presste ihr ein Kopfkissen auf das Gesicht. Schwester Gaby glitt fast aus, als sie zu den beiden Frauen stürzte. Auf dem Boden befand sich eine riesige Lache aus übelriechendem Urin und Kot. Sie packte die stehende Frau von hinten mit festem Griff und zog sie von der Liegenden, die unter dem Kissen stöhnte und wimmerte, weg. Dabei fielen beide unsanft zu Boden.

Mist, dachte Schwester Gaby, warum muss immer mir so etwas passieren. Die Frau lag halb unter ihr und wühlte nun schreiend in dem Kot herum. Sie beschmierte sich das Gesicht und anschließend leckte sie ihre Finger ab. Schwester Gaby spürte, wie Übelkeit in ihrem Hals würgte. Sie erhob sich und zog die lamentierende Patientin zu sich hoch um sie dann vorsichtig auf ihrem Bett abzusetzen. Gaby blickte hinüber zu der anderen Alten, die sich nun das Kissen vom Kopf geschoben hatte und verwirrt brabbelte und wild mit den Augen rollte.

„Was ist los, Frau Haiting?", fragte Gaby nun ihre Patientin. Doch die schaute sie nur mit irrem Blick aus tief liegenden Augen an und entblößte plötzlich ihre großen gelblichen Zähne durch ein breites vom Wahnsinn geprägtes Grinsen.

„Okay, dann wollen wir hier mal etwas Ordnung schaffen," sagte Schwester Gaby mehr zu sich selbst und machte sich an die Arbeit.

Sie war fast fertig und es musste nur noch der Katheter neu angelegt werden, dazu wollte sie lieber noch eine Schwester zur Hilfe holen. Sie fand Schwester Karin und beide versuchten den Katheter anzulegen. Sie hatten aber nicht mit dem Widerstand der Patientin gerechnet und waren völlig verblüfft, als jeder von ihnen plötzlich eine Hand an den Kopf griff und sie heftig an den Haaren gerissen wurden, sodass sie mit den Köpfen aneinander schlugen.

Schreiend befreiten sie sich aus der Umklammerung, wobei einige ausgerissene Haarbüschel in den zusammengeballten Fäusten der Patientin blieben.

„Verdammt noch mal, was ist das für ein Zombie?", stieß Schwester Karin aus zusammengepressten Lippen hervor.

„Fixieren wir sie, dann wird's schon gehen," schlug Schwester Gaby vor.

„Ja, gut, ich hole die Gurte," antwortete Schwester Karin und beeilte sich aus dem Zimmer zu kommen.

Schwester Gaby rieb sich die Stelle am Kopf, wo ihr die Haare ausgerissen worden waren. Nachdenklich beobachtete sie das Mienenspiel von Manuela Haiting.

Die Augenbrauen waren über der Nasenwurzel unnatürlich hoch und zusammengezogen. Die Stirn wirkte dadurch zerfurcht wie das Bett eines ausgetrockneten Wasserfalls. Um die Augen bildete die Haut dunkelbraune großflächige Ringe, die wie Pigmentstörungen aussahen. Die Mundwinkel der Frau waren weit nach unten gezogen und aus ihren Winkeln lief eine schleimige Flüssigkeit ab.

Früher musste es eine schöne Frau gewesen sein, dachte Schwester Gaby. Die Nase war fein und gerade, die Lippen besaßen an ihrer Umrisslinie noch einen schönen Schwung.

Was war mit dieser Frau los? Wie konnte sie nur in so einen Zustand geraten? Lange musste sie ihre Haare in einem hellen Kastanienbraun gefärbt haben, also hatte sie dafür genug Geld gehabt. Nun waren die Haare am Ansatz seit etwa drei Monaten nicht mehr nachgefärbt worden und schlohweiß nachgewachsen.

Weshalb war sie so verwahrlost, sinnierte Schwester Gaby, während sie mit einem Tuch der Frau die Mundwinkel abwischte. Schwester Karin riss sie aus ihren Gedanken und sie beendeten ihre Arbeit.

„Du musst einen Bericht schreiben, wie das passiert ist, dass der Katheter abgegangen ist.", stellte Schwester Karin fest.

„Ja, ich danke dir für deine Hilfe.", antwortete Schwester Gaby ohne zu erzählen, wobei sie die Patientin erwischt hatte.

Sie wollte nicht, dass Schwester Karin so etwas von ihrer Station weitertrug, dann war es bald im ganzen Haus bekannt, deshalb behielt sie es für sich. Sie würde es später dem Oberarzt berichten.

Als sie später nach der Frau noch einmal sah, schlief sie unruhig, sprach spanisch und weinte im Traum. Der Oberarzt hatte angeordnet, dass sie in ein ruhiges Einzelzimmer verlegt werden sollte.

Als Manuela am nächsten Morgen erwachte, stand ihr Bett neben einem Fenster. Sie sah die dicken Wolken am blauen Himmel und erkannte sie als solche. Ihre Tramalträume hatten erstmals ausgesetzt. Dafür spürte sie wieder die unerträglichen Schmerzen im Unterbauch, in dem sich eine chronische Entzündung ausgebreitet hatte. Sie schrie laut.

Sofort stürzte eine Schwester ins Zimmer und näherte sich freundlich lächelnd dem Bett.

„Frau Haiting, guten Morgen," sagte sie. Sie wollte Fieber messen.

Aber Manuela ließ sie nicht an sich heran. Mit ängstlichen Augen beobachtete sie die Schwester.

Wo bleibt Katja, dachte sie immer wieder. Ich bin allein, kenne niemand. Keiner spricht spanisch, alle sprechen sehr gut deutsch.

Aber wo bin ich? Jemand hat es mir gesagt. Aber wer? Warum weiß ich es nicht? Was war mit der Alten? Ein Drache hat neben mir geschlafen. Dann ist er aufgewacht und hat mich bedroht.

Einmal hat mich Tante Ada besucht. Das weiß ich noch. Und Schorschel, mein Geliebter, wo bleibt er nur. Gestern war er hier, aber er hat zu viel zu tun. Zwischen seinen Beinen hängt ein Katheter. Ich sehe die Blutgerinnsel durch den Schlauch fließen, gleiten wie Schlangen. Sie lösen sich nicht mehr auf. Ich kann seine Schmerzen spüren.

Laut stöhnte sie, sodass die Schwester fragte:

„Möchten Sie ein Schmerzmittel haben?"

Warum echot die Stimme der Schwester. Sie muss aus den Alpen sein. Was hat sie mich gefragt? Warum lässt sie mich nicht sterben? Das ist alles, was ich wollte.

Katja ließ mich nicht sterben. Piedro wollte mich nicht sterben lassen.

Nur Schorsch hat gesagt, ich solle endlich die Erde verlassen. Will das denn niemand verstehen?

Was hantiert die Schwester schon wieder an mir herum?

Ich will zu Georg. Aber ich kann nicht mehr gehen. Nicht mehr gehen. Nicht mehr gehen. Dieser Gedanke setzte sich in Manuelas Gedankenspirale fest. Darüber schlief sie schließlich wieder ein.

Teil 1

Ungebetener Besuch

Der Albtraum begann mit der Steuerfahndung. Ein Montagmorgen im Frühsommer, ländliche Ruhe, Reifengeräusche auf knirschendem Kies, Türen schlagen, Pistolengeklapper, Pochen an der Haustür.

„Steuerfahndung, bitte öffnen Sie sofort die Tür!"

Wer diesen Befehlston schon einmal miterlebt hat, kann sich die Reaktion des Betroffenen im Haus vorstellen. Ein leichtes Zittern befällt die Knie, mit schweißnassen Händen rafft man den Morgenrock zusammen. Während man sich der Haustür nähert, spürt man, wie das Blut aus den Wangen weicht, nur um später am Hals rote Flecken zu bilden.

So begann der unheilvolle Morgen, der eine Kettenreaktion im Leben von Manuela Haiting auslöste. Im Laufe des Tages wurden alle sich im Haus befindlichen Akten beschlagnahmt. Die Beamten durchstöberten das dreihundert Jahre alte Herrenhaus vom Keller bis zum Boden. Der immer noch fassungslosen Frau gelang es neben ihrem Anwalt auch ihren Mann zu informieren.

Doch er musste sich ebenfalls eine Durchsuchung seiner Zahnarztpraxis gefallen lassen. Er öffnete alle Schränke freiwillig, denn er hatte, wie er glaubte, nichts zu verbergen. So wurden dann auch keine Goldbarren gefunden, weder in der Praxis noch im Privathaus der Haitings.

Als Dr. Haiting abends nach Hause kam, fand er seine Frau in depressiver Verfassung vor. Auch er war müde, aber er nahm seine Frau beschützend in die Arme und sprach tröstend und beruhigend auf sie ein.

„Manu, es wird alles gut. Warte ab, es wird sich alles klären. Es kann sich nur um einen Irrtum handeln. Selbst wenn nicht und wir haben noch etwas offen, dann werden wir es eben bezahlen. Wir können weiter arbeiten. Die Karteikarten werden ab jetzt fotokopiert. Alles kein Problem, Herzchen."

Dann fragte er, was der ungebetene Besuch alles hatte mitgehen lassen. Einige Päckchen mit Zahngold, die immer im kleinen Sekretär in der Geheimschublade lagen, aber nicht weil sie geheim gehortet wurden, sondern damit die Haushaltshilfe nicht in Versuchung geführt wurde.

„Das ist etwas ärgerlich," meinte Schorsch „ die wollte ich gerade morgen in die Praxis mitnehmen. Frau Nagel braucht eine neue Goldkrone."

Er seufzte und sagte sich, dass er die gute Frau auf nächste Woche vertrösten musste. Aber er musste sich selbst eingestehen, dass die Vorgänge, die heute passiert waren, sehr beunruhigend waren. Beunruhigender als er vor Manu zugeben wollte. Was hatte das alles ausgelöst? Er war ahnungslos.

Welchen Hintergrund für die Vorgehensweise des Finanzamtes gab es, den er nicht kannte? Steckte ein Denunziant, ein Neider dahinter? Es war alles möglich. Schorsch war ganz und gar nicht so ruhig, wie er Manu vorzutäuschen versuchte.

Manu flüsterte: „Ich habe Angst. Es war so unheimlich, als ob man nicht im heutigen Deutschland, sondern noch im Jahre 33 wäre. Alles wirkte so inszeniert. Ich habe gedacht, ich bin im Film. Das bin nicht ich, die vor der Maschinenpistole steht. Es war nicht zu fassen. Die sind so grauenhaft unfreundlich. Nur nach dreimaligem Bitten durfte ich dich nach dem Anruf bei Dr. Scheder auch noch anrufen. Schon deine Stimme hat mich das Ganze besser durchstehen lassen und Katja kam dann auch noch. Die blieb sehr ruhig. In solchen Situationen ist sie wirklich belastbar."

„Du," entgegnete Schorsch leise „ich könnte mir vorstellen, dass wir abgehört werden. Erinnere dich mal an das Knacken, das wir seit ein paar Monaten in der Leitung haben. Wir werden ab jetzt alle wichtigen Dinge draußen in der Veranda bei laufendem Radio besprechen."

Manu schaute ihn erschrocken an.

„Meinst du? Vielleicht haben wir deshalb plötzlich die neue Telefonanlage von der Post bekommen, obwohl wir die Alte doch gerne behalten hätten."

Richtig, erinnerte er sich. Sie hatten keine neue Anlage bestellt und trotzdem kam eines Tages im Januar der gelbe Lieferwagen mit den Monteuren von der Post. Auf Manus Fragen antworteten sie lapidar: „Die Anlage, die sie haben, ist total veraltet."

Manu freute sich noch über den guten Kundenservice der Post. Sie kamen beide nicht darauf misstrauisch zu werden.

„Glaubst du, dass die vielen Besucher, die in letzter Zeit hier über den Hof ins Grüne laufen, uns vielleicht auch beobachten?", fragte Manu.

„Könnte durchaus sein", sinnierte er, erstaunt über die scharfsinnige Vermutung Manus.

Da hätte er auch selber drauf kommen können . Es war etwas an diesem Gedanken, denn es war wirklich sehr ungewöhnlich, dass so oft Leute in PKWs bewundernd zum Haus starrten. Er spürte ein Kribbeln im Nacken, das sich immer bei ihm einstellte, wenn Gefahr im Verzug war. Instinktiv ahnte er, dass nichts mehr in Zukunft so sein würde, wie es bis jetzt gewesen war.

„Wir lassen Katja und Robert noch für ein Stündchen rüberkommen", schlug Manu vor.

„Ja, das ist eine gute Idee und wir kommen auf andere Gedanken," stimmte Schorsch zu und es wurde ein lustiger Skatabend mit ihren Kindern.

Ein Monat verging und nichts passierte. Manu hatte ihre Selbstsicherheit wiedergefunden. Ihr Alltag machte diesen einen unheilvollen Tag fast ungeschehen. Aber es war eine trügerische Ruhe, empfand Schorsch.

Wenn er mit Robert, seinem Schwiegersohn, über seine Vermutungen sprach, waren sie sich einig, dass dies nicht alles gewesen sein konnte. Er wartete. Manu und Katja hofften, dass der Albtraum vorbei wäre und dass alles eine vernünftige Erklärung fände.

Und dann kamen sie wieder. Diesmal brachten sie Handschellen mit. Manu war allein mit der Promenadenmischung Lutzi im Haus. Sie durfte nicht einmal bei Katja anrufen, die einhundert Meter hinüber gehen um Bescheid zu sagen, dass sie verhaftet worden war. Sie machte sich nur

Sorgen um Katja, die hochschwanger allein zu Haus war und nun nicht wusste, wo sie geblieben war.

Manu hoffte, dass das Hausmädchen ihre Nachricht finden würde, wenn sie das Badezimmer sauber machte. Sie hatte vorgegeben noch einmal auf die Toilette zu müssen und mit einem Augenbrauenstift auf die weißen Fliesen

„Ich bin verhaftet worden" geschrieben.

Wenn das Mädchen Lisa das las, würde sie mit großer Wahrscheinlichkeit Katja benachrichtigen. Manu hatte Glück, dass die unfreundliche Beamtin, die sie zur Toilette begleitet hatte, draußen vor der angelehnten Tür geblieben war und den Raum nicht mehr kontrollierte.

So blieb der Satz an der Wand stehen, bis tatsächlich Lisa erschien und sich zunächst über das verlassene Haus wunderte, und dass Lutzi immer wieder aufgeregt bellte.

Schließlich rief sie bei Katja Swenson an und fragte, wo die gnädige Frau wäre. Verwundert antwortete Katja, dass sie es nicht wüsste.

„Ich komme gleich mal rüber", schlug sie der ratlosen Lisa vor.

Nachdem sie aufmerksam alle Räume gemustert hatte, fand sie schließlich im Badezimmer Manus Nachricht. Sie stürzte zum Telefon und wählte die Nummer der Praxis.

Eine männliche Stimme antwortete: „Der Doktor ist nicht im Hause."

Dann war die Verbindung unterbrochen. Als sie es noch einmal versuchte, war nur das Besetztzeichen zu hören. Katjas Gedanken wirbelten durcheinander. Sie rief Robert an, aber der wusste genauso wenig wie sie. Ihr Kopf schien zu einem gähnenden Loch geworden zu sein. Dies füllte sich erst, als Dr. Scheder, der Freund und Anwalt der Familie, sie anrief und bestätigte, was ihre Mutter an die Wand geschrieben hatte.

Schorsch war zur gleichen Zeit verhaftet worden und beide waren ins Untersuchungsgefängnis gebracht worden. Zunächst war dort kein Besuch erlaubt.

Im Gefängnis

Mir ist kalt. Warum bin ich verhaftet worden? Was ist mit Schorsch? Ob Lisa meine Nachricht gefunden hat? Ob Katja und Robert schon Bescheid wissen? Ich brauche eine Decke. Hier drauf soll ich schlafen? Das wird schlimm. Mein armes Kreuz. Oh, Gott, sind die alle verrückt geworden? Das gibt es doch gar nicht. Das ist alles ein Albtraum und ich wache gleich auf. Erst mal hinsetzen. Oh, ist das hart. Ich muss nachdenken.

Fragen über Fragen! Das kann doch nicht wahr sein. Ich kann das immer noch nicht glauben, dass sie mich tatsächlich einsperren. Ich bin doch völlig unschuldig. Worin besteht meine Schuld?

Manuela fielen die Augen zu. In ihrem Gehirn rasten mehrere Bienenstöcke. Es war erst elf Uhr vormittags, aber sie fühlte sich derart erschöpft, als hätte sie drei Stunden lang bei sengender Sonne im Spargelbeet Spargel gestochen. Dies war die schwerste und unangenehmste Arbeit, die ihr gerade einfallen wollte. Sie fiel in einen unruhigen Schlaf.

Durch ein kräftiges Klopfen an der Zellentür wurde sie geweckt. Mittagessen. Eine Wärterin schob einen Teller Brühe auf die dafür vorgesehene Ablage. Manu stand auf um sich den Teller zu holen. Ihr wurde schwarz vor Augen und sie taumelte für einen kurzen Moment.

Dann ging es wieder und sie schob diesen Augenblick auf den Zustand der Erschöpfung und den Hunger, der in ihrem Magen nun rumorte. Gierig löffelte sie die Hühnerbrühe, obwohl sie die Fettaugen sah, die auf der Flüssigkeit schwammen.

Zwei Stunden später hatte sie einen Gallenanfall. Der Schweiß brach ihr vor Schmerzen aus allen Poren. Ihr Bauch schwoll so an, als hätte sie einen Basketball verschluckt. Ihr wurde übel und sie erbrach sich in das Toilettenbecken, das am hinteren Zellenende stand.

Sie stöhnte laut, sie fing an zu schreien:
„Hilfe, so helft mir doch! Ich brauche Hilfe!"

Niemand schien sie zu hören. Es kam niemand. Sie lief drei Schritte hin, drei Schritte her, hin und wieder dieselbe Strecke zurück, bis sie vor Erschöpfung auf der harten Pritsche zusammenbrach. Fast bewusstlos vor Schmerz lag sie keuchend eine Stunde mit weit aufgerissenen Augen und schmerzverzerrten Zügen im Halbdunkel der Zelle.

Erst als sie sich zur Seite drehen konnte und die Klappe für das Abendessen aufgerissen wurde, empfand sie eine leichte Linderung. Aber bei dem Gedanken an das Essen, Schwarzbrot mit Margarine und eine undefinierbare Wurst, wurde ihr von Neuem schlecht und sie erbrach sich im Liegen.

Sie hauchte kraftlos: „Ich brauche einen Arzt." Und nichts geschah.

Ab zehn Uhr abends ging im Zellentrakt das Licht aus. Manuela hörte auf die fremden Geräusche und wartete darauf, dass der Schmerz aufhörte. Nach Mitternacht endlich ließ er etwas nach und sie schlief ein.

Am nächsten Morgen war der Druck in der Gallenregion immer noch zu spüren. Manuela rührte deshalb das Frühstück kaum an. Den dünnen Kaffee konnte sie trinken, ohne dass die Schmerzen wiederkamen. Sie bat um Papier und Bleistift und bekam beides wider Erwarten etwa eine Stunde später.

Manuela begann einen Brief an Schorsch zu schreiben. Sie wusste, dass er ebenfalls arretiert worden war, denn als sie eingeliefert wurde, hatte sie einen flüchtigen Blick auf seine Silhouette werfen können, gerade als man ihn in den Männertrakt führte.

Liebes Tierchen,

Schorschel, nun haben sie uns eingesperrt! Was haben wir bloß falsch gemacht? Wie mag es Katja gehen? Ich durfte ihr nicht einmal Auf Wiedersehen sagen. Ich bin verzweifelt, schlafe sehr schlecht, muss immer an dich und die Familie denken. Ich möchte deine Arme spüren. Die Zeit vergeht hier so unendlich langsam. Draußen geht das Leben an uns vorbei. Man bekommt hier gar nichts mit. Ich weiß nicht einmal wie spät es ist, habe ja keine Uhr. Hast du deine Zuckertabletten? Ich habe nichts mit. Eine Schachtel Zigaretten habe ich noch. Hoffentlich hast du auch welche.

Wenigstens habe ich meine Zahnbürste mitnehmen können. Und einige Bilder von den Kindern und den Enkeln habe ich auch mit. Nun ist das vierte Kindchen unterwegs. Ob wir das wenigstens rechtzeitig erfahren? Arme Katja, ist nun ganz auf sich gestellt. Wer wird nun einhüten, wenn sie ins Krankenhaus geht? Hoffentlich halten sie uns hier nicht zu lange fest. Mein Liebster, ich liebe dich. Wenn du heute Nacht aus dem Fenster siehst, schau zu den Sternen, zum großen Wagen, wenn du ihn sehen kannst. Dort treffen wir uns heimlich. Schreib mir wieder. Ich hoffe, dass du diesen Brief erhältst.

Deine Manuschka

Als das Mittagessen durchgeschoben wurde, bat sie die Wärterin um den Gefallen, den Brief ihrem Mann zukommen zu lassen. Sie legte der Wärterin einen Zwanzigmarkschein in die Hand. Die Frau schloss schnell die Hand mit dem Geld und ergriff den Brief, steckte beides in die Jackentasche und lächelte zustimmend:

„Mach ich, Herzchen."

Nachmittags gab es eine Stunde Freigang im Hof. Scheu ließ Manuela ihre Blicke wandern. Während sie ging, beobachtete sie die anderen Frauen im Hof. Eine große gut aussehende Dame ihres Alters gesellte sich zu ihr.

„Neuzugang?", wurde Manuela von der Anderen gefragt.

„Ja, seit gestern, aber es kommt mir wie eine Ewigkeit vor. Darf ich mich vorstellen? Ich bin Manuela Haiting."

„Ich heiße Gräfin Susanne von Schauernberg. Was wirft man Ihnen denn vor, Kindchen?", stellte sich die Gräfin vor.

„Wenn ich das konkret wüsste, wäre ich schlauer. Mein Mann und ich sind Zahnärzte."

Die Gräfin lachte trocken. „Die Halbgötter in Weiß. Ich vermute mal, Sie sind hier wegen Steuerhinterziehung."

„Ja, vermute ich auch," gab Manuela zu.

„Na, dann sind Sie hier in guter Gesellschaft. Ich kenne hier schon die meisten Leute, da ich schon drei Wochen die Ehre habe dieses Etablissement zu bewohnen.

Aber es sind auch eine Giftmischerin, eine Trickbetrügerin, Diebinnen und schlichte Huren hier. Angebliche Kindermörderinnen, die da drüben zum Beispiel mit der finsteren Miene, gibt es hier auch. Verkehrsdelikte finden sich auch ein, wenn der andere Teilnehmer dabei ums Leben gekommen ist. Drogenabhängige sind die Schlimmsten, die versuchen auch im UG an Geld zu kommen. Nimm nie dein Geld mit in den Hof und halte dich an mich."

Sie lachte laut auf, als sie Manuelas erschrockenen Gesichtsausdruck wahrnahm. Dann fuhr sie fort:

„Du kannst mich Susie nennen. Mich nennen alle meine Freunde so, Susie, die Panzergräfin."

Manuela, die sich wirklich erschrocken gefragt hatte, wo sie nun gelandet sei, sagte: „Danke."

Die Gräfin meinte freundlich:

„Wenn du Hilfe brauchst, wendest du dich an mich."

Dann fragte sie besorgt:

„Alles klar, Schätzchen? Mensch bin ich froh, hier noch mal ein vernünftiges Gesicht zu sehen. Übrigens, warst du das gestern, die so lange geschrieen und gestöhnt hat?"

Manuela nickte und erzählte, wie schlecht es ihr ergangen war. Die Gräfin hörte teilnahmsvoll zu und schüttelte immer wieder vor Empörung den Kopf.

„Susie, Sie sind der einzige Lichtblick, den ich im Moment habe, und ich bedaure es, dass wir uns nun nicht weiter unterhalten dürfen."

Die Stunde im Hof war wie im Flug vorbei gegangen und Manuela dachte voller Entsetzen an die leeren, nutzlosen Stunden, die für den Rest des Tages folgen würden.

„Wir sehen uns morgen wieder, meine Liebe, Kopf hoch und Contenance!", rief ihr die Gräfin beim Auseinandergehen noch zu.

Morgen! Wie lange noch bis zum Abend! Hoffentlich waren die Sterne da. Hoffentlich war das Enkelkindchen nicht schon da. Morgen! Wie lange noch! Stunden voller Grübeleien, die zu gar nichts führten. Die Gedanken liefen immer nur im Kreis.

Manuela vermisste die Klarheit, mit der ihr Leben bislang überschaubar gewesen war. Plötzlich war ihre Welt aus den Fugen geraten.

Sie konnte nicht ahnen, dass sich in diesem Moment Robert unten bei der Einlasskontrolle um eine Besuchserlaubnis bemühte. Aber er wurde abgewiesen, mit der Maßgabe sich in einer Woche wieder zu melden. Die Kleidung, die er mitgebracht hatte, wurde untersucht und weitergeleitet.

Briefe

Liebes Tierchen,

vielen Dank für deinen lieben Brief. Wenn ich aus meinem Zellenfenster sehe, kann ich dein Haus beobachten. Auf dem Dach watscheln gerade drei Enten. Die Dame vorweg und zwei geschmückte Gentlemen hinterher - jetzt fliegt sie ab und im Alarmstart beide Gents hinterher.

Jetzt war im Radio gerade so richtige Musik zum Träumen. „My Island in the sun" und natürlich „Yellow Bird". Dazu fällt mir ein - am Donnerstag musste ich ins Ambulatorium - Blutzuckeruntersuchung - Röntgenaufnahme usw. Auf dem Flur dorthin, in der Küche wurden Fische gebraten, sah ich eine Menge Schwarzer stehen, dazu der typische Mief, der im ganzen Hause festhängt, das war der echte „Bahama-Strohmarket-Geruch", unverwechselbar, plötzlich da. Als ich unwillkürlich grinste und zu den Schwarzen sagte:

„Freunde, ganz wie zu Hause", da wurden aus den stoischen Gesichtern plötzlich strahlend bleckende Gebisse aller yellow birds.

Es gibt hier einen Laden, in dem man sich etwas kaufen kann. Mein Herz, ich habe dort ein Konto eingerichtet. Ich hatte ja zufällig eine Menge Bargeld dabei. Ich werde veranlassen, dass du auch von diesem Konto einkaufen kannst.

Meine Hoffnung ist, dass du stark bist und wir dieses alles heil überstehen. Wenn ich allerdings an meine Hüfte denke, sehe ich ziemlich schwarz, dass ich noch eine Nacht auf dieser harten Pritsche ohne nachfolgende Operation überstehe. So hart habe ich seit meiner Marinezeit nie wieder geschlafen.

Mein Liebling, immer muss ich an unsere Katie denken. Sie hat mir durch Robby gleich Kleidung schicken lassen. Ich hatte ja nichts mit. Meine Socken blieben heut morgen einfach stehen. Ha! Ha! Und der Odeur erst, delikat.

Aber Scherz beiseite. Ich muss einen Plan aufstellen, damit die Kinder mit der neuen Situation fertig werden. Es wäre gut, wenn du auch einen machen würdest. Es gibt ja so viel zu bedenken.

Ich bin gespannt, wie viele Knochen unser braver Hund, die Lutzi, in unseren Betten vergraben hat. Du weißt doch noch, als wir nach unserer letzten Rückkehr von unserer kleinen Reise die abgenagten Knochen in unseren Betten fanden.

Ich vermisse dich. Ich denke an unser Wäldchen und die Hirsche. Ob sie alle noch leben, wenn wir heimkehren?

Bald hat Katja ihr Baby und wir sind hoffentlich wieder draußen und können uns mit ihr freuen.

Heute morgen habe ich eiskalt geduscht. Da wusste ich noch nicht, dass die ganze Abteilung geschlossen zum Warmduschen geht, wenn es angeordnet wird.

Übrigens gibt es hier auch eine Bücherei. Man kann sich dort Bücher bestellen. Ich habe heute schon drei Krimis im Schnellverfahren gelesen. Nun werde ich mich noch auf den Wirtschaftsteil der Frankfurter stürzen und dann ab in die Koje.

Meine Gedanken kreisen ständig um dich, ob deine Gesundheit nicht streiken wird, um Katja, wie sie und Robert alles meistern werden, um die Praxis, ob wir einen guten Vertreter bekommen, der erst einmal weitermacht und um deinen Vater, den Zaudi, der sicher das Geschehen überhaupt nicht begreifen kann.

Um ihn muss sich ja auch jemand kümmern, er ist schließlich schon vierundachtzig Jahre alt. Demnächst ist wohl wieder seine Herzschrittmacherkontrolle fällig.

Nun, alles wird sich fügen. Hauptsache, wir bekommen ein weiteres gesundes Enkelkind. Diese Aufregungen könnten dem Ungeborenen unter Umständen sogar schaden. Aber es muss einfach gut gehen.

Hiermit schließe ich für heute, mein Täubchen, mein Herzblatt. In Gedanken bin ich bei dir und heute Nacht schauen wir wieder zum großen Wagen. Hast du mich auf seiner Deichsel sitzen sehen? Es war ein toller Ausflug, den machen wir dann, wenn sich unsere Adresse wieder geändert hat.

Schlaf gut, vertraue auf die Zukunft. Alles wird gut. Morgen soll unser Anwalt kommen.

Dein dich liebendes See- Bärchen

Es folgte noch eine detaillierte Aufstellung aller zu erledigenden Arbeiten in der Praxis und in dem großen Landhaus, dem eine Landwirtschaft angegliedert war, wo ebenfalls Arbeiten anfielen, die angeordnet werden mussten.

Liebstes See- Bärchen,

Du musst eine weitere Matratze fordern. Eine Operation wäre furchtbar! Außerdem musst du deinen Zuckerwert prüfen lassen, nicht dass du plötzlich ins Koma fällst, dann kümmert sich kein Mensch um dich. Die würden es nicht einmal merken, wenn du stürbest. Ich mache mir so viele Sorgen um dich. Ich hab dich lieb, so weit wie der Mond steht, kannst du dich an das niedliche Kinderbuch erinnern?

Das mit der Bücherei ist gut. Ich habe gleich eine Liste gemacht. Aber ich glaube nicht, dass ich die Bücher sehr schnell bekommen werde.

Übrigens habe ich die Susie kennen gelernt. Du weißt von der Panzer-Gräfin? Im „Blick", dem Revolverblatt, war ein langer Artikel über ihre Panzer- Verkäufe an den Irak. Das war nicht legal, deshalb ist sie hier. Sie ist eine sehr angenehme Gesprächspartnerin.

Wir waren auch in der gesamten Presse. Ich habe einige Zeitungen aufgehoben. Es ist ungeheuerlich, wie mit unserem Fall verfahren wird. Ich habe mich sehr aufgeregt. Nun denken alle unsere Bekannten das Schlechteste von uns. Sie müssen ja denken, dass wir jahrelang die Patienten betrogen haben.

Aber im Grunde ist das alles nebensächlich, solange wir uns alle lieb haben. Ich denke ständig an Katja, wie tapfer sie ihr Schicksal, das wir ihr aufgebürdet haben, meistert. Ich bin sehr stolz auf sie und kann es kaum erwarten sie in meine Arme zu schließen, sie und unseren vierten Enkel.

Gerade spaziert auf meinem Fenstersims ein Amselpaar entlang. Das erinnert mich an das Vogelpärchen, das mal in unserer Veranda gebrütet hat. Wir konnten damals die Tür den ganzen Sommer nicht zumachen.

Der Maler musste die Veranda hinterher streichen und ich habe Wochen gebraucht um den Vogeldreck von den Fliesen zu kratzen.

Ach, damals waren wir so glücklich, dass mir heute die Tränen kommen, wenn ich jene Zeiten mit den jetzigen vergleiche. Ich bin einfach nur traurig. Ich kann jetzt nicht weiter schreiben.

Manuela stützte den Kopf schwer auf die Hände und die Tränen rannen ihr wie Sturzbäche über die Wangen.

Gut, dass Schorsch mich so nicht sehen kann, dachte sie. Er mag es gar nicht, wenn ich so flenne, weil er dann immer so hilflos ist. Er ist stets so agil und tatkräftig. Beim Weinen fühlt er sich deplaziert. Gelobt sei, was hart macht, ist sein Motto. Zumindest nach außen, aber ich kenne ihn und weiß, dass ihm auch zum Heulen ist, wenn er sieht, dass nun alles, was wir uns erarbeitet haben, den Bach runter geht.

Bald werden sich die Banken melden und ihre Kredite wiederhaben wollen. Ich erwarte nun nur noch das Schlimmste.

Von den Anwälten hört man auch nichts Neues. Es ist zum Haare raufen. Wie wird das enden? Die Ungewissheit macht mir zu schaffen.

Allmählich versiegten ihre Tränen. Ihr fiel ein chinesisches Sprichwort ein. Damit wollte sie den zweiten Teil des Briefes an Schorsch einleiten.

Mein Bärchen,

Die Hoffnung ist der allerbeste Rückenwind - dieses chinesische Sprichwort ist mir gerade eingefallen. Wir sollten es zum Motto des Tages machen. Hoffnung ist das, was uns am Leben hält. Hoffnung lässt uns weitermachen, auch in völlig inakzeptablen Situationen. Meine Hoffnung ist, dass wir eines Tages unserem derartig unwürdigen Leben entfliehen können.

Ich liebe dich sehr, mein Bär, bis heute Abend in den Sternen. Schlaf gut, träum uns hier weg, mein Schatz. Ich will gerne mit dir auf Schatzsuche gehen.

P. S. Übrigens die Ente heißt auf spanisch „el bato".

Deine Manuschka

Die Antwort Manus bewies, dass sie die versteckten Äußerungen Schorschs verstanden hatte. Wenn er „Ausflug machen" schrieb, meinte er auswandern, flüchten aus Europa. Soviel stand für sie fest. In ihrem Brief deutete sie an, dass sie dazu bereit war.

Am nächsten Tag erhielt Manuela Post von Katja.

Liebste Mama,
leider kann ich dir immer noch nichts über eine erfreuliche Geburt berichten. Unser Vierter lässt sich Zeit. Er will noch nicht Quartett spielen. Hannah, Leon und Alex warten sehnsüchtig auf ein Geschwisterchen. Ich glaube, dass es wieder ein Junge wird, wäre ja auch typisch für die Svensons, die kriegen ja alle immer eine Fußballmannschaft. Aber ich möchte es nicht genau wissen. Wir wollen uns überraschen lassen.

Ich kann dir nur sagen, dass Robert die Wände im neuen Kinderzimmer hellblau gestrichen hat. Nun können Wetten abgeschlossen werden. Du kannst ja mit Vati eine Wette eingehen. Robert macht heute einen Besuch bei ihm. Er bringt ihm frische Hemden mit und Unterwäsche. Die schmutzige Wäsche kann er mir zum Waschen mitgeben.

Wir haben eine sehr übersichtliche Aufstellung von Georg über unsere zukünftigen Aufgaben bekommen. Wir werden unser Bestes tun, um alles am Laufen zu halten.

Ich hoffe, dass du dir nicht all zu viele Sorgen machst, wie du das leider immer tust. Wir haben hier alles im Griff. Auch Zaudi ist versorgt. Kurzfristig habe ich eine Pflegerin für ihn bekommen können. Der kann er nun, wenn ihm danach ist, in den Po kneifen. Er war schon nach dem ersten Tag ganz vernarrt in sie, der alte Schwerenöter.

Leider schaffe ich es in meinem Zustand nicht mehr dich oder Georg zu besuchen. Armer Vati, er, der immer so aktiv ist, immer etwas plant, auf Reisen nie länger als drei Tage an einem Ort sein kann, er ist nun wie ein Tier im Zoo hinter Gittern. Ich schicke ihm auch einen lieben Brief und eine Kopie dieses Briefes, damit er im Bilde ist, was es an Neuigkeiten gibt.

Die Felder sind gespritzt worden, die Angestellten bezahlt, ein Vertreter für die Praxis gefunden, Schafe werden nächste Woche geschoren. Dann hat der Schäfer erst Zeit dazu.

Herrn Morquad müssen wir wohl bald entlassen, er ist ständig betrunken. Mit solchen Leuten kann man nicht arbeiten.

Ich habe dir ein paar Briefe beigefügt, die euch Mut machen werden. Ihr habt wirklich eine Menge guter Freunde, die euch helfen wollen. Sogar finanzielle Hilfe wird euch angeboten. Das finde ich einmalig.

Wenn ich ins Krankenhaus komme, wird Tante Janne bei uns einhüten. Die drei Racker sind schon wild vor Freude, dass sie ihr Kommen angekündigt hat. Ich freue mich auch sehr, da sie meine absolute Lieblingstante ist. Mit ihr kehrt im Haus sicher wieder ein bisschen Frohsinn für die Kinder ein. Sie löchern mich ständig mit Fragen nach euch, wann ihr wiederkommt und in welches Land ihr verreist seid. Hoffentlich kommt ihr bald nach Hause.

Heute meinte ich das erste Mal richtigen Wehenschmerz zu verspüren. Aber er ging wieder vorüber. Eigentlich müsste es bald losgehen. Wir haben nun ständig einen fahrbereiten Wagen auf dem Hof stehen. Einer der Angestellten muss auf Abruf bereit stehen, damit ich rechtzeitig in die Klinik komme.

Nun muss ich aber schließen, denn du kannst dir sicher denken, dass noch viel Arbeit auf mich wartet. Ich muss die Bullenkennkarten noch sortieren, weil morgen fünf Tiere zum Schlachter gebracht werden müssen. Die Bullen haben teilweise schon über siebenhundert Kilos, sie sind also fertig und müssen weg. Das gibt wieder ein wenig Geld. Vier Mark fünfzig pro Kilo hat man uns gesagt. Ist zwar nicht viel, aber fertig ist fertig. Vielleicht sollte man jetzt kleine Tiere kaufen? Frage an Vati.

So, seid beide herzlich umarmt, gedrückt und geküsst.

Eure euch liebende Tochter Katja, so busy wie nie zuvor im Leben. Sogar die Buchführung ist vor mir nicht sicher. Wird lustig, wenn die Fahnder mal wieder reinschneien.

Jeden Tag gingen zwischen dem Männer- und Frauentrakt im Untersuchungsgefängnis Briefe zwischen Georg und Manuela hin und her. Zwischendurch kamen ausführliche Berichte ihrer Tochter über das Leben auf dem Sophienhof. Zu Besprechungen kam Robert direkt zu Georg.

Robert erhielt eine beglaubigte Generalvollmacht und erledigte alles, was erforderlich war. Es ging um Tierverkäufe, um Gehälter, Verhandlungen mit Banken. Lohnunternehmer übernahmen die Bestellung und Pflege der Ländereien. Es gab unendlich viel zu tun und Robert bekam einen Einblick, was seine Schwiegereltern alles bisher geleistet hatten. Neben seiner Praxis hatte der Schwiegervater einen voll funktionstüchtigen landwirtschaftlichen Betrieb geleitet.

Robert wuchs in dieser Zeit über sich hinaus. Er hatte zu dieser Zeit ebenfalls zwei Berufe zu leisten und er wollte auf keinen Fall seinen Job bei einer Steuerberatungsfirma verlieren. Wenn er die neunzig Kilometer aus der Stadt zum Sophienhof am Abend zurückgelegt hatte, war er manchmal so müde und erschöpft, dass er am liebsten im Auto sitzen geblieben wäre und Musik gehört hätte.

Aber er wollte Katja nicht enttäuschen, die sicher auf ihn wartete und Neuigkeiten von ihm zu erfahren hoffte. Also stieg er schwerfällig aus und bereitete sich einen Moment innerlich auf seine Frau und die stürmischen Kinder vor, indem er tief die würzige Landluft inhalierte und die Augen schloss, bevor er die Haustür öffnete.

Katja schwenkte ihm einen Brief von Manuela entgegen. Nein, dachte Robert, ich will jetzt einmal nichts davon hören. Können wir nicht einfach eine eigene unbelastete Familie sein? Schick die Kinder doch endlich ins Bett, ich will nur noch in deinen Armen versinken.

Er sah, dass Katja ihn erwartungsvoll anblickte und das Herz, wurde ihm schwer, einen Moment lang hatte er den Eindruck, als stolpere sein Herz und alles schien sich um ihn zu drehen. Von weitem drang Katjas besorgte Stimme zu ihm:

„Schatz, ist dir nicht gut? Robby, was hast du? Du siehst so blass aus, richtig erschrecken kannst du mich."

Sie legte die Arme um ihn, rief den Kindern zu:

„Geht bitte mal ins Kinderzimmer, wir kommen nachher zu euch!"

Dann führte sie Robert ins Wohnzimmer zu seinem Lieblingssessel. Sie küsste ihn sanft und meinte:
„Du ruhst dich jetzt ein bisschen hier aus, ich mache dir einen schönen Tee, den trinken wir dann in aller Ruhe. Dabei können wir uns dann die Neuigkeiten erzählen. Oder gibt es etwas, was ich sofort wissen müsste?"

Robert lächelte schwach über ihre letzte Anspielung.

„Nein, Schätzchen, hat alles Zeit. Mach den Tee. Das ist gut."

Eine Kollegin hatte sich vor ein paar Jahren in ihn verliebt. Auf einer Betriebsfeier ohne Anhang hatte er ein wenig mit ihr geflirtet. Er und Katja wurden von dem Ehepaar auch einige Male eingeladen. Katja hatte sich bei diesen Gelegenheiten zu rächen gewusst, da der Mann bewusster Kollegin einem heftigen Flirt mit Katja nicht abgeneigt war.

Robert konnte sich noch zu genau an die Welle der Eifersucht erinnern, die ihn an dem einen Abend durchströmte, als er Katja und den Mann so hauteng tanzen sah. Seitdem hatte Robert es aufgegeben mit anderen Frauen zu flirten.

Er wollte seine Katie auf keinen Fall verlieren, ihr nicht einmal den kleinsten Anlass zum Ärgern bieten. Ihre Rache würde ihn zerstören, wusste er, weil er sie brauchte und das Gefühl hatte ohne sie ein vertrocknender Fisch zu sein.

Katjas Spontaneität, ihr köstlicher Humor, ihre Lässigkeit, mit der sie manche Dinge anging, ihre Ideen, ihre Musikalität, wirkten auf Robert geradezu hinreißend und auch oft mitreißend. Ihre gegensätzlichen Charaktere waren offensichtlich, aber sie fanden sich in so vielen Gemeinsamkeiten, dass ein Leben mit Katja für Robert unverzichtbar geworden war. Sie war in der Lage seinen Adrenalinkick auszulösen. Er war süchtig danach.

Langsam wich die Blässe aus seinen Wangen und als sich Katja mit dem Teetablett näherte, war er schon wieder der Alte. Er atmete tief durch und griff Katja anzüglich unter den Pullover, dabei streichelte er ihren gewölbten Leib.

„Na, ich merk` schon, dir geht `s wieder besser," lachte sie beruhigt.

„Er tritt. Klingt gut," kommentierte Robert mit dem Ohr an ihrem Bauch.

Später, viel später, die Kinder lagen schon in den Betten, ließen Katja und Robert das Tagesgeschehen Revue passieren. Katja las Manuelas Brief vor. Zwischen den Zeilen konnten sie erraten, wie schlecht es ihr ging. Manuela litt nicht nur körperlich, auch psychisch. Robert entschloss sich daraufhin seinen nächsten Besuch Manuela abzustatten und ihr Mut zuzusprechen.

Es waren nun schon etwa vier Wochen vergangen. Man schrieb den 4. Juni. Es tat sich nichts im Haiting-Fall. Nur die Zeitungen schrieben einige Tage über Zahnärzte- und Ärzteskandale, dabei wurde immer wieder das einschlägige Zahnarztehepaar erwähnt, welches angeblich Steuerschulden in Millionenhöhe besaß.

Doch dann eroberten neue Schlagzeilen die Zeitungsblätter und der Fall Haiting wurde vergessen.

Manuela hatte sich den Holzstuhl vor das Zellenfenster geschoben. Sie wickelte sich fest in die große Wollstola, die ihr gestern von einer Freundin gebracht worden war. Die Zugluft war noch etwas kühl, die durch ihr geöffnetes Fenster strömte, aber sie brauchte bei diesem herrlichen Sonnenschein den Geruch des Junis um sich. In diesem Monat war sie geboren worden. Die schönste Jahreszeit, fand sie.

Die Rosen vor ihrem Fenster trugen große Knospen. Ob ich noch erlebe, dass sie aufblühen?, fragte sie sich. Ich möchte meine eigenen Rosen auf dem Sophienhof noch einmal in voller Blüte stehen sehen. Doch bevor sie wieder in ihrer Verzweiflung versank, rettete sie ein Klopfen an der Zellentür. Die Tür öffnete sich und sie bekam ein Telegramm überreicht.

Der Umschlag war wie bei jedem Brief schon von der Anstaltsleitung geöffnet worden. Vorne war er abgestempelt, vom 30. Mai, erkannte sie. Ihr Herz klopfte wie wild und ihre Finger zitterten, als sie das innen liegende Blatt heraus nahm. Ach, die Brille, sie fing an zu suchen.

Sie fand sie auf dem Bett, dann las sie : seit dem 30. 5. 84 , 16.42 Uhr ist Felix da. Hurra. Mutter und Kind wohlauf. Lassen grüßen. Euer Robert

Manuela stand mit bebenden Schultern mitten in ihrem kleinen Zellenraum. Die Erleichterung und Freude standen ihr im Gesicht geschrieben. Sie las das Telegramm immer wieder und wieder. Ihre Seele jauchzte und sie fing sofort einen Brief an Schorsch an.

Abschied

Nach zwei weiteren Wochen wurden Manuela und Georg entlassen. Beim Anstaltsleiter erfuhren sie eine knappe Entschuldigung für einen übereifrigen Haftrichter und waren damit entlassen. Mit einem Taxi fuhren sie erst zu einer Spielwarenhandlung um für ihre Enkel ein paar „Reise - Mitbringsel" einzukaufen und dann zu Roberts Firma. Sie ließen sich von ihm nach Hause fahren.

Manuela musterte auf dieser Rückfahrt oft Georgs Profil. Seine Lippen schienen schmaler geworden zu sein. Insgesamt konnte man ihm seine unfreiwillige Abmagerungskur ansehen. Seine Augen starrten oft blicklos aus dem Fenster und er war schweigsam. Einmal schaute er zu ihr und lächelte mit Tränen in den Augen.

„Du gehst heute Nachmittag zum Frisör," meinte er nach einer Weile. „Dann erst gehen wir Katja besuchen."

„Katja ist nicht mehr in der Klinik, sie ist mit dem Kleinen doch schon zu Hause," warf Robert ein.

„Das ist egal. Manu muss erst zum Friseur!", antwortete Georg härter als beabsichtigt.

Manuela dachte an ihren weißen Haaransatz, der sich nach sechs Wochen durch kein noch so geschicktes Kämmen mehr verbergen ließ. Sie dachte an ihre immer so elegante Schwägerin Janne, die sie würde begrüßen müssen.

Das Verhältnis zwischen ihnen war lange Zeit nicht das Beste gewesen. Sie hatte es Janne nie verziehen, dass sie nicht zur Hochzeit ihrer einzigen Tochter Katja gekommen war. Nun musste sie ihr auch noch dankbar gegenübertreten, weil sie in der Stunde der Not ihrer Tochter Mutterersatz gewesen war.

Manuela gab Georg Recht, sie musste sich für diese Stunde des Wiedersehens vorbereiten. Das bedeutete, dass ihre Haare gefärbt werden mussten. Würde es peinlich für sie werden? Würden die Leute sie anstarren? Alle hatten doch aus der Zeitung über sie erfahren. Kann ich das durchstehen?, fragte sie sich.

Doch dann lächelte sie belustigt über sich selbst. Sie hatte schließlich schon ganz andere Dinge im Leben durchgestanden. Natürlich würde sie das Dorfgespräch sein. Aber morgen gab es dann sicherlich schon wieder interessantere Themen, über die sich die Dörfler die Mäuler zerreißen konnten.

Das Wiedersehen mit der Familie wurde zum Familienfest. Tilly, die Köchin des Hofes hatte ein Festmahl zubereitet. Ein Blumenmeer erwartete das Ehepaar, die Hündin Lutzi warf Manuela fast vor Freude um. Sie taumelte und wurde von Robert aufgefangen, der hinter ihr zur Tür hereingekommen war.

Dann stürzten die Enkelkinder mit Geheul auf sie zu und ließen erst von ihnen ab, als sie ihre Geschenke erhalten hatten. Janne kam mit weit ausgebreiteten Armen auf Manuela und Georg zu. Georg schloss sie in die Arme. Manuela ließ sich von Janne umarmen.

Plötzlich war ihr der Frisörtermin egal geworden. Eine Welle der Dankbarkeit und Schwingungen der Zuneigung durchfluteten den Raum. Manuela fühlte diese Schwingungen ganz deutlich und ließ sich davon tragen.

Sie begann zu erzählen, als sich die Tür erneut öffnete und Katja mit einem winzigen Bündel auf dem Arm erschien.

Katja legte Manu das Bündel in den Arm. Manuela wagte kaum zu atmen, als sie in das schlafende Gesichtchen des Säuglings schaute. Der Frieden dieses Antlitzes ging augenblicklich auf sie über. Sie spürte, dass ihre Hände nicht mehr zitterten und dass sich in ihrem Inneren eine unbeschreibliche Ruhe ausbreitete. Liebevoller als sie hätte keine Mutter blicken können.

Ein Blitz schreckte sie aus dieser Ruhe. Der meditative Augenblick war empfindlich gestört. So war Robert. Er musste alles im Bild festhalten. Nun hat er mich als weißhaarige Oma abgelichtet, dachte Manuela und wunderte sich, dass sie statt Verärgerung nur Stolz empfand.

Als der kleine Felix lautstark nach seiner Mutter und dem, was sie ihm zu essen anbieten konnte, verlangte, gab Manuela ihn fast widerstrebend in die Hände Katjas. Wie lange durfte sie dieses Glück im eigenen Haus erleben? Manuela wusste plötzlich den Ausdruck, der ihr im Auto an Georg aufgefallen war, zu deuten. Er zeigte den Abschiedsschmerz.

Nachdem die Familie sich getrennt hatte, klang der Abend für Manuela und Georg aus. Er streichelte pausenlos seine Hündin. Sie lag selig neben ihm auf dem Sofa, alle viere von sich gestreckt und genoss die Zärtlichkeit seiner Berührungen. Manuela rückte näher an die beiden heran und tauschte mit Schorsch einen tiefen Blick.

„Wann müssen wir aufbrechen?", fragte sie sehr leise.

„Bald." Georg stand auf und drehte das Radio lauter. „Wir müssen noch einige finanzielle Dinge regeln, einen Makler zum Verkauf von Hof und Praxis einschalten. Das wird bestimmt noch vier Wochen in Anspruch nehmen."

Manuela hoffte bei seinen Worten, dass es länger dauern möge. Im Gefängnis war ihr klar gewesen, dass sie sobald sie eine Gelegenheit dazu bekämen, das Land verlassen mussten. Aber nun war sie nicht mehr so sicher, ob es richtig war, zu verschwinden.

„Es würde einen Prozess geben. Mit einem guten Steueranwalt könnten wir ihn ja vielleicht gewinnen," wendete sie zaghaft ein.

„Nein, Manu, den werden wir nicht gewinnen. Sie müssen etwas gefunden haben, von dem wir nur noch nichts wissen. Wir sind als Präzedenzfall einzustufen. Da wird der Richter uns möglicherweise drei Jahre aufbrummen. Das sage ich dir, ich gehe nie wieder in das Sanatorium."

Manuela musste ihm Recht geben. Sie erinnerte sich daran, wie sie behandelt worden war, als sie dringend Hilfe brauchte. Und sie waren noch nicht einmal im Vollzug inhaftiert gewesen, sondern „nur" im Untersuchungsgefängnis.

Sie konnte sich keinen weiteren Tag hinter Gittern vorstellen. Sie würde auf jeden Fall Schorsch zu den yellow birds folgen. Von nun an hätte ein aufmerksamer Beobachter auch in ihren Augen den Abschiedskummer erkennen können.

In den nächsten Tagen packte Georg sorgfältig ihre Koffer. Er verstaute sie im Pontiac, Manuelas Wagen, den auch Katja oft benutzte. Er bat sie, das Auto nicht mehr zu fahren und sie ahnte warum. Seine finanziellen Angelegenheiten regelte Georg bis auf den Verkauf des Hofes.

Mitten im Juli, kurz vor Katjas Geburtstag, erreichte Georg ein Anruf von seiner Bank. Es wurde ihm eine angebliche Überweisung von einhunderttausend Deutschen Mark in die Schweiz bestätigt. Da wurde Georg klar, dass sie umgehend losfahren mussten.

Er rief: „Manu! Yellow Bird!" Manuela stürzte aus dem Bad. Sie hatte sich gerade angezogen.

„Beeilung", raunte er ihr zu.

Hastig stopfte sie ihre persönlichen Habseligkeiten, die ihr unverzichtbar erschienen, in ihre große Handtasche, strich Lutzi noch einmal über den Kopf und verließ hinter Georg das Haus, das sie wohl niemals mehr wiedersehen würde.

Traurig wandte sie sich noch einmal um. Wie schön hier alles gewesen war. Das schienen ihr ihre glücklichsten Jahre gewesen zu sein. Hinter einem der oberen Fenster sah sie hinter den Scheiben das Gesicht ihres Vaters auftauchen. Sie winkte ihm das letzte Mal in ihrem Leben zu, als auch schon der Pontiac neben ihr gebremst wurde.

„Los, Manu, wir haben keine Zeit zu verlieren. Steig endlich ein," forderte Georg sie auf, als er sah, dass sie sich noch einmal zum Haus von Katja und Robert umwandte.

Sie stieg ein und war sich in demselben Moment bewusst, dass sie alles ein letztes Mal erlebte. Starr blickte sie geradeaus, als Georg mit einem Kavaliersstart aus dem Hoftor fegte. Sie las noch einmal die vorüberfliegende Inschrift: Sophienhof. Sie war zum zweiten Mal in ihrem Leben auf der Flucht.

Georg stellte das Radio an, damit sie jederzeit Informationen über den Verkehr und eventuelle Durchsagen, die sie betrafen, hören konnten. Ein Zufall wollte es, dass in der ersten halben Stunde ihr Lied „Yellow Bird" gespielt wurde. Es löste Manuela aus ihrer Erstarrung.

„Ich hätte noch so gern Katja Lebewohl gesagt," äußerte sie voller Bedauern, obwohl sie wusste, dass niemand ihre Abreise bemerken durfte, damit sie einen Vorsprung hatten, falls sie verfolgt würden.
Oder waren sie beide der blanken Paranoia verfallen?
Während sie fuhren, erklärte ihr Georg, warum sie plötzlich abreisen mussten.
„Das war mit Sicherheit die Polizei, die eben angerufen hat. Ein fingierter Anruf um zu wissen, ob wir zu Hause sind," war seine Schlussfolgerung.
Als er auf die Autobahn fuhr, trat er das Gaspedal bis zum Anschlag durch. Der Wagen beschleunigte rasch. In schneller Fahrt erreichten sie Hamburg. Unterwegs hatten sie wenig gesprochen, da Georg sich zu sehr konzentrieren musste. Nun erklärte er Manuela sein erstes Ziel.
Er hatte im Gefängnis eine Kontaktadresse bekommen, zu der er nun fahren wollte. Dort lagen für sie schon seit einer Woche falsche Pässe bereit, für den Fall einer überstürzten Flucht. Auf Manuelas wiederholte Frage, warum er meine, dass eine Flucht das einzig Richtige sei, antwortete er, dass er Akteneinsicht bei Dr. Brahmeister gehabt hatte und der Anwalt ihnen dringend einen ausgedehnten Urlaub empfohlen hätte.

Im Krankenhaus

Dr. Mühlhaupt schüttelte den Kopf. Bis jetzt hatte er vergeblich versucht die Ursache für die schwere Erkrankung seiner neuen Patientin, Frau Haiting, zu finden. Zwar war ihre Wirbelsäule arg mitgenommen, bildete aber nicht den Grund für die hochgradige Verwirrtheit der Frau. Sie sprach wirres unzusammenhängendes Zeug, teilweise sprach sie spanisch, war den Schwestern gegenüber aggressiv und hatte versucht eine andere Patientin zu ersticken.

Doch was ihm zunehmend Sorge machte, war, dass ihr Urin immer dunkler wurde, er hatte mittlerweile die Farbe von starkem Kaffee angenommen. Es war Zeit die Patientin auf die Innere zu verlegen. Vielleicht würde man da den Grund herausbekommen, warum der Allgemeinzustand der Frau sich nicht besserte. Wenn einer die Ursache finden konnte, dann Professor März.

Er war mit seinem Latein am Ende, gestand sich Dr. Mühlhaupt ein. Seine Vermutung allerdings war, dass die Frau an Krebs erkrankt war und sich möglicherweise in der Endphase befand. Morgen würde er sie verlegen lassen.

Die Kostenfrage war ja auch noch nicht geklärt. Am Vormittag hatte er die Tochter von Frau Haiting kennengelernt. Eine attraktive Mittvierzigerin, Frau Svenson. Sie hatte eine abenteuerliche Geschichte erzählt, der er nicht recht Glauben schenken konnte.

Angeblich sei ihre Mutter nach langer Verschollenheit völlig mittellos aus Mittelamerika angekommen. Sie habe nach einigen Tagen gemerkt, dass ihre Mutter schwer erkrankt war und einen befreundeten Arzt angerufen, der sie sofort einweisen ließ.

Es bestand keine Krankenversicherung und es war nicht klar, wie die Rechnungen beglichen werden würden. Das Sozialamt musste eingeschaltet werden. Er bat Frau Svenson, die während des Gesprächs angefangen hatte zu weinen, den Sozialdienst des Krankenhauses aufzusuchen. Gleich auf dieses Gespräch hin, hatte er einen Mitarbeiter des Sozialdienstes auf den Fall angesprochen.

Nachdem Frau Svenson gegangen war, ging Dr. Mühlhaupt zu Frau Haiting. Apathisch lag sie im Bett. Die Seitengitter waren hochgezogen. Sie lag nun allein und reagierte erst überhaupt nicht auf seinen Gruß.

Er schaute sich gerade ihre Fieberkurve an, als sie ihn auf Englisch ansprach.

„Who are you?"

"I'm Dr. Mühlhaupt. You are in the hospital.", antwortete er erfreut, denn er hatte den ersten zusammenhängenden Satz von ihr vernommen.

Wenn sie mit ihm Englisch sprechen wollte, warum nicht. Sie wirkte erstaunt, so als käme sie gerade erst zu Bewusstsein. Sie fragte ihn nach dem Namen der Stadt, sprach aber weiter Englisch mit spanischen Vokabeln durchsetzt, als registrierte sie nicht, dass sie in Deutschland war. Nach der Art ihrer Erkrankung fragte sie nicht. Es machte fast den Anschein, als wüsste sie, was ihr fehlte.

Sie bat ihn um Kaffee mit Milch und Zucker und er sagte zu, dass er sich darum kümmern würde, auch wenn er sich nicht sicher war, ob Kaffe in ihrem Zustand das Richtige war. Außerdem klagte sie über Schmerzen im Unterbauchbereich und er versprach ihr ein Schmerzmittel.

Als er das Zimmer verließ, bekam er nicht mehr mit, wie sich die Patientin, die sich eben noch anscheinend normal mit ihm auf Englisch unterhalten hatte, ihr oberes Gebiss aus dem Mund nahm und es genüsslich in die Plastikwindel stopfte und im frischen Stuhlgang herum drehte.

Haber

Nachdem sie die Pässe abgeholt hatten, fuhren sie Richtung Holland. In einem kleinen Nest vor der Grenze trafen sie am Nachmittag einen Mann namens Haber. Georg hatte die Adresse von einem alten Freund, den er um Rat gebeten hatte, nachdem ihm der Anwalt geraten hatte unauffällig zu verschwinden.

Haber war ein zwielichtiger Typ, der sofort zweitausend Mark als Anzahlung von ihnen verlangte. Dabei wich er ständig ihren Blicken aus. Er schaute ihnen nicht ein einziges Mal in die Augen solange er mit ihnen sprach. Manuela fühlte sich sehr unwohl in seiner Gegenwart. Sie spürte, wie sich ihre Haut zusammenzog.

Noch am Treffpunkt wechselten sie den Wagen, da Haber meinte, es könnte nach ihnen gefahndet werden.

Er entschied: „Der Pontiac muss weg. Ich habe schon einen Abnehmer. Er ist bereit ihnen fünftausend dafür zu löhnen." „O. K.", sagte Georg. Sie luden ihr Gepäck in Habers Jaguar um und gaben ihm den Schlüssel. Haber fuhr sie zu einer eleganten Villa am Ortsrand. Dort sollten sie auf ihn warten, bis er mit dem Geld für das Auto wiederkam.

Kaum hatten sie das Haus betreten, als Haber sich auch schon zum Gehen wandte. Georg fragte: „Wann sind Sie wieder da?" „Es wird vermutlich nicht lange dauern. Gehen Sie nicht ans Telefon und öffnen Sie niemand die Tür. Verhalten Sie sich leise, bis ich wieder da bin. Oben sind Räume, in denen können Sie sich hinlegen, aber betreten Sie nicht die Terrasse, öffnen Sie auch nicht die Tür zum Garten", wies sie Haber beim Hinausgehen an. Die Tür fiel hinter ihm ins Schloss.

Manuela fröstelte. Sie hätte gern den sonnigen Garten besichtigt. Dort blühten wunderschöne dunkelrote Rosen, wie auf dem Sophienhof, dachte sie voller Wehmut.

Es war kühl in dem großen abgedunkelten Wohnraum. Sie blickte sich um und fand die Einrichtung sehr unpersönlich. Alles sah derart aufgeräumt aus, dass sie sich nicht vorstellen konnte, dass hier wirklich jemand wohnte.

„Eigenartiger Typ", sagte sie zu Georg.

Er nickte und ließ sich auf einem der dunkelgrünen Ledersessel nieder.

„Wie frisch aus dem Möbelgeschäft", vermutete er.

„Meinst du, dass er wirklich mit dem Geld wiederkommt?", fragte Manuela unsicher.

„Ich glaube schon, ich hoffe es", verbesserte sich Georg.

„Also, ich für meinen Teil kann nicht ruhig schlafen gehen. Ich warte, bis er wieder da ist", entschied sich Manuela und setzte sich auf das kühle Ledersofa.

„Wir haben ja die Vicunjadecke mit. Ich leg` sie dir über die Beine, die kannst du auch auf dem Sofa hochlegen."

Fürsorglich breitete Georg über ihr die weiche Pelzdecke aus. Trotz der sommerlichen Temperaturen hatte er diese Decke eingepackt, da er nicht genau wusste, wo ihre Flucht enden würde. Dankbar streckte Manuela die Beine aus. Georg beugte sich zu ihr hinunter und drückte ihr einen schmatzenden Kuss auf den Kopf.

Sie lächelte ihn an. „Ich bin froh mit dir gefahren zu sein. Ich hätte es niemals ohne dich ausgehalten."

„Ich kann auch nicht ohne dich leben. Mir tut es leid, dass wir den Kindern noch nicht Bescheid geben dürfen. Wir müssen erst wirklich in Sicherheit sein. Und auch dann müssen wir noch ungeheuer vorsichtig sein. Unser Anwalt riet uns für eine Weile bedeckt zu halten. Wir dürfen nirgendwo auffallen." Georg schaute Manuela bei seinen Worten ernst an.

„Versuch bitte ein bisschen zu schlafen, die nächsten Tage werden sicher anstrengend", riet er ihr dann und machte es sich auf dem zweiten Sofa bequem.

Seine rechte Hand ließ er dabei in der Hosentasche. Mit ihr hatte er fest einen kleinen Ledertotschläger umfasst. Die Schlaufe des Instruments lag um sein Handgelenk. Manuela bemerkte es nicht.

Es war zwei Uhr nachts, als Manuela erschreckt hochfuhr. An der Haustür hatte es laut geklopft.

„Manfred, mach doch auf. Ich weiß, dass du da bist, du Ratte!"

Dann entfernte sich der Rufer mit einem hämischem Gelächter.

Manuela blickte suchend um sich. Mondschein fiel gespenstisch durch die Lamellen am Fenster. Wo war Georg. Sie erinnerte sich, dass sie auf gar keinen Fall laut rufen durfte. Gerade hatte sie die Hand ausgestreckt um den Lichtschalter der kleinen Tischlampe zu suchen, als Georg plötzlich leise neben ihr zischte:

„Lass das Licht aus."

Er setzte sich dicht neben sie. Als sie nach seiner Hand griff, fühlte sie die vertraute Form des Totschlägers.

Aha, er hatte seine Verteidigungswaffe mitgenommen. Sie wusste von früher, dass er die Waffe im Notfall auch einsetzen würde. Sie drückte seine Hand und schauerte ein wenig zusammen. Ein Geräusch auf der Terrasse ließ auch Georg leicht zusammenzucken.

„Ich wusste, dass der Hund irgendwie nach hinten gehen würde. Wo bleibt bloß Haber", gab er leise von sich.

Sie rührten sich nicht von der Stelle.

Augenscheinlich war der Besucher betrunken, denn er stieß an den Gartentisch und ließ sich schwer auf die Hollywoodschaukel plumpsen. Um vier Uhr etwa grölte er noch einmal.

„Manfred! Du Schwein, ich krieg dich noch. Ich komme wieder und hol mir mein Geld!"

„Oh, Gott," stöhnte Manu, sie schlotterte vor Angst.

„Sch," machte Georg „er zieht ab, sei ganz ruhig, es wird uns nichts passieren."

Der Fremde verschwand grölend in der anbrechenden Morgendämmerung. Haber war immer noch nicht zurück.

„Wollen mal sehen, was es alles in der Küche gibt", schlug Georg munter vor.

Die Ereignisse der Nacht schienen ihn unbeeindruckt gelassen zu haben. Manuela dachte mit Schaudern an die nächtlichen Stunden und wünschte sich nach Hause zurück. Ein Kaffee würde sie vielleicht auf positive Gedanken bringen, sagte sie sich und folgte Georg in die blitzsaubere, nagelneue Küche. Eine Traumküche!

Doch als sie die Schränke öffneten, fanden sie nichts. Es gab nur Luft in diesen Schränken. Keine Lebensmittel, ja nicht einmal Geschirr. Verblüfft schauten sich die Eheleute an.

„Das finde ich unheimlich", meinte Manuela und rätselte weiter:

„Was ist, wenn der Typ uns verpfiffen und der Polizei einen Tipp gegeben hat?"

Georg antwortete, nachdem er eine Weile überlegt hatte: „Ich gebe ihm noch eine Stunde, wenn er bis dahin nicht da ist, fahren wir auf eigene Faust los. Wir haben ja schließlich auch richtige Pässe. Dann fliegen wir nach Kanada unter unserem richtigen Namen. Einverstanden?"

„Einverstanden."

Sie mussten noch zwanzig Minuten warten, als sich endlich die Haustür öffnete und Haber hereintrat. Georg atmete erleichtert auf.

„Guten Morgen", begrüßte er Haber.

Doch der sagte nur: „Wir können fahren. Ein Auto steht bereit. Ich bekomme nun zehntausend Mark von Ihnen.

„Das geht mir zu schnell", widersprach Georg. „Erst sagen Sie uns, wo Sie so lange waren. Meine Frau ist vor Angst fast gestorben, als ein fremder Mann auf dem Grundstück immer wieder drohend nach einem Manfred schrie. Dann möchte ich eine genaue Abrechnung über ihre bisherigen Ausgaben und natürlich den Gegenwert unseres Pontiacs.

„Außerdem..." fuhr er Haber über den Mund, als der ihn unterbrechen wollte,

„außerdem werden Sie mir eine detaillierte Schilderung Ihres weiteren Plans geben, wie sie uns gedenken unauffällig über die Grenze zu bringen. Dies meine ich vollkommen ernst, sonst sehen Sie nicht mehr einen Pfennig von mir."

„Das war deutlich", erwiderte Haber und ging auf Georgs Wünsche ausführlich ein. Am Ende entschuldigte er sich dafür, dass sie so lange hatten warten müssen und von einem Klienten gestört worden waren.

"Ein Klient?", fragten Manu und Georg aus einem Mund.
"Fragen Sie bitte nicht weiter," bat Haber nun, "ich darf Ihnen nicht mehr sagen. Je weniger Sie wissen, desto besser."

Sie schwiegen, folgten ihm dann zu einem kleineren Jaguar, ein sportlicher roter Zweisitzer mit einer schmalen Notrückbank. Manuela quetschte sich nach hinten und prompt zerrissen dabei ihre Nylons. Sie unterdrückte ihren Ärger. Sie kam sich wie eine eingedoste Sardine vor. Georg saß vorn und war mit seinem Sitz etwas vorgerückt, um ihr mehr Beinfreiheit zu geben.

Sie versuchte es sich einigermaßen gemütlich einzurichten, aber ihr Handgepäck drückte während der Fahrt scharf gegen ihre Rippen. Da Haber die Seitenscheibe herunter gekurbelt hatte, trieb ihr der unangenehme Fahrtwind die Tränen in die Augen. Aber ihr war auch ohne den scharfen Gegenwind zum Weinen.

Sie kamen problemlos über die Grenze. Die saubere Windmühlen - Landschaft Hollands flog an ihnen vorbei. Sie fuhren Richtung Shipole zum Flughafen.

Haber ging vor ihnen zum Schalter und checkte ihr Gepäck ein. Es hatte bestimmt etwa dreißig Kilo Übergewicht. Als er zurückkam, erläuterte er ihnen, dass sie unter dem Namen Helmut und Beate Braun reisten. Ihre richtigen Namen würden auf keiner Passagierliste auftauchen.

Was ist, wenn wir abstürzen?, fuhr es Manuela durch den Kopf.

Niemand würde wissen, dass sie in dem Flugzeug gesessen hatten. Man würde sie nicht vermissen und Katja würde nie erfahren, was mit ihnen geschehen war. Was für eine grausame Vorstellung.

Haber schaute sie nun wartend an. Worauf wartete er, überlegte sie, aber Georg hatte schon seine Brieftasche gezückt und drückte ihm unauffällig den bereits ausgemachten Betrag in die Hand.

Haber sagte einfach: "Danke," und verschwand im Menschengewühl.

Wie leicht war es nun für ihn einen Polizisten anzuhalten, auf sie zu deuten und sie zu verraten. Georg musste dasselbe wie sie gedacht haben, denn er blickte sich sehr aufmerksam um.

Er ergriff ihren Arm und führte sie rasch zum Durchgang in die Transiträume.

„Wir kaufen uns noch etwas Schönes für den Flug. Du bekommst dein Lieblingsparfum. Madame Rochas geht heute auf Reisen. Für den Appa gibt's sein Lieblingsgetränk.", plauderte er gut gelaunt, während sie das erste Geschäft betraten.

Manuela ließ sich von seiner Laune anstecken. Sie schwelgte in den Düften aus Tausend und Einer Nacht, ließ sich verzaubern von dem Glanz der Auslagen. Es kam ihr alles unwirklich vor nach den aufregenden letzten Stunden der Angst, als gingen sie in Hamburg auf dem Jungfernstieg shoppen. Schließlich hatte auch diese Stimmung ein Ende.

Georg drängte sie zum Ausgang. Er hatte den Aufruf ihrer Maschine nicht überhört. Bis sie den gläsernen Gang erreicht hatten, durch den es direkt zu der wartenden Boing 747 nach Kanada ging, schaute Georg so gespannt aus, dass Manuela das vertraute Gefühl der Angst wiedererkannte.

Auch als sie schon längst angeschnallt in der Buisiness Class auf den Sitzen des Ehepaars Braun saßen, fühlte sie immer noch die Angst in sich. Aufgeregt schaute sie aus dem Fenster, als erwarte sie jeden Moment, dass jemand auf das Flugzeug zulief um sie beide herauszuholen.

Montreal

Aber es geschah nichts dergleichen. Die Brauns erreichten nach einem angenehmen Transatlantikflug Montreal. Als sie kanadischen Boden betraten, erinnerten sich beide daran, dass ihre Tochter schon 1969 hier gelandet war um die Weltausstellung zu besuchen.

Sie suchten sich ein Mittelklassehotel und fielen, nachdem sie die schweren Koffer endlich alle ins Zimmer gewuchtet hatten, völlig erschöpft in die Betten. Traumlos schliefen sie bis zum Mittag des nächsten Tages. Erst nach einem ausgiebigen Frühstück riefen sie in Deutschland bei Katja an und informierten sie über ihren Urlaub.

Katja war klar, dass es sich nicht um einen normalen Urlaub handelte, aber sie fragte nur, ob es ihnen gut ginge. Nach diesem Gespräch ging es Manuela schlecht. Ihr war, als bräche in ihrem Innern Glas in tausend Scherben. In ihrem Kopf entstand ein schmerzendes Vakuum, das sich immer mehr auszudehnen schien.

Auch Georgs von neuem entstandener Unternehmungsgeist vermochte nichts an ihrer desolaten Stimmung zu ändern. So trottete sie mit schleppenden Schritten neben Georg durch Montreals Innenstadt. Die Sehnsucht nach ihrem Zuhause ließ sie immer langsamer werden, so dass Georg vorschlug zum Dinner ein Chinarestaurant aufzusuchen. Als sie am Ende des Mahls ihre Glückskekse öffneten, war es um sie geschehen.

Sie las: „Die Erinnerung ist das einzige Paradies aus dem uns nichts vertreiben kann."

Da stürmten alle Erinnerungen auf sie ein, rotierten wie wild gewordene Wespen im Kopf, im Magen und vor allem in ihrer Seele. Die höllischen Gallenschmerzen und Georgs besorgter Gesichtsausdruck brachten sie wieder zurück nach Montreal, die große, fremde, unpersönliche Stadt, die vor ihren Augen nur bestehen konnte, weil Katja sie schon erlebt und begeistert von ihr erzählt hatte.

Georg brachte Manuela mit einem Taxi in ihr Hotel zurück. Dabei fiel ihr auf, dass sie sich nicht einmal den Namen des Hotels gemerkt hatte. Sie war froh, dass ihr Schorsch so aufmerksam und vorsorglich war. Beim Einschlafen sagte sie sich:

Ich habe einen guten, liebenswerten Mann, der mir alles von den Augen abliest, der sich um mich sorgt. Darum sind wir hier und nicht wieder in irgendeinem Gefängnis. Morgen werde ich mich zusammenreißen und ihm eine gute Partnerin sein. Wir können dies alles, diese Veränderungen, diese Verfolgungen nur gemeinsam durchstehen. Morgen zwinge ich mich nach vorne zu denken. Morgen.

Schorsch blieb in dieser Nacht lange auf. Er führte einige Telefongespräche in die Schweiz, bis er das Gefühl hatte, alles geregelt zu haben. Nach seinen nächtlichen Aktivitäten wusste er, dass sie nicht in Montreal bleiben konnten, sondern morgen früh abreisen mussten. Er hätte Manuela gerne um sich gehabt und mit ihr überlegt, was sie nun tun sollten. Beim Gespräch mit ihrem Anwalt Dr. Brahmeister hatte er erfahren, dass ein internationaler Haftbefehl gegen sie erlassen worden war.

Nun waren sie richtig auf der Flucht. Er beglückwünschte sich dazu, dass er es bereits so frühzeitig geahnt hatte und mit Manuela in einer Nacht und Nebelaktion aufgebrochen war.

Der Einzige, mit dem er sich nun trösten konnte, der ihm Gesellschaft leistete, war sein kleiner brauner Freund. In der Zimmerbar war er zu finden. Georg goss sich einen kräftigen Schluck Whisky in ein Glas. Dann trank er die Flasche zu drei Vierteln aus. Erst dann konnte er schlafen.

Nach fünf Stunden Schlaf wurde er vom Zimmerservice geweckt. Fast hätte er die freundliche Stimme auf deutsch angeraunzt, sie solle gefälligst deutsch sprechen, aber im gleichen Augenblick funktionierte sein Orientierungssinn wieder und er rief sein th- loses Thankyou in die Hörmuschel des Telefons. Frühstück bestellte er aufs Zimmer und ging sich dann rasieren.

Das Rasierwasser erfrischte seine Nerven und er verzog seinen Mund zu einem breiten Grinsen. Seine Stimmung war gut, merkte er, kein Kater, wie so oft, wenn er den Abend mit Jonny Walker verbrachte.

„Süße! Manuschka!", rief er zärtlich.

Er wartete bis seine Frau die Augen öffnete. Meist wusste er schon an ihrem Blick, in welcher Verfassung sie war. Sie hatte ihr tiefes Tal durchschritten, sah er gleich, als sie ihn lächelnd anblickte. Erleichtert atmete er auf und freute sich über seine Frau, dass sie bei ihm war und zu ihm hielt. Es war richtig gewesen, gemeinsam aufzubrechen. Kein Zweifel, sie gehörten zusammen, wie das Ei und seine Schale.

Mutter und Tochter

Mit einem dicken Kloß im Hals ging Katja Swenson durch die nicht enden wollenden Flure des Kreiskrankenhauses. Die Beine wurden ihr immer schwerer je näher sie dem Zimmer ihrer Mutter kam. Die typische sakrotanverseuchte Krankenhausluft ließ sie schwerer atmen.

Sie kam an dem Zimmer vorbei, in dem die alte Frau, die fast ein Opfer ihrer Mutter geworden war, lag. Wie immer brabbelte die Alte laut vor sich hin. Zufällig schaute sie in dem Moment zur offenstehenden Tür, als Katja vorbeiging.

„Hallo Schwester," brüllte sie, „kommen Sie sofort her und wechseln Sie mein Bettzeug!"

Katja ging einen Schritt schneller. Sie ging nie direkt zum Zimmer, sondern blieb zunächst am Stationsraum, wo meistens eine Schwester oder ein Arzt am Computer saß, stehen. Bevor sie die Mutter besuchte, musste sie über die Vorfälle, die nachts passiert waren, unterrichtet sein.

Diese Informationen halfen Katja mit ihr umzugehen. Sie glaubte dann etwa zu wissen, in welcher Verfassung und Stimmung ihre Mutter vielleicht sein könnte. Aber sicher war sie trotzdem nie. Meistens machten ihr die Aussagen der Schwestern und Ärzte Mut endlich in das Krankenzimmer einzutreten.

Sie setzte ein gewollt fröhliches Lächeln auf, obwohl ihr zum Weinen war. Forsch trat sie auf das Bett zu und versuchte den Kotgestank zu ignorieren. Sie beugte sich über ihre Mutter, nachdem sie sich vergewisserte hatte, dass sie zumindest im Gesicht sauber war und gab ihr einen Kuss.

Dann betrachtete sie die Hände ihrer Mutter genauer und sobald sie bräunliche Spuren an ihnen entdeckte, schnappte sie sich hektisch eine Schüssel und einen Waschlappen um die Hände ihrer Mutter zu säubern.

Ebenso wie den Dauergestank im Zimmer ignorierte sie die verräterischen Flecken auf der Bettdecke. Sie zog sich einen der unbequemen

Stühle an das Bett und erzählte von ihrem Zuhause, den Kindern und Robert. Sie fühlte sich vom Glück sanft berührt, wenn sie ihre Mutter einmal zum Lächeln gebracht hatte. Oft strich sie ihr über die zerfurchte Stirn und versuchte die Falten zu glätten.

Manchmal gelang es ihr und dann wirkte Manuelas Gesichtsausdruck für eine kleine Weile tatsächlich entspannter.

Immer wenn sie an das Bett ihrer Mutter getreten war, begann diese ihr von ihren Albträumen zu erzählen.

„Die Ärzte sind alle Juden und haben etwas gegen mich. Ich bin ja noch eine aus dem Nazideutschland, dabei bin ich nie eine richtige Nationalsozialistin gewesen.

Draußen steht bestimmt die Presse um meine Geschichte auszuschlachten. Versuch sie loszuwerden, Katja."

Katja ergriff ihre Hand und hielt sie fest, als sie mit beruhigender Stimme sagte:

„Mama, draußen steht niemand. Du bist hier in völliger Sicherheit. Niemand interessiert sich für dich und deine Geschichte. Es kommt alles wieder in Ordnung. Vertrau mir, liebste Mama. Du bist jetzt bei mir und die Ärzte sind sehr gut und werden dich heilen."

Ihre Mutter schloss die Augen und seufzte.

Plötzlich wurde sie vom einem Hustenanfall geschüttelt, der bewirkte, dass sich im Nu ihre Stirn wieder in Falten legte. Sie schien dann Schmerzen zu haben. Unruhig bewegte sie ihre Beine auf und nieder und dazu verstärkte sich meistens der widerliche, Brechreiz auslösende, Gestank, der unter ihrer Bettdecke hervorströmte. Katja öffnete das Fenster um es überhaupt noch eine Weile in dem Zimmer auszuhalten. Oft holte sie eine Schwester, die die Windel wechseln musste.

Wenn dies geschah, ging Katja in das Raucherzimmer und beruhigte sich mit einer Zigarette. Ob ihre Mutter das Rauchen vermisste? Erst, wenn sie wieder daran dachte, überlegte Katja, war sie auf dem Wege der Besserung. Aber für ihr Lungenemphysem, das die Ärzte schon diagnostiziert hatten, war es bestimmt zuträglicher, wenn sie nie wieder rauchte. Nur, ob einen das in dem Alter von siebenundsiebzig noch scherte, bezweifelte Katja.

Wenn die Schwester ihre Arbeit beendet hatte, ging Katja noch einmal in das Zimmer und verabschiedete sich. Dreckige Wäsche nahm sie mit nach Hause und jedes Mal, wenn sie wiederkam, brachte sie frisch duftende gewaschene Nachthemden und Handtücher mit.

Unter fremden Sternen

„Manu, alles wird gut! Warte ab, wir müssen Geduld haben. Alles wird sich klären! Es kann sich nur um einen Irrtum handeln. Manu, meine Süße, wein` doch nicht. Wir arbeiten weiter, die Karteikarten lassen wir fotokopieren. Du darfst nicht so pessimistisch denken. Wir haben keinen Fehler gemacht. Wir werden uns den besten Verteidiger nehmen und notfalls eine Strafe bezahlen."

Hunderte Male habe ich mich an seine Worte erinnert und wollte ihnen Glauben schenken. Doch im Innern habe ich immer diese Unruhe gespürt. Ich habe geahnt, dass sich unser Leben völlig verändern würde.

Nun sitzen wir hier im zwanzigsten Stockwerk eines gigantischen Wohnblocks, starren wortlos, verzweifelt in die fremden Sterne über uns. Schorsch, ich habe immer an dich und deinen Optimismus glauben wollen. Aber es ist schief gegangen, und alles, wofür wir gearbeitet haben, ist zerbrochen.

Immer wieder diskutieren wir über die dieselben Themen. Hätten wir ausharren sollen? Hätten wir einen Prozess durchgestanden? Unsere Zukunft in Deutschland sah düster aus. Man hätte uns nicht ins Untersuchungsgefängnis bringen dürfen.

Schließlich hatten wir zwei feste Wohnsitze und dazu noch die Praxis, in der bis zum Schluss gearbeitet wurde. Mörder dürfen in Deutschland relativ lange frei herumlaufen, aber wir, bis dahin völlig unbeschriebene Blätter, wurden wie Schwerverbrecher behandelt. Im Krieg war Schorsch gut genug seinen Kopf hinzuhalten.

In den Zeitungen ist alles unverhältnismäßig aufgebauscht worden. Angebliche Steuerschulden in astronomischer Höhe sind genannt worden, von Betrug ist geredet worden, alles erlogen und aus den Fingern gesogen.

Gegen diese Art von Vorverurteilung konnten wir uns nicht mehr wehren. Wir hatten ständig einen Steuerberater, haben viel Geld für ihn ausgegeben, hätte er uns nicht auf Unstimmigkeiten in unserer Buchführung aufmerksam machen müssen? Was war mit unserem Anwalt los? Warum hat er uns nicht sofort frei bekommen? Wie war das überhaupt möglich, dass wir vom Arbeitsplatz aus verhaftet werden konnten?

Diese knappe Entschuldigung des Anstaltsleiters war ja wohl ein Hohn! Vielleicht hätte man eine Entschädigung fordern sollen? Aber wen hätte man wegen Rufmordes anklagen können? Die Zeitungen? Auf jeden Fall sind wir so gut wie tot. Man hat uns unser Leben genommen. Wir können nur noch von außen beobachten. Unsere Enkel werden uns vergessen. Unseren Kindern werden wir entfremdet.

Meine geliebte Katja, mein Zuckerschnäuzchen, auch wenn wir uns oft gestritten haben, du bleibst meine Einzige. Ich vermisse sie so. Vielleicht kann ich Schorsch überreden, sie zu Sylvester einzuladen.

Mein Gott ist das eine Hitze! Warum sind wir gerade hier? Warum gerade Panamà? Wie soll ich das hier jahrelang aushalten? Ich würde lieber meinen Enkeln das Buch `Oh, wie schön ist Panamà` vorlesen.

Ich möchte meine Familie sehen, sie um mich haben, mit ihnen im Schnee herumtollen, einen Schneemann bauen. Das kleinste der vier Orgelpfeifen ist nun ein halbes Jahr alt. Es ist wie gestern, wenn ich mich an seine pfirsichweiche Haut erinnere. Das Leben geht an mir vorbei.

Manuela ging zum Fenster und blickte hinunter auf die Calle de Winston Churchill.

Von hier oben sehen die Menschen wie kleine Stecknadeln aus. Es ist ein Wunder, dass da unten überhaupt jemand geht. In der prallen Mittagssonne kann ich mich gar nicht aufhalten. Mein Sein beschränkt sich auf meine vier Wände, die von der Klimaanlage tiefgekühlt werden. Was aber ist, wenn diese wunderbare Erfindung einmal ausfällt, vermag ich mir noch nicht auszumalen.

Manuelas Blick fiel nun auf das Telefon. Sie ging zu dem Apparat hinüber, ließ sich in den daneben stehenden Sessel fallen und legte eine Hand auf den Hörer. Nur ein ganz kurzes Gespräch, vielleicht nur einmal kurz ihre Stimmen hören. Sogar der Hörer ist warm, wie alles, was man hier anfasst.

„Lass das, Manu!"

Manuelas Hand zuckte zurück. Aha, Schorsch überwacht mich. Ich dachte, er wäre Zeitungen holen gegangen. So oft schon habe ich den Hörer in der Hand gehabt. Manchmal wird der Drang in mir, bekannte Stimmen hören zu wollen, übermächtig. Braucht Schorsch das nicht? Ist er wirklich so kaltblütig? Nein, ich weiß, dass es ihm auch so geht wie mir. Immer, wenn er dem kleinen braunen Freund, dem Whisky, zuspricht, fühlt er sich schlecht. Dann denkt er an unser Zuhause. An welches Zuhause eigentlich?

Ich muss ihn nachher mal danach fragen, aber erst muss ich meine Bluse wechseln. Ich kann meinen eigenen Schweiß riechen. Das ist scheußlich. Was für eine Anstrengung aufzustehen, ins Bad zu gehen, in der Dusche Wäsche zu waschen.

Wehmütig dachte sie an ihre Miele- Waschmaschine im Keller des Sophienhofes. Mir ist richtig elend zumute. Ich bleibe lieber noch ein Weilchen hier sitzen.

Ich zünde mir meine achtundfünfzigste Zigarette an. Seit wir diese Wohnung haben, zähle ich jeden Tag meine gerauchten Zigaretten. Zahlen waren immer schon meine Leidenschaft. Was habe ich nicht schon alles in meinem Leben zusammengezählt.

Mit den Murmeln fing es an. Mein jüngerer Bruder Hubert und ich spielten mit Murmeln. Er hatte keinen Sinn für Zahlen. So kam es, dass ich immer mehr Murmeln hatte als er. Er war auch in der Schule keine besondere Leuchte. Meine Freundinnen und ich haben ihn oft gehänselt, weil er so dickes blondes Haar hatte.

Wir sagten zu ihm: „Strohkopf". Meistens wurde er dann richtig wütend. Sein Haar hatte die Farbe des Sandstrandes, der in der Ferne zu sehen ist, wenn ich aus unserem Wohnzimmerfenster blicke. Wir liebten uns nicht besonders. Als Ältere musste ich oft auf ihn aufpassen. Das war manchmal schlimmer als einen Sack Flöhe zu hüten. Viele dumme Streiche gingen auf sein Konto und ich schämte mich oft für ihn. Mein Schweigen hat er sich meistens mit den klebrigen Sahnebonbons erkaufen können. Die liebe ich noch heute. Früher habe ich Katja gezeigt, wie man sie selber herstellt. Selbst gemacht schmecken sie am köstlichsten.

Mathematik wurde in der Schule mein Lieblingsfach. Als ich dann meinen Abschluss hatte, durfte ich noch nicht gleich studieren. Erst forderte mich der Arbeitsdienst. Da zählte ich die Stunden, bis es wieder zum Essen ging. Kein Wunder, dass ich förmlich aus den Nähten platzte, als ich das erste Mal zum Heimaturlaub nach Birkenhain zurückkehrte.

Meine Mutter war außer sich, als sie meine Figur sah, und fuhr mit mir postwendend zur Schneiderin nach Memel, die kopfschüttelnd meine Maße nahm. Mir passten meine alten Kleider wirklich alle nicht mehr.

Als Abiturientin wurde ich in den Schuldienst versetzt. Dort zählte ich die Schüler. Fünfzig Kinder in einer Klasse! Klasse eins bis vier in einem Raum. Es war keine leichte Zeit für mich. Aber trotzdem erinnere ich mich gerne an sie. Damals war der Lehrer selbstverständlich eine Autoritätsperson. Der Beruf war in der Bevölkerung angesehen und die Kinder mussten noch Strafen fürchten, die heute undenkbar sind. Meine Tochter ist ja auch Lehrerin geworden. Unglaublich, was sie sich alles einfallen lassen muss, wenn es an die Stundenvorbereitungen geht. Bei uns genügte der Rohrstock in der Hand um bei der Klasse Aufmerksamkeit zu erzielen.

Nach dem Krieg wurde ja alles anders. Das große Umdenken, die Umerziehung, der Neubeginn waren die nun gültigen Schlagworte.

Schorsch und ich mussten wie Millionen andere in Deutschland unseren Wertvorstellungen abschwören. Welche Werte sind uns geblieben, woran haben wir geglaubt, als wir uns begegneten? Unsere größte Gemeinsamkeit war die Erfahrung den Krieg überlebt zu haben. Zwar erlebten wir den Krieg jeder auf seine Weise, doch er verband uns schicksalhaft.

Als Flüchtlinge haben wir unseren gemeinsamen Lebensweg begonnen. Dann drehte sich unser Rad vierzig Jahre. Nun sind wir am selben Punkt angekommen: erneut finden wir uns als Flüchtlinge wieder.

Mühsam wand sich Manuela aus ihrem Sessel. Nach einer Stunde der Erinnerung fühlten sich ihre Glieder steif an. Sie hatte das Gefühl, als hakten ihre Gelenke in festgerosteten Zahnrädern. Ihre Augen waren rot vom blicklosen in die Fernestarren.

Eine Stunde lang hatten ihre Ohren das sonore Brummen der Klimaanlage ignoriert, so vehement waren ihre Erinnerungen gekommen. Nun registrierte sie, während sie durch den verdunkelten Schlafraum ging, das Schnarchen von Georg, den der Gang zum Zeitungsstand so erschöpft hatte, dass er wie tot auf sein Bett gesunken war.

Langsam ging Manuela zum Bad und wusch im Zeitlupentempo ihre Bluse im Handwaschbecken aus. Während sie mechanisch ihre Bluse im lauwarmen Wasser schwenkte, betrachtete sie sich im Spiegel. Sie fühlte sich entsetzlich alt. Grausame Falten zerfurchten ihr Gesicht , besonders um die Mundwinkel herum. Um die Augen hatten sich dunkle Schatten gebildet. Lieblos beobachtete Manuela sich bei ihrer Tätigkeit. Ihr fiel die schlaffe Armmuskulatur auf. Sie war eigentlich immer ein bisschen zu korpulent gewesen.

Die deutsche Fresswelle in den fünfziger Jahren hatte auch bei ihr Spuren hinterlassen. Angewidert drehte sie schließlich dem gnadenlosen Spiegel den Rücken und wandte sich der Dusche zu, um ihre Bluse auszuwringen und zu spülen und wieder auszuwringen und schließlich aufzuhängen. Danach legte sie sich leise neben Schorsch auf ihr Bett und schlief traumlos ein.

Der Traum von Schorsch

Mein Hof, mein Haus, davor das Rasenrondeel, eingefasst von den üppig blühenden, roten Rosen, in der Mitte die uralte ausladende Kastanie. Wie ein geölter Blitz stürmt meine Lutzie an mir vorbei, jagt dem einäugigen Kater nach. Ich rieche das frisch gemähte Gras. Der Rosenduft ist stark, überdeckt den Güllegeruch, der bei Nordwind aus dem Bullenstall kommt.

Ich weiß, dass ich träume, aber ich bin fasziniert von der Realität meines Traums und will so lange weiter träumen, wie es nur geht. Das ständige Brummen in meinem Kopf muss das Notstromaggregat sein. Wahrscheinlich ist wieder einmal der Strom ausgefallen. Damit die Selbsttränken für die Tiere immer funktionieren, habe ich das Aggregat günstig ersteigern können. Auf so einem Betrieb ist es lebenswichtig Strom zu haben.

Ich werde einen Spaziergang machen. Vielleicht sollte ich einmal wieder nach den Forellen sehen. Ob die Graskarpfen noch leben? Der Kies müsste dringend erneuert werden. Die Schlaglöcher werden zu tief. Da kann man sich ja die Achsen brechen. Wie grün alles geworden ist. Ich muss wieder Unkrautvernichtungsmittel bei Bölk bestellen.

Eigenartig, dass hier immer noch keine Palmen wachsen. Wo ist nur der Teich geblieben? Wenn ich die Brücke erspähen kann, ist der Teich nicht fern. Da ist sie ja.

Aber wer steht denn da mitten auf der Brücke und hält zwei dicke Karpfen in den Händen?

Das ist doch... tatsächlich mein alter Herr! Und ich dachte, er wäre schon seit zwanzig Jahren unter der Erde. Wie kommt der bloß hierher? Das ist merkwürdig, aber ich freue mich sehr ihn zu sehen.

„Wie schön, Papachen, dass du uns einmal besuchen kommst."

„Georg, ich komme mir nur das holen, was du mir schon so lange versprochen hast. Du hast vergessen für uns zu sorgen."

Der Traum von Georg glitt ins Dunkle. Die Bilder verschwammen, ebenso die Gerüche verschwanden. Georg schlug die Augen auf. Sein erster Blick fiel auf das strohgelbe Haar seiner Frau. Wieso hat Manu diese schreckliche Färbung machen lassen. Die macht sie noch blasser. Früher hatte sie immer so eine schöne fast kaffeebraune Haut, saß stundenlang in der Sonne um zu bräunen. Sie wollte immer so aussehen wie die südamerikanischen Rio- Schönheiten, die wir beide an der Copacabana bewundert haben. Nun muss ich immer an Nikotin denken, wenn ich sie anschaue.

Ohne Manu wäre ich vielleicht in Deutschland geblieben und hätte einen Prozess in Kauf genommen. Aber nach unserer Freiheitsberaubung konnte ich nicht mit Manu in Deutschland bleiben. Nie wieder soll ihr so etwas Entsetzliches passieren. Ich liebe sie so sehr.

Wenn Manu will, kann sie noch verteufelt gut aussehen. Nicht, dass ich darauf gesteigerten Wert läge, nein, mir fiel nur gerade die sündhaft durchsichtige Bluse ein, die wir bei unserer Ankunft in Panamà gekauft haben.

Das Wichtigste zwischen Manu und mir ist jedoch das grenzenlose Vertrauen. Ich kann nicht ohne sie leben.

Das wusste ich eigentlich schon immer, aber im Gefängnis ist es mir richtig klar geworden. Mein Gott, wie glücklich sind wir gewesen. Wie unwiederbringlich schön war unser Leben zusammen mit unseren Kindern. Diese Zeit kann uns niemand nehmen. Meine Familie war mir immer sehr wichtig.

Für die Eltern haben wir gesorgt, dass sie ein anständiges Leben nach dem Krieg führen konnten. Wir haben Katja studieren lassen, ihr den Start in ein sorgenfreies Leben ermöglicht. Wir haben Arbeitsplätze geschaffen, die nun einfach verschwunden sind.

Am Schlimmsten ist es für mich untätig herumzusitzen. Normalerweise halte ich es im Urlaub nie länger als drei Tage an einem Ort auf. Aber wenn man nicht mehr nach Hause zurück kann, vergeht einem die Lust am Weiterziehen. Wir sind doch keine Zigeuner, schließlich waren wir noch vor ziemlich kurzer Zeit sehr geachtete und ehrbare

Bürger. Wohin hätten wir sonst gehen sollen? In Kanada hätten wir nicht bleiben können. Da hätte man uns gefunden und zurück ins Gefängnis gebracht.

Brahmeister riet uns, dass wir uns mindestens zwei bis drei Jahre bedeckt halten müssten.

„Bedeckt"- typisches Juristendeutsch. Ich werde ihn anrufen, mal hören, ob es eine neue Entwicklung in unserem Fall gibt. Vorsicht! Schlaf weiter, kleine Manu! Du musst schlafen! Sie sieht so müde aus. Später werden wir eine schöne Partie Schach miteinander spielen. Ich rufe jetzt Brahmeister an.

Vorsichtig rollte sich Georg aus seinem Bett und schlich zum Telefon.

Trotz seines zwei Zentner-Gewichts, war er in der Lage sich lautlos durch die Wohnung zu bewegen. Am Telefon nahm er deutlich Haltung an. Zügig wählte er die lange Telefonnummer, ohne einmal nachblättern zu müssen. Er war direkt ein bisschen stolz auf sich, dass er die Nummer auswendig gelernt hatte.

Während Schorsch dem Rufton lauschte, beobachtete er den nächtlichen Himmel. Über der Stadt funkelten die verstreuten Sterne, so, als seien sie aus der liegenden Halbmondschale gefallen. Daran muss ich mich auch noch gewöhnen, dachte Schorsch.

Enttäuscht legte er den Hörer auf die Gabel zurück, wischte ihn mechanisch mit seinem Taschentuch ab. Brahmeister war also noch nicht in seinem Büro. Dabei müsste es eigentlich schon neun Uhr morgens in Hamburg sein. Wenn ich nur etwas unternehmen könnte.

Etwas Action täte mir sicherlich gut, dachte er in einem Anflug von Verzweiflung. Ich ersticke! Ich werde das Fenster öffnen. Warme Luft ist besser als gar keine. Eine Zigarette noch. Wo hat Manu den Whisky versteckt? Schweinerei, gerade jetzt könnte ich einen winzigen Schluck vertragen. Und sie legt sich schlafen. Dabei brauche ich sie in diesem Moment. Manu!

„Manu!"

Wahrscheinlich hört sie mich gar nicht rufen. Die Klimaanlage ist viel zu laut. Wäre ich allein hier, würde ich diese ganzen Apparate sofort abstellen. Der Krach ist ja nicht zum Aushalten.

Wäre Manu nicht gewesen, hätte ich mir wieder ein ordentliches seetüchtiges Segelboot zugelegt und wäre nun schon auf den Weltmeeren zuhause. Ich würde Ruhe und Zufriedenheit auf den Ozeanen finden. Nie werde ich unsere schönste Zeit vergessen, unser Seglerleben. Nur weil meine Manu durch ihre Bandscheiben so schwerkrank wurde, haben wir unser schönes Schiff verkauft. Aber tief in meinem Innern lebt noch die Liebe zur See.

Er blickte hinaus auf den dunklen Pazifik. Dorthin will ich irgendwann, wenn meine letzte große Fahrt beginnt, zurück. Da werde ich die ewige Ruhe finden. Dessen bin ich mir sicher.

„Manu, Schatz, da bist du ja, hat dir der Schlaf gut getan? Komm zu mir, ich lasse gerade mal ein bisschen frische Luft ins Zimmer. Sieh mal, ist das nicht ein fantastischer Ausblick! Grandios. Ist doch toll, dass wir dieses einmalige Panorama haben. Ich bin glücklich, dass wir beiden Hübschen hier zusammen in Freiheit sitzen und nicht in irgendeinem vergitterten Loch im nasskalten Hamburg. Freu dich doch ein wenig mit mir.

Schatz, wir müssen jeden Tag aufs Neue froh darüber sein, dass wir in Freiheit leben können. Und wie wir leben! Höchst luxuriös gegen das Etablissement Holstenglacis. Wenn wir hier unsere Zeit abgewettert haben, werden wir uns ein kleines Chalet in der Schweiz oder in Kanada kaufen. Dann haben wir unseren Altersruhesitz. Wir sind ja noch nicht zu alt um noch etwas Sinnvolles in unserem Leben zu tun. Vielleicht möchtest du lieber eine kleine Farm oder finca hier im Lande mit mir zusammen aufbauen?

Manuela, wir haben genug Geld, wie du weißt. Es ist ja noch fast alles da. Wir können doch ganz gut von den Zinsen leben. Auf unserer eigenen Farm könnten wir Merinoschafe halten und züchten. Für die Wolle gibt es immer genügend Absatzmöglichkeiten. Ich habe mich schon eingehend informiert.

- Übrigens, Manu, wo ist eigentlich die Flasche geblieben?"
„Nein! Nein! Nein!"
Warum schreit Manu bloß so hysterisch?
„Du kannst doch nichts gegen Zukunftspläne haben. Man muss doch das Beste aus der Situation machen. Ich bin immer Optimist. Wir schaffen alles, wenn wir es gemeinsam anpacken. Schicksalsschläge können uns nicht erschüttern. Probleme sind dazu da um gelöst zu werden."
„Aber der Alkohol hat noch nie irgendwelche Probleme gelöst, besonders nicht unsere. Du bist nicht nur ein Optimist, sondern auch ein Träumer," konstatierte Manuela mit kalter Stimme.

Sie hatte genug von seinen Fantastereien. Schließlich waren sie ihrer Meinung nach nicht zuletzt wegen seiner Träumereien hier in einem wildfremden Staat beziehungsweise Kontinent gelandet.

Schorsch wandte sich von ihr ab, denn sie sollte seine feuchten Augen nicht sehen. Gerade in diesem Moment wollte er ihr seine Schwäche nicht offenbaren. Schweigend starrten beide zum Fenster hinaus. Dann hatte Manuela ihre einzige Kassette in den Recorder geschoben und trotz des Rauschens erkannte Schorsch die Stimmen von Katja und Robert. Manchmal krähten die kleinen Kinder mit ihren hellen Stimmen dazwischen.

Als Schorsch sich umdrehte, stand wie durch Zauberei der Whisky auf dem Tisch. Daneben standen auch zwei Gläser. Manu hatte schon lange keinen Alkohol mehr angerührt. Daher goss Schorsch in das eine Glas nur einen sehr kleinen Schluck, während er das andere bis zum Rand füllte.

„Mit Mützenband, wie wir Mariner zu sagen pflegten," lachte er Manuela zu.

Sie erwiderte sein Lachen mit einem versöhnlichen Lächeln.

Nun war wieder alles in Ordnung, wusste Schorsch, nun würden sie zusammen Schach spielen, dann den Fernseher einschalten um der fremden Sprache zu lauschen. Sie würden miteinander von früher sprechen, von den Kindern, sie würden vielleicht sogar zusammen unter einem Laken einschlafen.

Nur von Morgen würde er heute nicht mehr sprechen. In ein paar Stunden würde er sowieso recht betrunken sein und seinen Traum vergessen haben. Dann konnte Manu auch alleine ins Bett gehen. Das machte ihm dann gar nichts mehr aus.

Die erste Zigarette

Eine Stunde schon saß Katja an dem Bett ihrer Mutter. Vier Wochen war sie nun schon im Hospital. Seit einigen Tagen lag sie wieder in einem Zweibettzimmer. Eine Frau in Katjas Alter lag schwerkrank neben Manuela. Sie hatte Darmverwachsungen und sollte operiert werden. Sie hatte sich Katja mit Helen Bonk vorgestellt und sich als ein wahrer Schatz entpuppt, der ein wachsames Auge auf ihre Mutter hatte, wenn Katja das Krankenzimmer verließ.

Sie passte auf, dass Manuela genügend Flüssigkeit zu sich nahm und zeigte viel Verständnis und Mitleiden für die Situation Manuelas und Katjas. Mit ihrem goldigen Humor nahm sie dem Geschehen seine Tragik und Manuela sagte immer nur:

„Helen, mein Sonnenschein."

Sie sprach nun viel weniger spanisch, seit sie Helen als dankbare Gesprächspartnerin hatte. Katja spürte die positiven Schwingungen im Raum, wenn sie eintrat. In dieser Zeit war sie viel entspannter, wenn sie zum Krankenhaus fuhr, und sie hatte nicht mehr das Bedürfnis nach Erlösung zu schreien, wenn sie im Auto nach Hause fuhr.

Als ihre Mutter diesmal aufwachte, lächelte ihr sofort Helen entgegen.

„Schlafen macht gesund", lachte sie. „Wir könnten hier für Geld schlafen. Wir haben einiges nachzuholen."

Manuela fand sich nun schneller in ihrer Umgebung zurecht und redete nicht mehr so wirr wie am Anfang ihres Klinikaufenthaltes.

„Ach Süße, da bist du ja. Was hast du mir diesmal Schönes mitgebracht?", fragte sie voller kindlicher Neugierde.

Das Verhältnis von Tochter und Mutter erlebte eine seltsame Veränderung, die mit dem Tag begann, als Manuela mit zittriger Schrift ihre Unterschrift unter eine Generalvollmacht für Katja setzte. Die Verwaltung des Krankenhauses hatte Katja um diesen Vorgang gebeten. Sonst wäre ein amtlicher Betreuer bestellt worden.

Manuela hatte das Dokument lange angestarrt, als wisse sie nicht, was sie damit tun sollte, bevor sie Katjas Bitte nachkam und unterschrieb. Es bereitete ihr sichtlich Mühe zu schreiben. Dann sagte sie leise, fast bedauernd:

„Das ist wirklich schwer so etwas zu unterschreiben. Aber du bist der einzige Mensch auf der Welt, dem ich vertraue. Ich hab dich lieb."

Danach schloss sie die Augen, aus denen einige Tränen quollen, und sprach eine Stunde lang nicht mehr.

Katja packte gleich aus um Manuelas Neugier zu befriedigen. Nachthemden, Papiertaschentücher, Creme für die trockene Haut, Manuelas Lieblingsmarzipan und ein billiges Eau de Toilette, da Manuelas kostbares Eau de Parfum gestohlen worden war.

„Gib mir die Tücher!", verlangte Manuela.

Katja fiel auf, dass sie nie „bitte" sagte. Ebenso wenig wie sie sich bedankte. Das war noch nicht normal, ahnte sie. Sie packte die Nachthemden weg, als Manuela plötzlich nach einer Zigarette verlangte.

Entsetzt wehrte Katja ab mit den Worten:

„Das dürfen wir nicht. Das ist gegen die Krankenhausvorschriften."

Gleichzeitig dachte sie, vielleicht stirbt meine Mutter morgen und ich habe ihr nicht erlaubt zu rauchen. Ist doch eigentlich völlig egal, wenn bloß die Nachbarin nicht wäre.

Helen grinste und musste dasselbe überlegt haben, denn sie sagte auffordernd: „Nur zu, ich habe überhaupt nichts dagegen. Ich rauche eine mit. Damit sie nicht den Ärger alleine bekommen, falls eine Schwester hereinkommt."

Manuela kicherte, nervös wie ein Backfisch vor der ersten Zigarette. Katja hob resignierend die Schultern und zündete Manuela eine Zigarette an. Manuela inhalierte tief um dann kräftig zu husten.

„Hast du die Marke gewechselt?", fragte sie noch immer hustend.

„Mach sie bloß aus. Mehr vertrag ich nicht.", lachte sie.

„Deine erste seit so vielen Wochen", konstatierte Katja und war froh, dass keine Schwester dieses kleine Erfolgserlebnis gestört hatte. Sie fuhr das erste Mal zuversichtlich nach Hause.

Ein neues Nest

Monate hatten Georg und Manuela gebraucht um sich in ihrer neuen Lebenssituation zurechtzufinden. Eine erschreckende Fülle von Neuigkeiten war auf das Ehepaar eingestürmt. Schon bald musste eine ständige Bleibe gefunden werden.

Denn als beide erkannten, dass dieses fremde Land das geeignete war um zu vergessen und vergessen zu werden, war klar, dass sie nicht immer in dem luxuriösen kostspieligen Hotel würden wohnen können ohne ihre finanziellen Ressourcen anzugreifen.

Sie suchten nun eine kleine Einzimmerwohnung, die als einzigen Luxus eine kräftige funktionierende Klimaanlage haben sollte. Nach einem Monat treppauf-treppab durch sämtliche Wolkenkratzer der Stadt wurde Georg endlich fündig. Er war überglücklich, als er Manu die Wohnung noch am selben Tag präsentieren konnte und sie sofort seiner Wahl zustimmte. Vom „la casa roja" aus wollte Georg mit Manu die neue, noch so unbekannte, Welt erobern.

Mit großem Eifer machte er sich daran die Wohnung einzurichten. Aber nur selten gelang es ihm Manu für irgendein Möbelstück zu begeistern. Meist ging sie apathisch neben ihm, so als wäre sie am liebsten nicht dabei gewesen. Doch sie hatte erkannt, dass sie Schorsch die Freude über seine neue Aufgabe nicht verderben durfte, darum begleitete sie ihn tapfer bei den Einkaufstouren.

Gerade hatte Manu wieder einmal in einem Sessel zum Probesitzen Platz genommen, als sie plötzlich eine nahende Ohnmacht spürte.

Erschrocken griff Schorsch nach ihrem Arm, als sie den bleichen Kopf zurücksinken ließ. Doch, was er zu ihr sagte, hörte sie nicht mehr. In einem rüttelnden Krankenwagen kam Manu wieder zu sich. Höllisch schneidende Schmerzen im Gallenbereich ließen sie wieder in tiefe Bewusstlosigkeit fallen.

Als Manu das nächste Mal erwachte, lag sie schon im Operationssaal des Krankenhauses Paitilla. Über einer der Mullbinden, die um sie herumstanden, entdeckte sie Schorschs Augen. Sie blinzelten ihr aufmunternd zu. Es wird wieder alles gut. Sorge dich nicht. Die Ärzte sind großartig.

Manu wusste auch ohne Worte, was Schorschs Augen ihr sagen wollten. Sie empfand keine Angst und schloss ruhig die Augen, als ihr die Narkosespritze gegeben wurde. Eine kleine Weile hörte sie noch dem fremden Stimmenwirrwarr zu, bevor sie die betäubenden Schleier immer tiefer und tiefer ins Nichts zogen, dorthin, wo die tiefsten Träume unserer Seele ruhen und kein Schmerz uns mehr erreicht.

Reise in die Vergangenheit

Der warme Sand Ostpreußens rieselt durch meine Finger. Sand ist nicht gleich Sand. Viel feinkörniger als anderswo ist dieser Sand. Er fühlt sich an wie feiner Puderzucker, den Tante Ada zu Weihnachten immer auf ihre herrlichen Schmalzkringel streut.

Hinter meinen geschlossenen Augen sehe ich diese Kringel, aber sie leuchten in bunten Regenbogenfarben. Mein Gesicht wird von einer leichten Seebrise gefächelt. In der Ferne höre ich Großvaters Pferde wiehern.

Takelagegeklapper der nicht weit entfernt auf dem Strand liegenden Kurenkähne dringt ab und zu herüber. Das Rauschen der Brandung lullt mich ein. Ich bin daheim.

Eine Hand berührt mich. Karl-Heinz, wie Hermann Hesse sieht er aus, nur seine Augen hinter der dicken Brille blitzen viel lustiger. Sag nicht, dass wir schon gehen müssen. Ich möchte noch ewig hier mit dir liegen. Lass uns den Augenblick festhalten. Karl- Heinz, der Zauberer, wo hat er nur plötzlich die wunderschöne Rose her?

Ja, ja, ich will deine Frau werden. Deine Küsse schmecken nach Sand.

Dann sah sich Manu in ihrem Traum im Verlobungskleid auf den Wegen des elterlichen Parks wandeln. Um sie herum waberten viele Traumgesichter. Die dicke Tante Hedwig trug auf ihrem Spaziergang statt einer Halskette zum festlichen Kleid einen derben Strick um den Hals. Sie war beim Ausbruch des Krieges erhängt auf dem Dachboden gefunden worden.

Omamachens Gesicht zeigte grünliche fahle Blässe. Obwohl sie pausenlos ihre grellroten Lippen bewegte, war kein einziges Wort aus ihrem Mund zu hören. Wie man sich in der Familie immer wieder gern erzählte, hatte sie erst im Alter von sechs Jahren angefangen zu sprechen.

Als Omama lange später Witwe wurde und den Zeitungsbetrieb ihres Mannes fortführen musste, wurde sie extrem geizig und nach dem

Verzehr eines schon schlecht gewordenen Hühnchens starb sie qualvoll an einer Lebensmittelvergiftung, getreu ihrem Motto „Kindchen, wer den Pfennig nicht ehrt, ist des Talers nicht wert!". Sie starb als reichste Frau Memels.

Zu ihrem Begräbnis erschienen fast alle Bewohner der Kleinstadt. Jeder hatte sie gekannt und mancher ihre spitze Zunge gefürchtet. Freunde wie Feinde standen an der offenen Grube vereint, sie alle fühlten, dass ihre Stadt ohne diese resolute, streitbare aber auch wahrheitsliebende alte Dame ärmer geworden war.

Vor Manu, noch immer in ihrem schwarzweißen langen Taftkleid, trat ein Offizier. Sie erkannte Alex, den Soldaten, der sie auf der Flucht vor den Russen gewarnt hatte. „Krieg!", rief Alex ihr zu und schlug die Hacken zusammen beim Salutieren.

Dann entschwand er aus ihrem Gesichtsfeld nicht ohne Sabine, ihrer mit zwölf Jahren an Tuberkulose gestorbenen Cousine, seinen Arm dargeboten zu haben. Beide tanzten Arm in Arm davon. Krieg, was bedeutete das Wort? Dies war doch ihre Verlobungsfeier. Krieg zerstörte diese Feier.

Manu sah sich packen. Die mit rosafarbenen Bändchen zusammengebundenen Briefe von Karl-Heinz, darüber die wollenen Höschen und Leibchen, Strümpfe, den Schmuck von Omama. Es folgt ihre Aussteuerkiste.

Die Mamsell und Mamachen drängten zur Eile, denn die schwere Marmorplatte vom Esszimmertisch sollte noch im Teich versenkt werden, bevor die Russen kamen. Die Wagen wurden mit den echten Persern ausgeschlagen. Hafersäcke in die Wagen gehievt. In heillosem Durcheinander wurden die wichtigsten Habseligkeiten in die Wagen gestaut.

Das Milchvieh lief schon freigelassen in alle Windrichtungen davon, als die Wagen schließlich anrückten. Den letzten Menschen, den Manu sah, als sie aus dem Tor ihres Guts fuhren, war eine schwarzgekleidete Frau, deren Brust von einem riesigen gelben Stern bedeckt war. Manu winkte ihr zum Abschied, denn sie hatte ihre Tante Ada erkannt.

So begann für Manu und ihre Familie die abenteuerlichste Reise ihres Lebens innerhalb der größten Völkerwanderung aller Zeiten von Ost nach West.

Auf dem Wagen sah sich Manu verzweifelt nach ihrer Porzellankiste suchen. Sie hatte auf dem Wagen keinen Platz mehr gefunden und stand nun mitten auf dem Hof zwischen liegengebliebenem Pferdemist. Nun weinte Manu im Traum. Sie bemerkte, dass alle im Wagen weinten. Auf allen Wagen, die sie während des langen Trecks sah, saßen Menschen mit verweinten Augen.

„Ja, Schorsch, wir sind die Rotaugen aus dem Osten, unsere Augen spiegeln den brennenden Osthimmel wieder."

Glasklar hatte Manu diese Worte gesagt.

Kurz darauf schlug sie die Augen auf.

„Ich weiß, mein Herzchen, ich weiß.", antwortete Schorsch mit schleppender Stimme.

Viele Stunden hatte er nun schon an Manus Bett gesessen und auf ihr Erwachen gewartet. Er hatte gebangt, gehofft, Todesängste ausgestanden, als die Ärzte ihn aus dem OP verbannt hatten, als es während der Operation zu Komplikationen kam. Auf dem Gang vor dem OP ging er wie der Panther in Rilkes Gedicht ruhelos hin und her. Dabei betete er leise um Manus Leben.

Als die Ärzte schließlich herauskamen und der Oberarzt auf ihn mit den Worten zutrat „un gran exito !", vergrub er schluchzend sein Gesicht in seinen großen Händen. Seine Schultern spürten die Last der Mutlosigkeit und der Verzweiflung, denn „exito" musste ja „exitus" bedeuten. Tod! Drei Ärzte stützten ihn, als er nach seiner Erkenntnis zusammenbrach.

Sie begriffen, dass er sie nicht richtig verstanden hatte und erklärten ihm gesten- und wortreich, dass „su mujer" noch unter den Lebenden weilte. Danach führten sie ihn umgehend in die Intensivstation zu ihrem Bett, an dem er erst richtig begriff, dass sie noch lebte.

Und nun heftete sich ihr Blick auf ihn, seine rotgeäderten Augen und seine zum wellenförmigen Strich gewordenen Lippen, die sich nun breit, fast schelmisch auseinander zogen und dabei tonlos zu jubeln schienen:

„Wir haben es geschafft!"

Er sagt immer „wir", dachte Manu zufrieden und erwiderte schwach seinen zärtlichen Händedruck.

Genesung

Während Manuela sich im Krankenhaus der Paitilla, wie das Viertel der Prominenten und Reichen in Panamà City hieß, von ihrer schweren Operation erholte, hatte Schorsch die Wohnung fertig eingerichtet. Als er Manu ins „Nest" holte, erwartete sie dort eine behagliche Atmosphäre aus Gemütlichkeit und Eleganz. Neben fremdartigen Rattanmöbeln gab es sogar einen bildhübschen englischen Mahagoni-Sessel. Formvollendete italienische Vasen waren mit frühlingsgelben Chrysanthemen gefüllt.

Nach einem von Schorsch fantasievoll zubereiteten Mahl setzten sich beide ans Fenster, dicht nebeneinander: Der Tag glitt hinüber in die blaue Stunde. In dieser Stunde empfanden sie die Nähe des anderen wie ein Geschenk. Das jüngste Leiden hatte sie wieder enger zusammengeführt. Beide waren auf dem Weg der Genesung.

In der folgenden Zeit suchten sie, wie früher in den glücklichen Jahren, wieder Gemeinsamkeiten. Zusammen lasen sie deutsche Zeitungen, die Katja ihnen geschickt hatte. Darin lösten sie die schwersten Kreuzworträtsel.

Sie gingen zusammen Besorgungen machen, wagten sich hin und wieder sogar in ein Restaurant unter Menschen. Kleine Begebenheiten auf ihren Besichtigungsfahrten im klimatisierten Taxi belebten ihren Gesprächsstoff. Jeden Tag ließen sie einen Lehrer kommen, bei dem sie sich die fremde Sprache perfekt zu eigen machten.

Jedes Mal, wenn sie nach monatelanger Beförderungszeit ein Brief oder ein Päckchen von Katja und Robert erreichte, veranstalteten sie einen Festtag, an dem sie ihren Esstisch feierlich mit Servietten und einer hübschen Tischdecke schmückten und Schorsch ein ausgefallenes Menü kreierte. Die in der Regel ausführlichen, mehrere Seiten langen Briefe lasen sich Schorsch und Manu dann gegenseitig vor.

Wenn die blaue Stunde vom immer wieder überraschenden plötzlichen Einbrechen der Nacht verschluckt wurde, saßen Manu und

Schorsch nicht mehr schweigsam hinter geschlossenen Fenstern. Sie öffneten das große Wohnzimmerfenster weit, als wollten sie die Welt in ihr Zimmer holen.

Sie unterhielten sich dann auf spanisch, der neu erlernten Sprache. Dabei kam es oft vor, dass sie in Gelächter ausbrachen, weil irgendein Ausdruck sie belustigte. Fast hätte man beide als glücklich bezeichnen können, wären nicht die zahllosen Narben auf ihren Seelen gewesen.

Das Ehepaar hatte gelernt für sein kleines privates Glück zu kämpfen. Durch die dramatische Operation von Manu hatten sich für beide völlig veränderte Prioritäten ergeben. Das Leben an sich wurde zum Wichtigsten. Zu diesem Leben gehörten sowohl Traurigkeit und Heimweh, als auch Glücklichsein und Neugierde, aber vor allen Dingen der Wille aus einer schicksalhaften Veränderung im Leben das Beste, nein, das Allerbeste zu machen.

Manchmal jedoch, wenn in Manu die Gedanken wieder einmal wie ein Fieber wüteten, griff sie sich ein Stück Papier, einen Stift und wie von selbst ordnete sich das Chaos in ihrem Kopf. Die Hitze machte ihr weniger zu schaffen, ihre Kopfschmerzen waren wie weggeblasen. Zurückversetzt nach Deutschland begann sie ihre Geschichte zu schreiben.

Teil 2

Die Flucht

Ein Montagmorgen im Oktober des Jahres 1944 - Flucht aus Ostpreußen. Meine Maman Josephine, Josie genannt, das Energiebündel, ihre laute ordernde Stimme, mit geübten Handgriffen schirren sie und Jean, der französische Kriegsgefangene, die Pferde an.

Ich habe meine Maman, die von mir Josie gerufen werden möchte, weil sie sich für „Maman" zu jung fühlt, nie schöner gefunden. Sie sieht völlig anders aus als ich: schlanke, wohlgeformte Beine, flacher Bauch, eine Figur, die sowohl im Kostüm, wie auch in Reitkleidung, den breiten Breecheshosen und dazu passendem Jackett elegant und zierlich wirkt.

Aber ihre Schönheit offenbart sich besonders im Gesicht, das von slawischen hohen Wangenknochen und einem volllippigem Mund geprägt ist. Am Schwung dieser Lippen blieben oft Männerblicke sehnsüchtig hängen. Josies Augen sind jedoch am interessantesten. Ein Auge ist grün, eines ist grau, von dichten schwarzen Wimpern umrahmt.

Wenn sie wütend ist und das ist sie nicht selten, da ihr Temperament oft mit ihr „durchgeht", werden ihre Augen so dunkel, dass man ihre Farbe nicht mehr zu deuten vermag.. Die perfekt geschwungenen Augenbrauen ziehen sich dann zusammen, dass sich eine steile Falte auf der ansonsten faltenlosen Stirn bildet.

Das Einzige, was an mir ihr ähnlich ist, sind meine lockigen Haare, die aber leider nicht den gleichen dunklen Glanz wie Josies besitzen. Sie wirken eher wie stumpfer nass gewordener Sand.

Meine Augen sind die des Vaters, haselnussbraun und fast wimpernlos. Wimpern und Augenbrauen haben ihre Konturen bei einer Kesselexplosion im Chemielabor eingebüßt. Nur von meiner Nase hat zumindest Karl- Heinz, mein Verlobter, behauptet, sie sei von klassischer Schönheit.

„Ela, vergiss deinen Pass nicht!", schreit mir Josie zwischendurch zu.

Meinen litauischen oder meinen deutschen?, schießt es mir durch den Kopf. Egal, ich nehme beide mit, denke ich und haste noch einmal in das obere Stockwerk zurück, in dem mein Mädchenzimmer liegt. Aus dem Geheimfach meines Sekretärs reiße ich noch das mit Satinschleifen umwundene Briefbündel, das ich fast vergessen hätte mitzunehmen.

Ich blicke mich noch einmal um und wende mich dann mit Tränen in den Augen ab. Dies alles soll ich nun zurücklassen! Meine Kindheit bleibt in diesem Zimmer zurück. Meine Träume, meine Zukunft sind nicht mehr bestimmbar, ahne ich. Auf dem Weg nach unten, begleiten mich düster die Augen der Ahnen, sie verfolgen mich noch, als ich schon längst wieder auf dem sonnigen Hof stehe.

Der Wagen ist gepackt. Jean sitzt schon auf dem Bock, die Zügel von Bella, Lusche, Caro und Altan in der Hand. Er wartet gelassen. Die Pferde stehen ruhig, ebenso die beiden Ersatzpferde, die am Wagenende angebunden sind.

Josie zieht mich energisch mit ins Haus.

„Wir müssen los. Karl, wir wollen aufbrechen. Wo bist du?"

Sie kündigt Karl, das ist mein Vater, den Abschied an.

Josie öffnet die Schlafzimmertür. Es ist dunkel und stickig im Zimmer. Mein Vater liegt im Bett. Er schluchzt laut und mir kommen auch wieder die Tränen.

„Bitte komm doch mit. Lass uns nicht alleine fahren," höre ich Josies Stimme sanft.

Aber Papa setzt allen vorangegangenen Diskussionen ein Ende, indem er meint:

„Ich bin nur Ballast für euch. Ich will die Tiere nicht zurücklassen."

Erst jetzt bemerke ich den Jagdhund Barko, der an seinem Fußende liegt und seine Pfoten von sich streckt. Zerstreut streichelt Josie Barkos Flanken, so dass er sich wohlig räkelt.

„Nimm deine Medizin, Karlchen, und wenn du dich gesund fühlst, kommst du uns nach. Du hast noch Sultan im Stall, er ist unser Schnellster. Mit ihm holst du uns bestimmt in ein paar Tagen ein."

Papa schluchzt wieder.

„Jetzt reiß dich zusammen, Karlchen, heul` nicht wie ein altes Waschweib!"

Ich zucke unwillkürlich zusammen, als ich die harten Worte höre. Aber sie hat Erfolg damit, er hört auf zu weinen und erhebt sich sogar um mir einen Abschiedskuss zu geben.

„Pass auf die Mama auf, mein Mädchen. Wir sehen uns in Flensburg wieder. Da müsst ihr hin. Zu Tante Anettchen und Gitti. Ich hab euch lieb meine Täubchen und bete für euch, dass ihr gut durchkommt."

„Genug plachandert!", Josie hakt sich bei mir ein und wir verlassen Gut Birkenhain in sehr bedrückter Stimmung.

Der Treck

Nur Jean zeigte durch sein Pfeifen „Alouette, gentille Alouette" gute Laune, es ging von Osten nach Westen, für ihn in Richtung Heimat. Er hätte sich nun, da alle Welt im Aufbruch begriffen war, von uns absetzen und auf eigene Faust sich Richtung Frankreich durchschlagen können.

Die Befehle, die ihn uns als Zwangsfremdarbeiter auf dem Gut zugeführt hatten, galten schon seit Wochen nicht mehr. Aber Jean hatte bei uns Familienanschluss gefunden. Er hatte sich in unsere Mamsell verliebt und ihr sicher von der feinen französischen Küche berichtet.

Eines Abends brachte sie tatsächlich Coque au vin auf den Tisch und wir beschlossen zu diesem Ereignis französisch zu sprechen. Das war sehr lustig, da ich in der Schule nur Litauisch und nicht wie Josie Französisch gelernt gelernt hatte. So war ich auf Hände und Füße angewiesen um mich bei Tisch verständlich zu machen und satt zu werden.

Ich sah Jeans Rücken und seinen schwarzhaarigen Hinterkopf und fühlte mich seltsam geborgen, obwohl für so eine Stimmung beileibe kein Grund vorlag, denn unsicherer hätte meine Zukunft nicht sein können.

Ich versuchte es mir im hinteren Teil unseres Planwagens so bequem wie möglich zu machen, aber ich hatte kaum Platz für meine langen Beine, so voll geladen war der Wagen mit Truhen und Kisten, in denen gut eingewickelt in Zeitungspapier das Rosenthaler Familiengeschirr, Tante Hedwigs Kristallgläser, Gemälde, Nippes aus Porzellan und vieles andere lagerte.

Während ich in dem schaukelnden Wagen so da lag und die Pferde munter ausschritten, sah ich in den unvergleichlich blauen ostpreußischen Himmel mit seinen schneeweißen Wolken, in denen ich Phantasietiere und die merkwürdigsten Gebilde zu entdecken vermochte.

Aber das alte Wolkenspiel, das ich immer mit Karl-Heinz gespielt hatte, wenn wir an der Kurischen Nehrung zum Baden waren und erschöpft vom Schwimmen am Strand lagen, es wollte mir nicht richtig gelingen. Ich war zu müde, zu angestrengt von den letzten Tagen.

Die Flucht aus dem brennenden Königsberg, wo ich an der alten Albertus- Universität erst zwei Semester Pharmazie und dann im ersten Semester Zahnmedizin studiert hatte, war sehr anstrengend gewesen. Ich war noch niemals so viel zu Fuß gegangen.

Danach folgte die Heimreise nach Birkenhain, etliche Stunden Zugfahrt. Ich erinnerte mich an den Stationsvorsteher, der mich ungläubig anblickte, als ich meine Fahrkarte einlöste.

„Na, Frolleinchen, wat woll`n se denn bei den Russkis. Die sind doch all da, wo se hinwolln. Nehmen se man lieber de andre Richtung jen Westen!" Mit einem mitleidigen Blick wies er dann auf den Zug, der mich nach Osten bringen sollte.

Zu Hause erwartete mich dann das Chaos schlechthin. Mamsellchen lief weinend durch alle Räume und jammerte fortwährend, das Trudchen unser Zimmermädchen packte das Geschirr ein und ließ hin und wieder einen kostbaren Teller fallen, Josie eilte durch alle Räume, verbrannte zwischendurch immer wieder Papiere, die nicht den Russen in die Hände fallen sollten, dann saß sie wieder an Papachens Bett und streichelte ihn.

Als sie meiner gewahr wurde, fing sie an mich herumzukommandieren, was ich alles einpacken sollte und was nicht. Josie ordnete und orderte und am Ende der Woche waren wir so erschöpft von den Anstrengungen, dass wir eigentlich urlaubsreif waren.

Aber wir befanden uns nicht auf einer Urlaubsreise, dies wurde auch mir plötzlich klar, als unser Gefährt abrupt stoppte, weil wir auf die Chaussee einschwenken mussten, auf der sich ein Treck von Panjewagen langsam vorbei bewegte.

Die Wagen kamen hauptsächlich aus Litauen und Weißrussland. Abenteuerliche Gefährte rumpelten an uns vorbei und unsere Pferde fingen an unruhig mit den Hufen zu scharren. Josie hatte Jean die Zügel abgenommen und drosch plötzlich auf das rechte Pferd ein.

„Hü, Hü!", rief sie in scharfem Ton und die Pferde zogen so unvermittelt an, dass ich hintenüberkippte.

Als ich mich wieder aufrichtete und voller Neugier nach vorne blickte, sah ich uns mitten im Treck fahren. Stundenlang fuhren wir in diesem Wagenzug. Dabei wechselten wir uns alle zwei Stunden mit dem Kutschieren ab.

Ich tat das ausgesprochen ungern, weil ich tief in meinem Innern eine Furcht vor Pferden empfand, die ich Josie gegenüber aber nie zugegeben hätte. Auf jeden Fall vermisste ich meinen Drahtesel, den ich in Königsberg bei meiner Vermieterin zurücklassen musste.

Entdeckung

„Was machst du da, ich frag` dich schon das dritte Mal!", drang wie aus weiter Ferne plötzlich Schorschs Stimme an Manus Ohr.

Verwirrt schaute sie hoch. Was hatte er gefragt? Sie überlegte sich krampfhaft eine Antwort und zuckte dann aber nur mit den Achseln.

„Zeig doch mal her", meinte er nun interessiert und griff gleichzeitig nach dem Heft auf ihrem Schoß.

Sie schloss die Augen und seufzte. Ihre Augen brannten und sie spürte die roten Flecken, die sich nun an ihrem Hals bildeten, wie immer, wenn sie aufgeregt war.

Als sie die Augen wieder öffnete, hatte sie die aufsteigenden Tränen besiegt. Sie sah zu Schorsch, der es sich in seinem Sessel gemütlich gemacht hatte. Sie machte sich mit seinem Anblick wieder vertraut und empfand augenblicklich wieder die große Liebe zu ihm, die sie schon so lange begleitete.

Sie fand, dass er immer noch großartig aussah mit seinem weißen welligen Haar, dem englischen Schnurrbart, der frischen Farbe seines Teints und den strahlenden blauen Augen. Fortuna muss an seiner Wiege gestanden haben, dachte sie. Obwohl er ebenfalls immer älter wurde, sah er von Jahr zu Jahr besser aus. Manu seufzte wieder. Ach, herrje, was hab ich mir nur angewöhnt, schalt sie sich darauf.

Schorsch blickte zu ihr hoch und lächelte verschmitzt.

„Das ist gut! Hervorragend! Das ist ja eine tolle Idee etwas aufzuschreiben, was wir erlebt haben."

Typisch, dachte sie. Er denkt wieder einmal, dass es auch um ihn geht. Geht es um ihn? Nein, es geht um mich. Oder um meine Mutter. Nein, im Wesentlichen geht es um mich, stellte sie für sich fest. Er begreift nicht, warum ich schreibe.

Aber sie begriff selbst auch noch nicht, warum sie plötzlich den Drang zum Schreiben hatte. Sie war erschrocken, wie die Sätze aus ihr herausbrachen. Zugleich fürchtete sie das Versiegen dieser Quelle immer noch. Fast wäre sie zu Schorsch gestürmt und hätte ihm das Heft entrissen, weil sie es übelnahm, dass er sie nicht zu verstehen schien.

Aber sie empfand auch ein dumpfes Schuldgefühl ihm gegenüber, weil sie ihn ausgeschlossen hatte und in ihre eigene Welt geflüchtet war.

Bisher war sie immer davon ausgegangen, dass Sinn und Zweck ihres Lebens war, für ihren Mann zu sorgen, und genau das hatte sie nun versäumt. Sie hatte ihn einfach für einige Stunden vergessen. Sie hatte etwas Sinnvolles für sich selbst getan. Sinnvoll? War es denn sinnvoll, sich mit der Vergangenheit so intensiv zu beschäftigen, fragte sie sich zweifelnd. Doch, trotzig straffte sie die Schultern.

Es musste sein, denn sie musste mit ihrer Situation auf ihre eigene Weise fertig werden. Gerade als sie daran dachte, dass sie ihr ganzes Leben auf der Flucht gewesen war, brachte sie dieser Bewusstseinsblitz zum Lachen. Sie lachte laut los. Es war richtig, was so behauptet wurde von den superschlauen Psychologen: Schreiben ist Befreiung. Man konnte sich etwas von der Seele schreiben.

Ihr Lachen wirkte befreit und ansteckend auf Schorsch und er stimmte mit ein, bis ihnen die Tränen kamen. So wurden sie wieder eins; denn der Humor war, seit sie sich kennen gelernt hatten, eine existenzielle Grundlage ihrer Beziehung.

An diesem Abend kosteten sie die Worte und ihr Lachen wie seltene Delikatessen. Diese glückliche Stimmung nahmen sie mit in ihren Schlafraum, in dem es immer angenehm kühl und dunkel war, da die Klimaanlage hier ständig arbeitete. Auf Schorschs Bett streichelten sie sich, bis sie müde wurden.

Schorsch flüsterte liebevoll: „Meine kleine litauische Literatin."

Nach diesem wundervollen Abend war Manu bereit mit ihm in den Jungbrunnen zu tauchen und sich ihm hinzugeben. Es wurde für beide eine traumlose Nacht.

Am nächsten Morgen erwachte Schorsch glücklich. Manu öffnete erst die Augen, als sie seine Lippen auf ihrem Mund fühlte, und der für den Tagesbeginn so wichtige Kaffeeduft in ihr Geruchszentrum drang. Dies wurde ein guter Tag, spürte sie.

So einen Morgen könnte man auch zu Hause erlebt haben oder irgendwo sonst auf der Welt, den Bahamas, Caracas, Casablanca, Bornholm oder Königsberg, dachte sie mit aufkeimenden Erinnerungen an ihre vielen gemeinsamen Reisen.

Vorsichtig nippte sie am Kaffee. Er war schwarz und heiß. Unverrührt sah sie die Sahne darin schimmern. Die machte auch aus dem Instantkaffee einen Genuss.

„Guten Morgen, Liebling", sagten beide gleichzeitig.

Der Hunger

Während Manu schrieb, erledigte Schorsch die Einkäufe in der Stadt. Mitunter besuchte er ihre Bank, um sich über den Kontostand zu unterrichten. Des öfteren kehrte er bei einem stadtbekannten Broker ein und kaufte einige Aktien.

Wochenlang verfolgte er dann im Börsenprogramm des Fernsehens die steigenden oder fallenden Kurse. Von morgens bis abends lief der Fernseher mit diesem Programm, so dass Manu weder einen Film, den sie gern gesehen hätte, anschauen, noch in Ruhe schreiben konnte.

Also schrieb sie, wenn Schorsch das Haus verlassen hatte. Es war eine quälende Arbeit, die ihr aber trotz aller Schwierigkeiten Befriedigung verschaffte.

Die Erinnerung an den Hunger war am schlimmsten. Am Anfang ihrer Flucht gab es noch genügend zu futtern. Sie hatten ja reichlich von zu Hause mitgenommen. Aber nach einigen Wochen im Treck waren die Vorräte fast aufgebraucht und am abendlichen Lagerfeuer gab es dann nur noch Wassersuppen mit nur wenigen Linsen oder Erbsen darin. Josie und Jean scherten jeden zweiten Tag aus dem Treck aus und lenkten ihren Wagen auf einen der gleichfalls überfüllten Feldwege. Dort fanden sie noch genießbare Brombeeren und die ersten Pilze am Wegesrand. Aber oft kehrten sie erfolglos zurück.

Manu erlebte diese rastlosen von der Suche nach Nahrung geprägten Tage aufs Neue. Sie erinnerte sich an Besuche auf diversen Gütern, wo die Leute noch lebten wie zu Friedenszeiten und erstaunt waren, wenn sie hörten, aus welcher Gegend sie stammten und wie lange sie schon unterwegs waren. Meistens gaben sie bereitwillig eine Kumme Hafer für die Pferde und etwas Brot.

Eine ältere Instfrau eines großen Rittergutes in der Nähe von Preußisch Holland weinte, als Josie und Manuela vor ihr standen und bettelten: „Ach, du liebes Gottchen, wie weit ist das mit uns jekommen. Dann werden wir auch bald dran sein mit dem Flichten!"

Sie stopfte ihnen die Taschen so voll, dass sie wieder für Wochen reichlich zu essen hatten.

Der Genuss von dem fetten Speck, den es nun jeden Tag gab, bewirkte den schlimmsten Durchfall, den Manuela und Josie in ihrem Leben je hatten. In dieser Zeit entwickelten sich bei Josie sicher die ersten Gallensteine, die ihr noch später recht viel Ärger machen sollten, auch Manu spürte die ersten Stiche nach dem ungewohnt fetten Essen.

Unwillkürlich strich sie mit der Hand unter ihrem rechten Rippenbogen entlang. Ihr Leib war an dieser Stelle immer etwas aufgebläht, auch nach ihrer Operation hatte sie oft ein Druckgefühl. Sie ließ die Hand dort liegen und überflog, was sie geschrieben hatte.

So viele Flüsse haben wir überquert, so viele wechselnde Landschaften gesehen. Niemals hätte ich gedacht, dass ich sie nicht wiedersehen würde. Wir haben immer geglaubt, dass wir eines Tages zurückkehren würden. Damals habe ich mich noch nicht so heimatlos gefühlt wie jetzt. Wir verließen zwar die Heimat, aber sie blieb im Herzen, und wenn mich heute jemand fragt, wo ich herkomme, sage ich immer noch:

„Aus dem Memelland."

Eine Melodie kam Manu ins Bewusstsein und da Schorsch nicht da war, fing sie an zu summen:

„Land der dunklen Wälder und verborgenen Seen...".

Sie wusste, dass sie die Töne nicht halten konnte und zu tief sang, deshalb hätte sie nie in Schorschs Gegenwart gesungen. Er hatte ein viel zu feines Gehör und war sehr musikalisch, schon als Kind hatte er mit seinem Bruder zusammen im Rundfunk Geige gespielt. Später kurz nach dem Krieg war er im Alsterpavillon als Schlagzeuger in einer Studentenband, deren Lieblingsschlager „I`m the tiger" war, aufgetreten. Aber dort hatten sie sich nicht kennen gelernt.

Er hatte sie mittags vor einer Konditorei mitten in Hamburg beobachtet, wie sie sich mit gierigen, sehnsüchtigen Blicken an den Kuchen der Auslage satt sah. Nachdem er die gertenschlanke Schönheit eine kleine Weile angesehen hatte und zu dem Schluss gekommen war, dass er sie von irgendwoher kannte, fasste er sich ein Herz und lud sie zum Kaffee ein.

Er bekam keine Absage, weil sie das Gefühl hatte, dass er sie in diesem Moment wohl vor dem Hungertod errettete. Außerdem sah er unverschämt gut aus und sie bemerkte, dass ein ihr bekannter Unterton in seiner Stimme war. Er war mit Sicherheit ein Ostpreuße. Als sie ihm in das Café L`Arronge folgte, bemerkte sie, dass er einen Uniformmantel aus dunkelgrünem Leder trug, an dem die Schulterklappen fehlten. Er war groß und wirkte sehr ausgehungert. Seine dunkelbraunen Haare fielen ihm in einer lockeren Welle in die hohe Stirn, sobald er sich zu ihr beugte um ihr aus dem Mantel zu helfen.

Nachdem sie in dem überfüllten Raum einen Platz gefunden hatten, stellte er sich vor:

„Georg Haiting, angehender Zahnmediziner, 1. Semester. Ich habe mich rettungslos in Sie verliebt."

Dabei betonte er das Wort „rettungslos" in so dramatischer Weise, dass sie in ein herzliches Lachen ausbrach, was ihn zweifellos entzückte, denn er strahlte sie daraufhin so begeistert und erwartungsvoll an, dass ihr schließlich doch noch einfiel ihm ihren Namen zu nennen. Eine grausame Regung in ihr ließ sie hinzufügen:

„Studentin der Zahnmedizin im sechsten Semester und verlobt."

„So, so, Manuela Jaschkereit", wiederholte Georg ihren Namen auf der Zunge zergehen lassend.

Ernüchtert fragte er: „Ist der Glückliche auch aus Ostpreußen?"

„Ich bin aus dem Memelland," erwiderte Manuela.

Von da an sprachen sie nicht mehr über Karl- Heinz. Sie erzählte Georg von ihrer Flucht und den Bomben, die sie erlebt hatte.

Er berichtete von Schiffsuntergängen, seinem Dienst in Norwegen auf dem Schlachtschiff „Tirpitz", von seinen Enttäuschungen bei der Marine, zu der er sich nach dem Abitur freiwillig gemeldet hatte. Aber er erzählte auch von der großartigen Gemeinschaft an Bord und wie sehr er die See lieben gelernt hatte.

Manuela schilderte ihre Erfahrungen, die sie im Arbeitsdienst beim Bund Deutscher Mädchen gemacht hatte.

„Stell dir vor, ich musste sogar Kühe melken. Ich habe dabei gelernt direkt in den Mund zu treffen."

Beiden kam das Du wie selbstverständlich über die Lippen.

Plötzlich entdeckten sie, dass sie viele gemeinsame Bekannte hatten. Ihre Gespräche schienen niemals mehr ein Ende finden zu können. Sie waren zwei Schiffbrüchige, die es aus einer chaotischen Welt auf eine einsame ruhige Insel verschlagen hatte. Dort hatten sie sich gefunden.

Als es draußen dunkel zu werden begann und sie vor ihren leeren Kaffeetassen nicht mehr länger sitzen bleiben mochten, legte Georg Manuela flüchtig den Arm um die mageren Schultern und schlug vor:

„Du kommst heute mit zu mir, mein Herzchen. Ich habe ein sehr komfortables Heim draußen in Blankenese im Bader-Stiftungshaus."

Reiche Verwandte hatten ihn nach Kriegsende aufgenommen.

„Vorher muss ich aber noch etwas erledigen. In Altona will ich noch Kartoffeln organisieren. Da steht ein Zug mit Kartoffeln."

„Na, dann los," zögerte Manuela nicht eine Sekunde.

In diesen Zeiten erkannte man eine führende Persönlichkeit an der Art, wie sie handelte. Alles an Georg war bestimmend, aber auf eine angenehme Weise weihte er sie in seine Pläne ein, sodass sich nach dieser kurzen Kennenlernphase ein tiefgehendes Gefühl der Vertrautheit bei ihr eingestellt hatte, über das sie sich nicht einmal wunderte, sondern den Moment der Leichtigkeit bewusst genoss. Sie hatte das Empfinden, ihn schon viel länger zu kennen als diesen einen Nachmittag.

Es gab einige Studenten, die Annäherungsversuche bei ihr gewagt hatten, aber über eine Zusammenarbeit im Labor oder einen kleinen Bummel durchs Univiertel gingen ihre Treffen nie hinaus. Sie ließ es niemals zu einer näheren Bekanntschaft kommen, denn sie wusste immer noch nicht, wo Karl - Heinz geblieben war. Sie hatte sich seinetwegen viele Sorgen gemacht. Es gab unendlich viele Gerüchte über den Verbleib seiner Einheit.

So hieß es, dass fast alle seiner Division vor Stalingrad entweder getötet oder in russische Gefangenschaft geraten wären. Sie hatte sich schnell mit dem Suchdienst vom Roten Kreuz in Verbindung gesetzt, aber bisher ohne Erfolg. Zudem hatte sie sich in Hamburg als sechstes Semester eingeschrieben und dementsprechend viel Arbeit für ihren Professor zu leisten. Einladungen zu Studentenfesten hatte sie deshalb immer mit der Begründung abgelehnt, dass sie zu viel Arbeit hätte.

Mittlerweile tuschelten einige ihrer Kommilitonen schon recht offen darüber, dass sie ein von der Arbeit besessener Blaustrumpf wäre. Sie hatten ja keine Ahnung, dass sie neben ihrem Studium noch verschiedene Nebentätigkeiten angenommen hatte, die ihr das Studium, den Kauf teurer Fachbücher, Kleidung und die Zugfahrten nach Flensburg, die trotz der Studentenermäßigung noch zu teuer für sie waren, finanzieren halfen.

Als Manuela sich nun neben Georg mühelos seinen langen Schritten anpasste, dachte sie nicht einen Moment an Karl-Heinz oder ihre Eltern. Dass sie an diesem Tag eine ihrer Putzstellen versäumt hatte, fiel ihr gar nicht auf.

Auf dem langen Weg aus der Innenstadt zu den Elbvororten, bestehend aus Fußmärschen und Straßenbahnfahrten, immer wenn sich ein Kontrolleur den beiden näherte, sprangen sie lachend von der fahrenden Bahn ab, verging die Zeit mit viel Gelächter und Scherzen und immer wieder Erzählungen.

Bis auf die flüchtige Umarmung im Café, hatten sie sich höchstens einige Male die Hände gereicht beim Abspringen von der Bahn. Manuela dachte mit wohligem Schauer an die fast zufälligen Berührungen. Ihr war, als wäre sie aus einem riesigen Eisblock aufgetaut worden und hätte in dem Augenblick, als Georg sie das erste Mal berührte, zu leben angefangen.

Im gleichen Maße, wie sie seine Gegenwart bewusst aufnahm und genoss, ging es ihr mit der Natur. Sie empfand die kühle Elbbrise, mit der sogar einige Regentropfen niederfielen, als wunderbar. Selbst die Möwen kreischten melodisch in ihren Ohren, die sich sonst sogar oft gegen echte Melodien zu verschließen schienen.

Dann kam der Bahnhof Altona in Sicht und sie umkreisten das weitläufige Bahngelände um zu dem Kartoffelwaggon zu gelangen.

„Merde", stieß Georg zwischen den Zähnen hervor. „Er ist weg!"
„Der Zug ist weg?", fragte Manuela nach, weil sie kein Französisch sprach.

Im selben Moment kam sie sich richtig dumm vor. Er sprach also französich, zählte zu den Gebildeten. Er blickte sich um und sondierte das Terrain. Niemand wachte über die abgestellten Züge. Nicht hier. In der Nähe des Bahnhofs sahen sie mehrere Beamte in Uniform Streife laufen.

„Kucken wir doch mal, was hier drin ist," sagte Georg leise und schob den schweren Riegel einer Waggontür auf.

Manuela half ihm die Tür des Güterwagens ein Stück aufzuschieben, als beide näherkommende Männerstimmen hörten. Mit einem Ruck hob Georg sie hoch in den Wagen und schloss die Tür vorsichtig von innen. Sie hielten beide den Atem an und warteten auf ihre Entdeckung. Doch nichts geschah. Die Stimmen entfernten sich wieder.

Manuela bemerkte es jetzt, dass sie die ganze Zeit von Georg umarmt worden war. Die Kälte der Angst wich langsam von ihr und sie meinte, dass dieses irrsinnige Lachen tief in ihr drin, wenn es zum Vorschein käme, nie wieder aufhören würde. Sie durfte es nicht freilassen, es hätte alles zerstört, was in diesen gefahrvollen Minuten zwischen ihnen geschehen war. Georg strich ihr eine nasse Haarsträhne aus dem Gesicht und löste sich von ihr.

Er entflammte ein Streichholz und musterte ihre Umgebung. Er pfiff ganz leise und griff sich einen der aufgerissenen Kartons.

„Olivetti- Schreibmaschinen, nagelneu. Komm, die eine nehmen wir mit. Auf dem schwarzen Markt ist sie bestimmt gut einzutauschen."

Er riss die Maschine vollends aus dem Papier, ergriff mit der anderen Hand ihre eiskalten Finger. Zusammen schoben sie die Tür vorsichtig nach allen Seiten sichernd auf.

Nachdem sie abgesprungen waren, liefen sie so schnell sie ihre Füße tragen konnten, bis sie den Bahnhof weit hinter sich gelassen hatten.

Georg kannte sich in dem Gewirr der engen Altbaugassen Altonas recht gut aus. Ab und zu deutete er auf ein Fenster und meinte:

„Habe ich gestrichen!"
Seine Nebentätigkeiten waren Musiker, Maler und Fensterputzer. Manuela wurde müde und immer alberner. Georg hatte es nicht schwer sie zum Lachen zu bringen. Schon allein die Tatsache statt Kartoffeln eine sinnlose Schreibmaschine mit nach Hause zu nehmen, ließ sie immer öfter glucksende Geräusche ausstoßen, so dass beide vor Erschöpfung schließlich auf einer kleinen Mauer Rast machen mussten.

„Ich kann nicht mehr!", prustete Manuela los.

Es war absurd. Das war ungeheuerlich. Inmitten einer in großen Teilen zerstörten Steinwüste saßen zwei hungrige, frierende und durchnässte Flüchtlinge und lachten sich kaputt.

Liebe

Auf dieser Mauer schließlich küsste Georg Manuela das erste Mal. Ganz sanft und lieb wie ein Vater seine Tochter küssen mag, doch dann, als er keine Abwehr spürte, drang seine Zunge fordernd zwischen ihre vollen Lippen, bis sie den Mund immer weiter öffnete und ihre Zungen miteinander zu spielen begannen. Das Spiel dauerte lange und irgendwann fühlte Manuela, wie Georg die Schreibmaschine zwischen ihre Beine stellte und seine Hand von ihrem Knie an aufwärts den Schenkel entlang gleiten ließ.

Sie fragte sich gerade, ob sie es geschehen lassen sollte, als er sich von ihr löste und verwirrt stammelte:

„Manu, Manuschka, es tut mir unendlich leid. Ich - habe mich vergessen, Kannst du mir mein schlechtes Benehmen verzeihen? Entschuldige, entschuldige bitte tausend Mal."

Er blickte sie so ernst an, fast verzweifelt über sein Fehlverhalten, dass Manuela entschieden den Kopf schüttelte.

„Nun kuck nicht so wie ein zerknirschter Bernhardiner. Mir hat`s doch auch gefallen. Und ich vergebe dir, wenn du mir versprichst dich in Zukunft ehrenhafter zu benehmen."

„Selbstverständlich. Ich habe mich in dich verliebt," gestand er ihr nun.

Das geht mir alles zu schnell, dachte Manuela. Was ist nur in mich gefahren. Ich bin verlobt. Das heißt gebunden. Aber sie fragte dann mit entschlossener Stimme:

„Wo ist nun deine Wohnung?"

„Wir stehen direkt davor," antwortete Georg.

„Nei!", stieß sie verblüfft aus. „ Du willst mich auf den Arm nehmen."

Sie standen vor einer imposanten Altbauvilla an der Elbchaussee. Ein mächtiges Portal über einer schweren Mahagoni-Haustür wurde von vier marmornen Säulen getragen. Zwei Stockwerke waren über dem

Erdgeschoss. Hinter den hohen Fenstern hingen zarte, weiße Gardinen aus Florentiner Spitzen.

„Hier wohne ich, im Souterrain." Georg schloss die Tür auf.

„Komm herein, aber zieh bitte am Eingang die Schuhe aus. Der Parkettfußboden - man muss den ganzen Tag auf diesen Filzschlorren durchs Haus rutschen."

Seine Stimme klang nach Entschuldigung.

Das Bader-Haus war wie ein Museum mit kostbaren antiken Möbeln ausgestattet und stand armen, in Not geratenen Familienmitgliedern für ein Jahr zur Verfügung. Nur bei sehr großer Bedürftigkeit konnte das Jahr überschritten werden. Georg wohnte nun schon fast ein Jahr in diesem Prachtbau.

Bisher hatte er seinen flüchtigen Bekanntschaften stolz gezeigt zu welcher einflussreichen Familie er gehörte. Die meist jüngeren Kommilitoninnen zeigten sich durchweg beeindruckt und Georg langweilte sich bald mit ihnen.

An diesem Abend mit Manu war alles anders. Er wollte nur, dass sie sich bei ihm richtig wohlfühlte. Es war ihm peinlich von ihr zu verlangen, dass sie diese hässlichen grauen Filzpantoffeln anziehen sollte. Darum erklärte er umständlich, wie es kam, dass er hier wohnte, aber doch keinen Pfennig besaß.

Seinen Sold hatte er immer den Eltern geschickt, von denen er annahm, dass sie sein Geld für sein Studium bis zum Kriegsende verwalten würden.

Aber sein Vater, der in Tilsit den Luxus seines eigenen Hotels gewöhnt war, liebte den „großen" Lebensstil, das hieß maßgeschneiderte Anzüge, feinste italienische Schuhe und delikates Essen. Er dachte nicht daran, nur weil der Krieg ausgebrochen war und er flüchten musste, auf seine persönliche Lebensqualität zu verzichten. Das Geld seines Ältesten war ein hübsches Sümmchen, mit dem es sich trotz aller Unannehmlichkeiten einigermaßen standesgemäß leben ließ.

Auch in Erfurth, wo seine Frau Gerlinde und er die Flucht beendeten, gelüstete es den alten Herrn nach Kaviar, Wodka, Gänseleberpastete und Hamburger Gekochten, unbezahlbar im Reich der Lebensmittelkarten.

„Nur leider ist von meinem Geld nicht ein Dittchen mehr übrig. Nun wird wohl der Walter, mein verehrter Herr Bruder, dran glauben müssen. Außerdem gibt es noch fünf Halbbrüder und eine Halbschwester in unserer Familie, die noch für den Vater sorgen könnten," schloss er mit einem bitteren Lachen.

„Nun weißt du so ziemlich alles von mir, bis auf meine vielen Seemannsbräute, in jedem Hafen eine! Aber wenn ich dich ansehe, könnte ich alle anderen Mädels auf der Welt vergessen. Nun bist du dran. Ich möchte noch viel mehr über dich und deine Familie hören, vor allen Dingen erzähle mir noch etwas über die Flucht. Wann habt ihr euren Vater wiedergetroffen?"

Sein Interesse tat Manuelas Seele gut und so begann sie zu erzählen.

Alex

An einem Abend kamen wir nach Hilgendorf. Der Leiter unseres Trecks, ehemaliger litauischer Boxmeister, ich glaube, dass er Vinca hieß – „Richtig, ich habe selber geboxt, war Marinemeister," fiel Georg zustimmend ein.

Also dieser Vinca hatte ausfindig gemacht, dass der Treck in Hilgendorf übernachten und Vorräte eintauschen könnte. Wir sollten zu einem bestimmten Gut fahren. Dort wollten wir dann unser Papachen, den Karl, treffen. Wir hatten ihm eine entsprechende Nachricht zukommen lassen. Die Postämter funktionierten ja noch erstaunlicherweise bis in die letzten Kriegstage.

Doch als wir ins Dorf kamen, war alles von deutschen Soldaten belegt. Eine ganze Kompanie hatte sich auf dem Rückzug vor den Russen dort einquartiert. Sie berichteten, dass die Front nur noch fünfzig Kilometer entfernt wäre. Wenn man darauf achtete, konnte man das tiefe Grollen schwerer Artillerie hören.

Auf unsere dringenden Fragen, Josie war außer sich vor Angst und Sorge um Karl, erfuhren wir, dass Papachen mit einer Lazaretteinheit im Liegetransport einige Dörfer weiter geschickt worden war. Auch von Tante Erna wurde gesprochen, ihr feuerrotes Haar war den Soldaten aufgefallen.

Also spannten wir die müden Pferde wieder an. Ein sehr netter junger Offizier namens Alex war uns dabei behilflich. Er bat mich um meine Zieladresse im Westen. Ich gab sie ihm.

Wir waren etwa zehn Kilometer gefahren, als wir hinter uns ein knatterndes Geräusch hörten. Es war Alex .

Er schwenkte seinen Helm und rief übermütig:
„Manuela, ich liebe dich! Willst du mich heiraten?"

Dann sagte er uns, dass wir einen Umweg machen müssten, weil die Russen durchgebrochen wären. Er beschrieb uns genau den Feldweg, auf dem wir fahren sollten. Dann kehrte er um.

Unbehelligt kamen wir zu dem Dorf, wo wir Papa endlich fanden und begrüßen konnten. Tante Erna war begierig von ihrer Flucht aus Birkenhain zu erzählen. Doch Josie war unruhig. Erst als wir Papa in den Wagen gebettet hatten, beruhigte sie sich. Aber sie ließ die Pferde, während sie fraßen und getränkt wurden, im Geschirr. Jean untersuchte, säuberte und kühlte die Hufe der Zugpferde.

Plötzlich horchte ich auf. Das mir nun schon allmählich bekannte Knattern eines Motorrades war zu hören. Als Alex aus dem Feldweg zum Dorf einbog, hörten wir gleichzeitig ein eigenartiges Pfeifen in der Luft. Jean riss uns zum Wagen.

„Deckung!", brüllte er.

Wir lagen platt am Boden, als eine Bombe detonierte.

Aber ich hatte die ganze Zeit zu Alex geschaut. Ich war fasziniert von den Farben, die über ihm am Himmel waren, gebannt von dem orangenen Zackenkranz bei der grellen Explosion, genau dort, wo ich Alex zuletzt gesehen hatte. Er war einfach weg! Sein Motorrad war auch weg. Nuscht mehr da. Eine Sekunde - und weg.

Alle sprangen auf den Wagen. Erna, Josie, Jean und Micha, der ungarische Fremdarbeiter, den Karl mitgebracht hatte, nur ich stand wie erstarrt, unfähig mich zu rühren. Ich wurde zu Lots Frau, die Gomorra erblickt hatte. Mein Mund stand offen und ich vergaß zu atmen. Ich begriff nichts mehr. Ich schluckte Salz herunter. Ich wartete darauf, dass Alex mit seinem Motorrad aus der Staubwolke heraus knatterte.

Aus weiter Ferne nahm ich Josies schrilles Schreien wahr. Sie schrie unaufhörlich nach mir. Warum ließ sie mich nicht zufrieden? Ich war doch frisch verliebt in einen schmucken Soldaten und hatte meinen zweiten Heiratsantrag bekommen.

„Ela! Mein Gott, das Kind hat einen Schock!"

Man hob mich auf den Wagen und wir fuhren im Trab los, ließen Gomorra hinter uns. Die Pferde schnaubten. Ihnen war der Schreck ebenso in die Glieder gefahren und es war ein Segen, dass nun Karl mit auf dem Wagen war.

Durch sein ruhiges „Ho, ho" gewannen sie ihre Ausgeglichenheit wieder. Karl konnte sich schließlich wieder hinlegen und Micha, der Ungar, übernahm die Zügel für die nächsten Stunden. Wir konnten hinten auf dem Wagen Arm in Arm ein bisschen schlafen.

Wie gut, dass nun mehr Personen mitfuhren, denn es war in den Nächten schon empfindlich kalt und mich hatte nach dem schrecklichen Erlebnis das große Zittern befallen. Meine Zähne hörten einfach nicht mehr auf zu klappern, als hätte ich einen im Kiefer eingebauten Motor.

Die Pferde dampften und waren erschöpft, wie man an den hängenden Köpfen unschwer erkennen konnte. In den folgenden Tagen hatten wir einige Male Tieffliegeralarm. Viele Menschen wurden längs des Weges begraben. Einmal halfen wir einem jungen Vater, der bei dem Angriff seine Frau und sein Baby verloren hatte. Nur der kleine vierjährige Sohn und der Vater waren übriggeblieben.

Wir wurden immer stiller auf den Wagen im Treck. Man war froh, wenn man diese Hölle überlebte. Die Angst saß uns im Nacken. Deshalb fuhren wir nun meistens nachts bei sternklarem Himmel. Tagsüber versteckten wir den Wagen und die Pferde in Feldscheunen oder in irgendeinem Wäldchen unter Bäumen.

In Marienwerder sollte ich dann umsteigen in einen Zug nach Westen. Wir hatten gehört, dass dort noch Züge fahren sollten. Über eine Brücke mussten wir noch, doch standen überall deutsche Soldaten.

„Hier geht es nicht mehr rüber!", sagte ein Offizier mit Bestimmtheit. „Sie müssen umdrehen!"

„Warum?", fragte Josie hellwach.

„Die Brücke wird gleich gesprengt!"

„Aber wir müssen da noch hinüber," widersprach Josie.

„Sie können nicht weiterfahren. Ich habe den Befehl die Brücke jetzt gleich zu sprengen. Die Russen sind im Anmarsch!", brüllte nun der Offizier.

Ich sah, wie Josie die lange Peitsche aus ihrer Halterung riss und vom Bock aufstand. Mit ihrem geübten Schwung ließ sie die Peitsche dem Offizier quer über sein Gesicht fegen.

Dann ließ sie die Peitsche auf die Pferdehintern herabsausen und dadurch, sowie ihr lautes „Hüü, Lusche, hüü!" zogen die Pferde im Galopp an und preschten als einziges Gespann über die Brücke.

Wir fuhren etwa einhundert Meter, als hinter uns eine gewaltige Detonation zu hören war. Die Brücke versank in einer Staubwolke.

Wir jubelten laut und ich stieg in Marienwerder in den Zug.

„Sag mal Georg, bist du nicht müde?"

Es war mittlerweile drei Uhr nachts. Georg lag mit einem Kissen im Rücken gegen die Wand gelehnt. „Hm", machte er und zog Manuela dicht an sich.

Sie kuschelte sich an seine breite Brust und lauschte seinem regelmäßigen Herzschlag. Ein Gefühl der Geborgenheit umhüllte sie. Von draußen waren die Geräusche des großen Flusses, der Elbe, zu hören. Schiffe tuteten ab und an. Wind rüttelte an den Fensterläden. So schliefen sie in dieser ersten gemeinsamen Nacht ein.

Josies Pläne

Manuela war glücklich. Sie war das erste Mal in ihrem Leben richtig verliebt. An Georg störte sie nichts. Sein Humor wirkte immer ansteckend und er brachte Manuela oft zum Lachen. Für Dialekte hatte er ein phänomenales Gedächtnis und es fiel ihm leicht in einem einzigen Satz vier verschiedene Dialekte unterzubringen. Schillers Glocke auf sächsisch erschütterte ihr Zwerchfell jedes Mal aufs Neue. Die Leichtigkeit, mit der er das Leben zu meistern schien, war faszinierend.

Außerdem war er ein Meister im Organisieren von Lebensmitteln. Die Lebensmittelkarten reichten gerade zum Überleben für sie selbst. Da sich Georg auf dem Schwarzen Markt auskannte, hatten sie oft so viele Lebensmittel, dass Manuela ihren Eltern etwas mitbringen konnte.

Dafür half sie Georg bei seinem Studium, das er gerade erst begonnen hatte. Manchmal stellte sie verwundert fest, dass sie, seit sie Georg kennengelernt hatte, ihr Leben mit schlafwandlerischer Sicherheit beherrschte. Ihre anfängliche Verliebtheit hatte sich in Liebe und grenzenloses Vertrauen gewandelt.

Der Gedanke an ein gemeinsames Leben hatte sich in Manuelas Hinterkopf eingenistet, anfangs als heimlicher noch nicht zugelassener Wunsch, der ihr mit der Zeit immer mehr realisierbar vorkam. Es störte sie nicht einmal, dass er so viel rauchte. Sie hatte auch damit angefangen.

An Josie hatte sie das oft gestört. Ihre Mutter wurde beim Rauchen zur femme fatale. Es schien ihr nicht schicklich.

Adolf Hitler hatte bestimmt keine Frauen gemocht, die in der Öffentlichkeit rauchten. Josie hatte nie Bedenken gegen das Rauchen gehabt. Sogar im Café zog sie ihre Zigaretten hervor, dazu die lange Spitze, die noch aus den Zwanzigern stammte.

Manuelas Körpersprache war gewöhnlich bei solchen Gelegenheiten eindeutig ablehnend gewesen. Leicht von der Mutter abgewandt trug sie einen fatalistischen Gesichtsausdruck zur Schau, der Josie meistens ärgerlich machte. Spitz pflegte sie dann zu fragen:

„Willst du mich wütend machen oder warum hockst du da stumm wie eine Flunder?"

Streiten war aber das Letzte was Manuela wollte, deshalb antwortete sie dann oft hilflos:

„Ach Mama!"

Dann fingen sie oft an zu lachen und sprachen von den vergangenen Zeiten.

Einmal fragte Manuela: „Josie, liebst du Papa eigentlich?"

„Aber Elachen, natürlich liebe ich Papa."

„Ich meine, so richtig leidenschaftlich, mit jeder Faser deines Körpers. So intensiv, dass du ohne ihn nicht leben könntest?", fragte Manuela nach.

„Ich weiß, was du meinst," sagte Josie nachdenklich.

Ihr Blick schien durch Manuela hindurchzugehen.

„Onkel Felix?", fragte Manuela.

Aber Josie hörte die Frage nicht, zumindest antwortete sie nicht.

„Erzähl mir doch von ihm," bat Manuela. „Bitte", fügte sie hinzu.

Da wandte sich Josie ihrer Tochter zu.

„Ja, vielleicht sollte ich dir von ihm erzählen. Er war die ganz große Liebe in meinem Leben.

Er war Jude, wie du weißt. Jetzt ist der Zeitpunkt gekommen, an dem du begreifen kannst, dass so etwas möglich war.

Es gab viele Deutsche, die jüdische Mitbürger liebten und mit ihnen sogar verheiratet waren. Das war doch ganz natürlich. Sie waren doch Deutsche wie wir auch oder Memelländer, wie du willst. Da fragte doch niemand, ob jemand Jude war.

Oft wusste man es auch gar nicht, so wenig unterschieden sie sich von uns. Deine Tante Ada war zum Beispiel auch Jüdin."

Hier machte Josie eine Pause und blickte ihre Tochter ernst an. Die Überraschung war Manuela anzusehen. Sie erschrak, denn sie hatte lange nichts von ihrer Lieblingstante gehört. Doch nun erfuhr sie von

Josie, dass sie kurz vor ihrer Flucht noch nach Auschwitz deportiert worden war.

Lange war Tante Ada unbehelligt geblieben, wusste Manuela, da ihr Mann ein hoher SS-Offizier gewesen war. Doch eines Nachmittags, erzählte Josie, war sie in Birkenhain erschienen und trug einen gelben Stern an ihrem hübschen Modellkostüm. Manuela hatte nichts davon gewusst. Zu der Zeit studierte sie gerade in Königsberg.

Niemand hatte ihr erzählt, dass ihre Patentante Jüdin war.

Erst in diesem Augenblick erkannte Manuela die facettenreichen Graustufen des Lebens und ihr wurde blitzartig klar, dass schon allein der Gedanke an Schwarz und Weiß ein Verbrechen am Dasein war. Ihre Augen brannten. Sie zog ein Taschentuch aus ihrer Manteltasche und tat so, als hätte sie eine Wimper im Auge. Wie falsch war alles gewesen, was sie bisher geglaubt hatte. Welcher Irrsinn hatte die Menschen in den letzten Jahren befallen! Sie wusste nun, dass ihre Tante Ada mit Sicherheit tot war.

Die liebste aller Menschen nach ihren Eltern war ihr immer diese phantastische Tante gewesen und sie gab es nun nicht mehr. Ihr Schicksal war einfach grausam ausgelöscht worden. Die große Trauer begann wieder an ihrer Seele zu nagen.

Josie fuhr fort:

„Onkel Felix, hast du gefragt. Ja, Felix war erst ein Freund der Familie. Aber später begann ich zu merken, dass er hauptsächlich meinetwegen nach Birkenhain kam. Ich fing an auf seine Besuche zu warten. Wenn er nicht kam, war ich unglücklich. Dann sattelte ich meistens meine Lusche und bin zur Kleinbahnstrecke geritten um mich davon zu überzeugen, dass er den Zug verpasst hatte oder ich ritt einfach im scharfen Galopp Richtung Heydekrug um mich abzureagieren."

„Warum wurde Felix so wichtig für dich?", unterbrach Manuela ihre Mutter.

„Ich glaube, weil ich mich durch ihn wie eine Frau fühlte. Er machte mir oft kleine aber sehr kreative Geschenke. Er war ein Künstler im

Umgang mit Frauen. Er verehrte mich so sehr, dass ich durch ihn viel Selbstbestätigung bekam. Er nahm mich ernst.

Dein Vater war zwar vom Wesen her ernster, aber nicht im Umgang mit mir. Für ihn war und blieb ich immer das verwaiste junge Mädchen, das er aus der Obhut ihres strengen älteren Bruders befreit hatte. Oder andersherum gesagt, mein Bruder Edmund war heilfroh, dass er seine aufsässige kleine Schwester unter die Haube bringen konnte.

Wahrscheinlich hat er meinem Zukünftigen noch ein hübsches Sümmchen dazu gegeben. Ich war doch erst sechszehn Jahre alt. Da war noch eine Menge Erziehungsarbeit zu leisten, um aus mir eine richtige Gutsherrin zu machen."

Josie lachte. „Ich weiß, dass wir eines Tages nach Ostpreußen zurückkehren. Papa spricht nur davon, dass er so schnell wie möglich zurück will um alles wieder aufzubauen. Das Haupthaus soll ja noch stehen."

So glitt ihr Gespräch in die Sphären der Erinnerungen und Zukunftsträume. Es war fast jedes Mal so, wenn Manuela versuchte mit ihrer Mutter ein realitätsbezogenes Gespräch zu führen. Ab einem gewissen Zeitpunkt kamen sie auf Birkenhain. Alles in Josies Denken bezog sich auf Birkenhain, welches für Manuela unwiderruflich verloren war.

Dies war eine neue Zeit. Man hätte nach dem Krieg mit der Stunde Null beginnen müssen, fand Manuela. Ihr gingen die Gespräche der Eltern gründlich auf die Nerven. Immer drehte sich alles um Ostpreußen. Josie schien außerdem zu erwarten, dass ihr das Essen in den Mund flog. Sie dachte nur von morgens bis mittags.

Am Abend wäre sie am liebsten schon wieder in Memel gewesen. Ihre Pläne für morgen und übermorgen, die waren dann etwa folgendermaßen:

„Wenn wir erst wieder zu Hause sind, mein Kind, dann heiratest du in die Brauerei von Liebmanns ein. Du brauchst ja nicht mehr zu praktizieren, wenn Karl-Heinz erst in seiner Brauerei arbeitet."

Manuela machte Josie deren Erwartungshaltung zum Vorwurf, dass schon irgendjemand für sie sorgen würde. Dieser Jemand war momentan Manuela und in Zukunft würde fest mit Karl-Heinz gerechnet werden, falls er aus dem Krieg zurückkehrte. Doch sie sprach ihre Vermutungen nicht laut aus, um Josie nicht zu verletzen. Ihren heimlichen Gram schluckte sie in sich hinein und verwahrte ihn verschlossen in ihrer Seele.

Sie hatte erkannt, dass ihre Eltern zu schwach waren sich ein neues Leben aufzubauen. Sie fühlte die große Verantwortung für diese ihr nahestehenden Menschen. Früher hatte sie gehofft, dass Karl-Heinz aus dem Krieg käme und ihr dann helfen würde die Verantwortung zu tragen.

Doch je länger sie warten musste, um so zweifelhafter erschien ihr diese Möglichkeit. Sie glaubte zwar nicht, dass er gefallen war, weil niemand aus seiner Familie eine diesbezügliche Nachricht erhalten hatte, aber ihre Erinnerung an ihn verblasste immer mehr und sie konnte sich nur noch an einige wenige Momente mit ihm erinnern.

Manchmal dachte sie, dass sie ihn in einem früheren Leben gekannt haben musste. In der Realität hatte er jedoch nichts mehr zu suchen. Nicht einmal sein Gesicht konnte sie richtig erinnern. Auch auf den wenigen Fotos, die sie von ihm hatte, verblasste es und wirkte farb- und leblos. Mit diesem Mann zusammen zu sein, konnte sich Manuela überhaupt nicht mehr vorstellen.

Josies Pläne schlossen in jedem Fall Karl-Heinz als feste Größe mit ein. Sie sprach von ihm, als wäre er ihr eigener Sohn, während in ihrem Beisein niemals von Hubert, ihrem rechtmäßigen Sohn, gesprochen werden durfte. Sie wurde sogar sehr böse, wenn jemand versuchte mit ihr über Hubert zu sprechen.

Für Manuela war dieses Verhalten ein Rätsel, aber sie wusste, wenn ihre Mutter so böse auf jemand war, hatte sich derjenige etwas sehr Schlimmes geleistet. Dann war er für immer ein Feind, den sie unversöhnlich aus ihrem Leben gestrichen hatte.

Auf der anderen Seite hatte Manuela auch ihre großartige Gastfreundschaft von Freunden des Haus rühmen hören. Hierin besaß Josie geradezu einen legendären Ruf, der schon über Ostpreußen hinaus gedrungen war. Wieviele Freunde hatten ihre Kinder zur Erholung nach Birkenhain geschickt.

In Manuela begann eine Idee zu reifen. Ihre Eltern hatten zwei Räume im Obergeschoss des kleinen Hauses, die man in den Ferien vermieten konnte. Vielleicht konnte man daraus ein kleines Feriendomizil machen. Sie würde auch mit Georg über diese Idee sprechen, er hatte ja auch immer zündende Einfälle.

Karl-Heinz

Wenn Manuela an Georg dachte, hatte sie schmerzende Sehnsucht nach ihm. Sie konnte ihr Glück kaum fassen. Mit ihm konnte sie Pläne schmieden. Durch ihn hatte ihr Leben einen Sinn bekommen. Er war ständig in ihren Gedanken. Sie betrachtete das Leben durch seine Augen, seine leuchtend blauen Augen, die ihr direkt in die Seele zu blicken schienen. Sein markantes, intelligentes Gesicht war ihr immer gegenwärtig.

An das Aussehen von Karl-Heinz konnte sie sich nur noch vage erinnern. Manchmal flog ihr der Gedanke zu, dass sie eigentlich ein schlechtes Gewissen haben sollte. Lange schon hatte sie sich nicht mehr bei der Suchstelle des Roten Kreuzes gemeldet und nachgefragt, ob er gefunden worden war. Wenn sie ehrlich war, wusste sie nicht, wie sie reagieren würde, wenn ihr Karl-Heinz gegenüber stehen würde.

Doch eines Tages, an einem kalten sonnigen Nachmittag, war dieser Augenblick da. Manuela stand gerade in der Wohn-Schlafküche des winzigen Bauernhofes, auf dem ihre Familie nach der Flucht einquartiert worden war. Sie führte ein Glas frisch gemolkener, noch warmer Milch zum Mund, als sich die Tür zum Hof öffnete.

Ein eisiger Luftzug streifte ihr Gesicht, dessen Farbe augenblicklich im fahlen Licht der winterlichen Sonne mit dem Weiß der Milch verschmolz, als sie einen Blick auf den alten Mann, der gebeugt in der Tür stand, geworfen und ihn erkannt hatte. Ihre Halsschlagader pochte fühlbar und ihre Hände zitterten derart, dass sie die kostbare Milch verschüttete. Da stürzte Josie auch schon an ihr vorbei und flog dem Besucher entgegen.

Wie ein Mäusebussard, der sich auf seine Beute herabschnellen lässt, dachte Manuela und bewegte sich im Zeitlupentempo zur Tür. Mit lahmer Zunge brachte sie „Karl-Heinz" heraus.

Ihre Mutter machte ihr Platz, sodass sie Karl-Heinz umarmen konnte. Schlaff und kraftlos hielt er ihre Hand in der seinen. Manuela fragte sich, wie er ein schweres Maschinengewehr hatte halten können. Karl- Heinz küsste sie flüchtig auf die Stirn und blickte sie aus seinen grauen Augen, die tief in sein graues Gesicht gesunken waren, unverwandt an. Manuela bemerkte, dass er auch graue Haarsträhnen bekommen hatte.

„Sag doch etwas! Karl-Heinz, du bist wieder da!", bemühte sie sich voller Freude zu sagen.

Aber ihre Stimme gehorchte ihr nicht richtig und der Satz hing vorwurfsvoll im Raum.

Karl-Heinz verzog seinen Mund zu einem schiefen Grinsen.

„Hallo, Liebling", sagte er ausdruckslos.

Er legte ihr seinen rechte Arm auf die Schulter und stützte sich schwer auf sie. Sie spürte sein Hinken, als sie ihn ins kleine Wohnzimmer zog. Er ließ sich mit einem lauten Stöhnen auf das zerschlissene Sofa plumpsen. Dabei machte die kaputte Sprungfeder des Möbels ein hässliches schnarrendes Geräusch. Manuela wagte es daher nicht sich neben ihn zu setzen. Steif ließ sie sich auf einem der harten Holzstühle nieder.

Bevor sie ein Wort wechseln konnten, kam Josie mit einem silbernen Tablett, auf dem drei zarte Likörgläser und eine Karaffe standen, ins Zimmer. Vorsichtig stellte sie das Tablett auf dem Couchtisch ab und goss etwas rote Flüssigkeit aus der Flasche in die Gläser.

„Leider kein Sekt oder Wein, aber dies ist ein feiner roter Aufgesetzter! Kirschlikör", meinte sie bedauernd.

Sie reichte Karl-Heinz eines der Gläser mit einem herzlichen „Willkommen in der neuen Heimat".

Manuela sah die Tränen in Josies Augenwinkeln glitzern. Als sie sich auch ein Glas vom Tablett nahm, hauchte sie ebenfalls: „Willkommen".

Sie stießen miteinander an und der hell klingende Ton der Gläser verbreitete sich in dem etwas düsteren plüschigen Raum. Plötzlich bemerkte Manuela die abblätternde Tapete an der Giebelwand, wo Großpapas Bild in einem schweren goldenen Rahmen hing. Sie sah zu den abgetretenen Holzdielen, die zum Teil von dem kostbaren Perserteppich aus Birkenhain bedeckt waren.

Behutsam stellte sie ihr Glas auf den wackligen Couchtisch, den eine echte Brüssler-Spitzen Decke zierte. Alles kam ihr auf einmal so schäbig vor. Verlegen drehte sie an ihrem Verlobungsring, der ihr viel zu weit geworden war, den sie in Hamburg bei Schorsch immer ablegte.

Was der wohl gerade machte? Mit ihm gab es keine Momente der Verlegenheit oder Sprachlosigkeit.

„Karl- Heinz hat sicher Hunger",
riss Josie sie aus ihren Gedanken.

„Geh doch mal in den Hühnerstall und schau nach, ob du ein Ei für dein Liebchen findest",
und an Karl- Heinz gewandt,
„Karl-Heinz möchtest du ein schönes Bad? Wir bereiten dir eines in der Waschküche vor."

Karl-Heinz nickte zustimmend.

In emsiger Geschäftigkeit erhob sie sich nun, glücklich über ihr neues Betätigungsfeld, was nun von ihr verlangte den armen Heimkehrer wieder aufzupäppeln. Sie zog ihre Tochter mit sich in Richtung Küche. Manuela wandte sich noch einmal zu Karl-Heinz um, der in die Polster seines Sessels zurückgesunken war und gerade anfing laut zu schnarchen. Manuela war froh den Raum verlassen zu dürfen.

„Mama, ich kann nicht bleiben!"

„Du musst jetzt aber bleiben", verlangte Josie resolut.

Manuela widersprach ebenso energisch:

„Nein, ich muss nach Hamburg zurück."

Josie blickte sie enttäuscht an.

„Weshalb denn, Kind?", fragte sie.

„Ich muss doch für euch sorgen. Das, was Papachen mit nach Hause bringt, reicht doch niemals für alle, jetzt, wo Karl-Heinz auch noch mitisst."

Dieses Argument leuchtete ihrer Mutter ein, denn weder sie noch Karl waren allzu praktisch veranlagt. Von Träumen konnte man nicht satt werden. Manuela versprach ihr am nächsten Sonnabend wiederzukommen und machte sich bedrückt auf den Weg zum Fördebus, der sie nach Flensburg bringen sollte.

Es wurde schon dunkel, als der Zug aus dem Flensburger Bahnhof in Richtung Hamburg rollte. Manuela schlief bei dem eintönigen Rattern des Zuges bald ein. Kurz vor Hamburg Altona wachte sie wieder auf.

Monika

Noch immer müde raffte sie ihre Gepäckstücke zusammen und verließ den Zug. Ihre Gesichtszüge erhellten sich, als sie Georg erspähte, der ihr mit suchendem Blick langsam entgegen kam. Sie fielen sich in die Arme, als wäre sie vier Wochen fort gewesen. Dann fragte er: „Na, Liebling, wie war`s an der Ostsee? Hast du unser Traumboot gefunden?"
„Nein," sagte sie verlegen.
Aber dann fasste sie sich ein Herz und berichtete von Karl- Heinz. Er schluckte schwer an ihren Worten und traute sich nicht sie zu fragen, ob sie Karl-Heinz noch liebte. Sie wechselten das Thema.
„Hast du eine neue Wohnung gefunden?", fragte sie gespannt, da ihr Georg vor dem Wochenende erzählt hatte, dass er nun schon über ein Jahr in der Stiftung gelebt hatte und aufgefordert worden war, sich eine neue Bleibe zu suchen.
„Rate mal", gab er kleinlaut zurück und sie war sicher, dass er bei der Suche Pech gehabt hatte.
„Du hast nichts Passendes gefunden."
„Lass dich überraschen", sagte er geheimnisvoll. „Du vertraust dich mir jetzt an und überlässt mir nun die Führung."
Sie stiegen in die S-Bahn Richtung Dammtor. Von dort gingen sie vorbei an der ehrwürdigen Universität, vorbei an der Staatsbibliothek bis sie in der Werderstraße angelangt waren. Vor einem der hohen Altbauten blieb er stehen, nahm sie in die Arme und fragte sie, ob sie noch in der Lage sei fünf Stockwerke hoch zu gehen, denn dort wollte er ihr etwas zeigen.
„Na klar," lachte sie und fragte dann übermütig: „Hast du dir am Wochenende ein Bratkartoffelverhältnis zugelegt?"
Mit einem leichten Klaps auf ihr Hinterteil setzte er sich in Bewegung. Vor dem fünften Stockwerk nahm er ausgelassen zwei Stufen auf einmal. Manuela keuchte ein bisschen, als sie den fünften Stock erreicht

hatte. Sie stand vor einer weit offen stehenden, alten Patrizierhaustür. Als sie eintrat, wurde sie von einem Trommelwirbel erschreckt. Sie schloss hastig hinter sich die Tür.

Georg lachte: „Das ist gar nicht nötig! Die meisten Bewohner dieses Hauses sind Musiker und Lärm gewöhnt. Nur über uns wohnt ein älteres Ehepaar. Aber die werden sich schon an uns gewöhnen. Komm nur näher und betrachte dein neues Zuhause."

Sie trat zögernd in das große Zimmer, in dem außer dem Schlagzeug noch ein Feldbett stand. In einer Ecke stand die gestohlene Schreibmaschine. Manuela musste lächeln, hatte sie sich verhört? Sollte sie hier mit einziehen? Wollte sie das überhaupt? Eigentlich ging ihr das alles viel zu schnell. An ihr kleines, vollgestelltes Dachzimmer hatte sie sich doch schon sehr gewöhnt. Sollte sie ihre Unabhängigkeit wirklich aufgeben? Die Zweifel standen ihr plötzlich ins Gesicht geschrieben.

Georg hatte ihr Zögern bemerkt und war vom Schlagzeug aufgestanden und neben sie getreten.

„Zehn Taler für deine Gedanken", sagte er leise in ihr rechtes Ohr.

„Ach Georg," meinte sie verlegen, fuhr aber dann doch entschieden fort:

„Ich brauche noch Bedenkzeit. Es ist doch nun alles anders, jetzt, wo Karl-Heinz wieder da ist."

„Gut, du sollst deine Bedenkzeit haben, Schatz. Ich muss auch noch einiges klären. Ich werde in der übernächsten Woche nach Innsbruck fahren und eine alte Liebe von mir besuchen. Sie hat mich eingeladen."

Bei diesen Worten zog er einen Briefumschlag aus seiner Hosentasche. Aus dem Umschlag zog er einen Brief aus Büttenpapier und gab ihn Manuela.

„Lies ihn, wenn du möchtest."

Manuela rang mit ihrer Fassung. Sie atmete tief durch und griff nach dem Brief. Georg sah ihr zu, als sie zu lesen begann.

„Liebster Schatz, ich kann dich nicht vergessen. Seit du fort bist, habe ich kaum noch Appetit, noch konnte ich richtig schlafen. Ich liebe dich noch immer so sehr, dass ich mir ein Leben ohne dich nicht vorstellen kann. Zur Zeit ist in unserem Hotel nicht viel los.

Die Flüchtlinge sind wieder raus und wir könnten wieder mit dem Hotelbetrieb beginnen, wenn es denn Urlauber gäbe.

Aber mein alter Herr hat Probleme mit seinem Herzen und meinte neulich zu mir, er erwarte von mir einen tüchtigen Schwiegersohn, der im Hotel mit anpacken könnte. Liebster, ich könnte mir niemand geeigneteren vorstellen als dich. Du bist ja schließlich vom Fach durch deinen Herrn Papa, der in Tilsit doch das wunderbare „Deutsche Haus" besessen hat. Ich brauche dich hier, ich vermisse dich schrecklich.

Du brauchst doch nicht mehr zu studieren, du hättest hier bei uns doch eine exzellente Existenz. Das wäre mein Traum, du und ich gemeinsam in unserem Hotel. Bitte schreibe mir, ob du mich bald einmal besuchen kannst. Ich erwarte dich sehnlichst hier in Innsbruck. Ich küsse dich und warte auf dich, mein Liebster, Deine Monika."

Manuela ließ den Brief sinken, ihre Hand zitterte ein bisschen und der Brief entglitt ihr und fiel zu Boden. Fast tonlos fragte sie:

„Und? Fährst du hin?"

„Ja, ich werde hinfahren, aber ich gebe dir den Schlüssel für diese Wohnung und hoffe, dass du, wenn ich wieder da bin, mit mir zusammenziehst."

Er schaute ihr lange in die Augen.

„Da ist nichts zwischen Monika und mir, was dich beunruhigen sollte. Aber ich möchte sie besuchen, um ihr dies persönlich zu sagen."

„Was genau willst du ihr denn sagen?", fragte Manuela.

„Ich werde ihr sagen, dass ich mein Zahnmedizinstudium nicht aufgeben werde, sondern, wenn überhaupt, als fertiger Zahnarzt nach Innsbruck kommen würde."

Er hob Manuela an den Hüften hoch und fragte ein wenig spöttisch:

„Was würdest du ihr an meiner Stelle sagen?"

Manuela wusste keine Antwort und blieb sie ihm schuldig. Sie hatte außerdem das Gefühl, dass er auch gar keine hören wollte. Sie fragte:

„Wann fährst du los?"
„Willst du mich loswerden?", fragte er schelmisch.
„Nein, Georg, ich vermisse dich jetzt schon.", antwortete sie ernst.
„Ich fahre Donnerstag in einer Woche."
Er streichelte sanft ihr Gesicht, als er ihr die Antwort gab.
„Hör nicht auf," bat sie und er machte weiter. Sie ließ sich fallen und ihre Gefühle für ihn überschlugen sich, während sie sich liebten. Später rauchten sie im Dunkeln zusammen eine Zigarette und sie glaubte zu hören, wie er in ihr Haar murmelte:
„Dich verlasse ich nie, meine geliebte Manuschka. Ich liebe dich."
Glücklich schlief sie ein. Irgendwann in der Nacht hob Georg Manuela hoch und legte sie auf das Feldbett. Er deckte sie fürsorglich mit einer Wolldecke zu. Er selber schlief vor dem Feldbett auf dem nackten Parkettfußboden. Doch bevor er einschlief, erinnerte er sich an Monika. Besonders ihr weizenblondes Haar hatte ihm so gut gefallen, als er sie in Norwegen kennenlernte.

Sein Schiff, die „Tirpitz", lag in Narwik und es war immer kälter geworden. An einem Nachmittag fing es heftig an zu schneien. Georg hatte eigentlich mit einem Kameraden, mit dem er gelegentlich freundschaftlich verkehrte, einen Landgang machen wollen. Sie hatten beide an diesem Nachmittag frei.

Kamerad Jeske hatte sich schon in seine Ausgangsuniform gezwängt, er neigte zum Dickwerden, während Georg noch müßig in seiner Koje lag und las.

„Nun komm schon, du fauler Schlawiner! Ick warte nich ewich!"

Energisch zog er an Georgs Arm und der wusste, wenn er jetzt nicht augenblicklich aufstand und sich schnellstens in Schale schmiss, würde Jeske seine Berliner Kodderschnauze überhaupt nicht mehr halten und ihn solange nerven, bis er nicht mehr einen Gedanken fassen konnte. In fünf Minuten war er fertig.

„Na prima, warum denn nich gleich so!"

„Aye, Aye, Jeske!", lachte Georg. „Du hast es mal wieder geschafft. Wo soll's denn heute hingehen?"

„Also, lass dir sagen, wat ick jestern an Land jetroffen hab, det is allererste Sahne!"

Jeske spitzte bei seinen Worten genießerisch die Lippen und gab ein schmatzendes Geräusch von sich. Er fuhr fort, als er mitbekam, dass er Georgs Interesse geweckt hatte. „Du weeßt doch noch, die Kleene mit den Korkenziehern. Stell dir vor, deren Cousine aus Deutschland is zu Besuch jekommen. Dat Mädche soll sich mal richtig durchfuttern. Sie hat ja een bisken wenig uff de Rippen. Aber det Jesicht, wie ein Engel. Mensch Georg, die musst de kennenlernen. Se hat och wat im Kopp."

Seine Pause füllte er mit einem sehnsüchtigen Seufzer.

Georg machte nur „Hm, Hm."

Seine Gedanken waren eigentlich noch immer bei den Briefen, die er aus Frankreich erhalten hatte. Er war darin versunken gewesen, als Jeske ihn aufforderte mit ihm an Land zu gehen. Seine kleine Französin aus Brest hatte ihm jeden Tag geschrieben, den er nun schon in Norwegen war. Wäre doch sein Dampfer bloß nicht untergegangen.

Dann könnte er nun immer noch in Frankreich sein. Frankreich, Wein, Baguette-Brot, entzückende Mädchen, die französische Sprache. Brest, die raue Küste mit den zerklüfteten Felsen, der weiße Sandstrand wie in Ostpreußen, ja, das hatte ihm gefallen. Ihm war klar, dass er auf jeden Fall nach dem Krieg dorthin fahren würde.

Vielleicht würde die kleine, zarte Sophie ihn wiedererkennen. Mit ihr hatte er sehr viel Spaß gehabt. Ihr strenger Vater war zwar anfangs sehr gegen eine Liaison mit ihm gewesen. Sophie hatte ihm sogar gebeichtet, dass ihr Vater ein Widerstandskämpfer war. Aber ihm war das egal gewesen.

Sein Charme und seine Französischkenntnisse, die er sehr rasch vertiefen konnte, beeindruckten den alten Kämpen doch ein wenig, sodass er es stillschweigend duldete, wenn Georg Sophie zum Tanzen abholte. Gerüche, dachte Georg, es sind die Gerüche an die man sich erinnert. Dieses verführerische Parfüm Sophies glaubte er deutlich einen Moment lang in der Nase zu spüren.

„Mensch, Schorsch, wo haste nur deine Jedanken. Ick sabbel und sabbel mir den Mund fusslich und du hörst jar nischt! Dicker wir sind da. Und jetzt reißte dich mal zusammen. Man kann ja schließlich in jedem Hafen 'ne Braut ham!"

Jeske hatte instinktiv geahnt, dass Georg sich nach einem Mädchen in der Ferne sehnte und fand, dass sein Freund endlich wieder auf andere Gedanken kommen musste. Er liebte nämlich die Feste, die Schorsch aus dem Stehgreif zu organisieren wusste, wenn er die richtige Stimmung dazu hatte. Schorschs Ruf als Festgestalter war in der Marine geradezu legendär.

Sie standen vor einem für die Gegend typischen rotweiß gestrichenen Holzhaus. Auf den Stufen zum Eingang lag eine feine Schneeschicht. Sie stiegen vorsichtig empor und Jeske ließ den schweren Messingklopfer gegen die Tür fallen. Hinter den Gardinen flammte ein schwaches Licht auf. Georgs Zähne fingen an zu klappern und er verwünschte sich, dass er seinen dicken Ledermantel an Bord gelassen hatte.

In diesem Moment wurde die Tür aufgerissen und Jeske wurde von einem rundlichen Mädchen umarmt. Pausbacke, dachte Georg und schmunzelte, als er ebenfalls von dem Mädchen, das sich als Harriet vorstellte, umarmt wurde. Harriet wirkte atemlos, wenn sie sprach, ein eigenartiges Gemisch aus Norwegisch, Dänisch, Englisch und Deutsch.

Fasziniert betrachtete Georg ihre roten Wangen, die aussahen, als wäre sie versehentlich in ihr Rougetöpfchen gefallen. Dann musterte er die Umgebung. Sie waren durch eine Veranda direkt ins Wohnzimmer gekommen. Ein riesiger Kamin beherrschte den Raum. Dort brannte ein warmes anheimelndes Feuer. Georg wäre lieber ins Kino gegangen oder in eine Tanzbar. Er fand sich zwischen Jeske und Harriet völlig überflüssig.

Gerade wollte er Jeske sagen, dass er wieder gehen wollte, als Harriet ihm ein Glas kalten Aquavit in die Hand drückte. Nun wäre es unhöflich gewesen zu gehen. Also beschloss er noch ein Weilchen zu bleiben und sah sich nach einem bequemen Sessel um. Er war gerade im Begriff sich zu setzen, als eine große, sehr schlanke junge Dame den Raum betrat.

Fast hätte er den Aquavit verschüttet, so hastig sprang er wieder auf, um sie zu begrüßen. Ihr glockenhelles Lachen klang ihm durch die Seele und er war augenblicklich entzückt. Seine Augen leuchteten, als sie ihm Cousine Monika vorgestellt wurde. Jeske drückte Harriet an sich, als er Georgs Gesichtsausdruck bemerkte. Er war sicher, es hatte zwischen den beiden gefunkt. Schon bald saßen Monika und Georg tief ins Gespräch versunken auf dem Eisbärfell, das vor dem Kamin lag.

Harriet ließ die Aquavitflasche kreisen und hatte dazu ihr Grammophon in Gang gesetzt. Sie hatte eine Platte von Lale Anderson aufgelegt. Bis spät in die Nacht blieben die jungen Offiziere in dem gemütlichen, gastfreundlichen Haus.

Sie stillten ihr Heimweh in den Armen der lieben Mädchen und an der rauchigen Stimme, die immer wieder sang:

„Vor der Kaserne, vor dem alten Tor, steht eine Laterne...".

Noch auf dem verschneiten Weg zum Schiff summten die Freunde dieses Lied in die sternklare Frostnacht. Georg spürte die Kälte nicht, die Arme seines Freundes hielten ihn warm. Dass er gewaltige Schlagseite hatte, spürte er ebenfalls nicht, denn die Arme des Freundes richteten ihn immer wieder auf.

Als sie endlich die Gangway hinauf stolperten, lallte Georg:

„Johannes, duuu bischt ein richtiger Freund, jawoll!"

Das war das erste Mal, dass Georg, der einen höheren Dienstgrad als Jeske besaß, ihn beim Vornamen genannt hatte.

Johannes antwortete stolz: „Menschenskind, das ick det noch arlebe!"

Dann bemächtigte sich seiner ein Dauerschluckauf, worauf Georg meinte: „ Hannes, Klasse- Weiber die beiden! Ich befehle dir den Schluckauf einzustellen. Beim nächsten Mal wird aber nicht so viel getankt."

Johannes musste grinsen, als er sah, wie Schorsch in voller Montur, die Mütze verwegen ins Genick geschoben, zu seiner Koje torkelte und dann längsseits darauf knallte. Der würde sich bis zum Wecken nicht mehr rühren. Georg fiel in seine Träume.

Als er erwachte, lag er unter seinem Feldbett. War das nun Monika oder Manuela oder Jeske da oben in seiner Koje?

Es war Manuela, Gott sei Dank. Es war noch dunkel und er war nicht an Bord, sondern in seiner neuen Wohnung. Er wollte Monika schon in der nächsten Woche aufsuchen und ihr von Manuela berichten. Monika, die ihn in der Fremde so wunderbar getröstet hatte. Er musste sie noch einmal wiedersehen. Abschied kann man nur persönlich nehmen, war seine Devise. Er würde diesen Abschied mit Anstand hinter sich bringen.

Er würde auf jeden Fall Zahnarzt werden. Dies war das kürzeste Studium, bei dem er anschließend zu Reichtum kommen wollte. Zahnärzte konnten viel verdienen. Er würde es den Hiesigen schon zeigen. Schließlich musste er es zu etwas bringen. Er war als Flüchtling eingestuft. Seine Familie hatte alles verloren.

Aus eigener Kraft zumindest wohlhabend werden, das ist mein Ziel. Eine Familie mit dieser prachtvollen Manuela aus Ostpreußen zu gründen ist mein erstes Ziel. Mit ihr zusammen gelingt mir alles, wusste er. Ich liebe sie. Noch nie hatte ich dieses Gefühl für einen Menschen, dachte er, fühlte er und schlief glücklich lächelnd wieder ein.

Trennung

Eine Woche verging schnell. Sie war ausgefüllt mit viel Arbeit. Georg und Manuela hatten neben dem Studium einige Nebenjobs angenommen, um das Studium zu finanzieren. Manuela musste auch ihre Eltern unterstützen.
Karl arbeitete zwar schwer mit den Pferden im Glücksburger Forst. Doch seine Pferde waren eingetragene Trakehner, zu Zuchtzwecken gezogen, die nicht unbedingt als Arbeitspferde dienen sollten. Die Pferde mussten sich ihr Futter so schwer verdienen, dass Karl das Herz blutete, wenn er sah, dass sie von den einheimischen Bauern oft missbraucht und ausgenutzt wurden. Abends kehrte er meist todmüde aus dem Wald in die karge Wohnküche der winzigen Kate, die nun ihr bescheidenes Heim bildete, zurück. Dankbar schlürfte er die von Josie gekochte Graupensuppe. Manchmal wunderte er sich darüber, wann seine Frau wohl kochen gelernt hatte. In Birkenhain hatte die Mamsell gekocht.
  Nur über eines ärgerte er sich richtig und das war Karl-Heinz. Karl-Heinz wollte sich gar nicht erholen. Die Nachwirkungen seines Gefangenenaufenthaltes im Osten machten aus ihm einen ständig depressiven Mann, der seine Lethargie pflegte, ja regelrecht kultivierte.
  So platzte dann Karl eines Abends der Geduldsfaden und er schrie Karl-Heinz an, was er sich eigentlich einbilde, ob er der Baron von Habenichts sei und wie er dazu komme, von Josie in seine Hosen eine Bügelfalte einbügeln zu lassen.
  Draußen wäre ein großer Stapel Holz, welchen er, Karl, eigenhändig aus dem Wald aufgeladen hätte, den könne er zerkleinern. Die Axt stünde hinter dem Schuppen im Hof.
  Er solle sich endlich einmal nützlich machen, einen Nichtsnutz wie ihn durchzufüttern, sei in diesen Zeiten schier unmöglich. Die Alternative zu diesem Vorschlag bestünde darin, abzureisen und seine Verwandten in München aufzusuchen. Karl-Heinz machte sich leise schimpfend über den Holzhaufen her und hatte am nächsten Tag eine

nicht unbeträchtliche Menge Holzscheite für den harten Winter gespalten. Josie verband am Abend wortlos seine Blasen an den Händen.

Doch als Manuela am Wochenende kam, verlangte Karl-Heinz von ihr, dass sie ihm Bügelfalten in seine Hosen bügeln sollte. Manuela starrte ihn entgeistert an. Eine kalte Schlange schien durch ihren Magen zu kriechen. Karl-Heinz wollte mit ihr ins Central-Café nach Glücksburg, hatte er ihr gesagt. Konnte er seine verdammten Hosen nicht selber bügeln? Was war mit ihm los? Das Café aufzusuchen, konnten sie sich eigentlich überhaupt nicht leisten.

Sie arbeitete jeden Tag in der Woche circa vierzehn bis sechzehn Stunden, damit alle ausreichend zu essen hatten oder man sich ein wenig Stoff leisten konnte um sich Kleidung zu schneidern. Einige Bücher musste man für das Studium auch anschaffen. Er tat nichts für seinen Unterhalt und konnte sich nicht einmal eine Hose bügeln!

„Was ist los?", fragte Karl-Heinz.

„Wieso fängst du nicht endlich mit der Hose an. Ich will doch nicht um Mitternacht ins Café!"

„Verflucht, warum bügelst du deine Hose nicht selbst? Brauchst du für alles ein Kindermädchen?", entgegnete sie mit bitterem Spott.

„Wie bitte?", sagte er.

„Du hast schon richtig gehört. Ich bin nicht dein Dienstmädchen."

„Ich denke, als meine zukünftige Gattin solltest du dich schon ein bisschen mehr um mich kümmern!", entgegnete er empört, fast zornig.

„Ich glaube, dass ich mich reichlich um dein Wohlergehen kümmere", verwies sie ihn auf den noch nicht einmal ausgepackten Lebensmittelkorb, den sie aus Hamburg mit nach Glücksburg geschleppt hatte.

Als wüsste er nicht, wie schwierig das Beschaffen von Lebensmitteln war. In welcher Welt lebte er denn? Nach diesem Krieg gab es doch nicht mehr die von ihm erwartete Rollenverteilung. Wütend streifte er seine ungebügelte Hose über und nahm eine abwartende Haltung ein.

„Was ist? Wollen wir gehen?"

„Nein, Karl-Heinz, ich komme nicht mit. Du siehst doch, was hier noch alles zu tun ist."

Mit diesen Worten wandte sie sich dem Korb zu und fing an auszupacken.

Josie trat ein und umarmte sie.

„Aber Kindchen, nun sei doch nicht so störrisch. Ich schaffe das schon allein. Das bisschen Arbeit. Nun geh schon. Geht tanzen. Ihr seid noch jung. Tanzt für mich eine Runde mit."

Karl-Heinz wusste, wie gerne sie tanzte, also schlug er vor: „Kommt doch mit. Bitte, lasst uns zusammen gehen. Das bringt Karl auch mal auf andere Gedanken."

„Mein liebes Jungchen, das ist ja rührend!",

ließ sich Karl aus dem Hintergrund vernehmen,

„aber das können wir uns nun wirklich nicht leisten. Aber Josie, du kannst ja mitgehen."

„Nein!", entgegnete Josie entschieden, „raus mit euch, ehe ich es mir anders überlege."

Sie stieß die beiden recht unsanft aus der Küchentür und schlug sie hinter sich zu.

„Endlich sind wir beide einmal allein, Karlchen."

Lachend setzte sie sich auf seinen Schoß.

„Wie du willst, Liebling", gab er grinsend zurück.

Beide kamen stillschweigend überein, dass der Korb auch am nächsten Tag ausgepackt werden konnte.

Als die jungen Leute gegen Mitternacht wiederkamen, fanden sie zu ihrer Verwunderung die Küche unverändert vor. Josie und Karl schliefen tief ineinander verschlungen.

Bei der Tanzveranstaltung hatten Manuela und Karl-Heinz noch einmal das Thema „Rollenverteilung in einer Partnerschaft" gestreift, aber Karl-Heinz hatte nicht die rechte Lust zur Diskussion aufgebracht und lieber getanzt, manchmal mit ihr, aber häufig forderte er andere junge Damen auf. Es war, als hätte er nur auf diesen Tag gewartet. Erstaunlich, wie viel Energie er beim Tanzen aufbrachte, überlegte Manuela verwundert, während sie ihm zusah, als er mit einer stattlichen Blondine vorbeirauschte.

Früher hatte sie seine eleganten Bewegungen geliebt. Heute fand sie ihn geckenhaft und ziemlich albern. Affektiert riss er den Kopf beim Tango zur Seite und schaute arrogant in die Menge. Manuela war froh, dass er nicht mit ihr Tango zu tanzen versuchte, denn sie stolperte dabei gern über ihre großen Füße. Sie hasste Tango.

Lieber bewegte sie sich zu den schwungvollen Klängen eines Walzers. Dessen Dreivierteltakt konnte sie erkennen, ansonsten hielt sie sich für ausgesprochen unmusikalisch. Deshalb bevorzugte sie mit dem anderen Geschlecht meist das Gespräch. Sie pflegte eigentlich immer nur die Pflichttänze zu tanzen.

Nur mit Georg empfand sie Tanzen nicht als Qual. Er führte sie mit derart selbstverständlicher Sicherheit, stieß nie mit anderen zusammen, was bei Karl-Heinz mehr als wahrscheinlich war, da er immer glaubte allein auf der Tanzfläche zu sein und diesen Anspruch auch oft rücksichtslos durchzusetzen versuchte.

Gegen halb zwölf hielt sie es in dem verräucherten Tanzschuppen nicht mehr aus.

„Ich gehe jetzt!", rief sie Karl-Heinz zu und verschwand.

Nach fünf Minuten hatte er sie eingeholt. Er dampfte eine Alkoholwolke in ihr Gesicht:

„Warum gehst du denn so früh, mein Schatz?"

„Man soll gehen, wenn es am schönsten ist."

„Hast du dich nicht amüsiert?", hakte er nach.

„Nein, nicht wirklich", gab sie wahrheitsgemäß zu.

„Aber man muss doch auch mal feiern, Herzchen. Ich liebe dich, mein Schatz."

Er langte ihr ins Haar und versuchte ihren Kopf zurückzubiegen.

„Was ist denn mit dir? Liebst du mich? Wenn ja, lass mich dich küssen."

Manuela schloss die Augen, als er seine heißen Lippen auf ihre presste. Sein Atem war widerlich, ein Gemisch aus Alkohol und verfaulten Zähnen. Sie empfand einen Würgereiz, ließ ihn aber gewähren, ohne ihm ihre Wahrheit zu beichten.

Dann verlangte sie von ihm, dass er in der kommenden Woche den Eltern zur Hand gehen müsse. Er nickte nachdenklich und sagte schließlich, er würde bald nach München zu seinem Onkel fahren, dort könne er in der Brauerei lernen.

„Ich werde dir schreiben und möchte, dass du mich dann bald besuchst."

„Wann fährst du?"

„Übermorgen, heut war unser Abschiedsabend."

Er legte ihr den Arm um die Schultern, als wolle er sie trösten. Wahrscheinlich hat er mit Tränen gerechnet, dachte Manuela. Dabei war sie erleichtert, als sie von seinem Vorhaben erfuhr. Das machte die Dinge weniger kompliziert.

Sie lächelte ihn an: „Das ist ein fabelhafter Entschluss. Endlich siehst du deine Familie wieder. Die Berge liebst du doch auch."

„Komm bald nach, Liebste!", bat er sie, „du kennst doch die Bergwelt noch gar nicht. Ich werde mit dir wandern und dir alles zeigen."

„Gut, ich komme nach, sobald ich kann", versprach sie.

Dabei dachte sie, wie gut es sich doch traf, dass Georg auch gerade in dieser Woche in den Süden fuhr. Aber woher nehme ich das Geld? Vielleicht konnte sie den Buchladen, in dem sie aushalf, um Vorschuss bitten. Sie hatte tatsächlich Lust die Berge zu erleben. Sie wollte ihn besuchen und mit ihm alles besprechen.

Unter dem liegenden Halbmond

Die Sterne funkelten prachtvoll. Von der Straße drangen die typischen nächtlichen Geräusche durch das offene Fenster. Ein Fliegengitter schützte die Bewohner der Wohnung vor den lästigen Moskitos. Darauf hatte Manuela bestanden, denn sie konnte sich noch gut an ihren Aufenthalt vor zwanzig Jahren in Brasilien erinnern, als sich diese Insekten auf sie gestürzt hatten und sie sich die Malaria damit einfing. Heute hatte sie die Fieberschübe nur noch sehr selten, aber ihre Angst vor einem erneuten Ausbruch der Krankheit saß tief.

Es war kurz vor Weihnachten. Manuela konnte sich nicht recht vorstellen bei dieser Affenhitze Weihnachten zu feiern.

„Wir werden Weihnachten im Holiday Inn feiern. Da haben sie kürzlich einen echten Tannenbaum eingeflogen. Er ist nach amerikanischem Muster geschmückt, also ein bisschen überladen für unseren Geschmack. Wir könnten ja heute schon mal ein adventliches Essen dort einnehmen, mein Schatz. Mach dich schick, in einer dreiviertel Stunde kommt unser gut gekühltes Taxi vorgefahren." , sagte Georg.

„Was soll ich anziehen?", fragte Manuela.

„Natürlich dein Seidenkleid. Darin siehst du umwerfend aus. Und ich möchte, dass du fabelhaft aussiehst", betonte Georg, „und lass dir Zeit.", fügte er noch hinzu, weil er genau wusste, dass Manuela es hasste, sich in Eile fertig machen zu müssen.

Er selbst brauchte, wie üblich, nicht länger als zehn Minuten für seine Abendgarderobe. Er hatte es sich abgewöhnt seinen Schlüssel in der Hand drehend vor der Haustür zu warten.

Manuela war bei seinem Anblick einmal vor etlichen Jahren, als sie ins Hamburger Schauspielhaus wollten, ausgerastet. Sie hatte ihm eine Szene gemacht, was für ein Despot er sei, wie unsensibel sein Geschlecht generell sei, dass er sich seitdem angewöhnt hatte sich ruhig im Wohnzimmer in seinen Lieblingsledersessel zu setzen und sich noch genüsslich einen kleinen Drink und eine Zigarette zu genehmigen.

Dabei ließ er seinen Gedanken meist freien Lauf. Das Tagesgeschehen lief noch einmal vor ihm ab und oft fasste er in solchen Augenblicken irgendeinen Entschluss. So geschah es auch diesmal. Seinen neuesten Einfall wollte er Manuela beim Essen offerieren. Er wusste, dass sie begeistert sein würde. Dann würden sie genau den Ablauf planen, den seine Idee forderte um in die Tat umgesetzt werden zu können. Während er das Fenster schloss, durchlief ihn eine Welle der Vorfreude und er nickte dem liegenden Halbmond selbstzufrieden zu.

„An dich habe ich mich fast schon gewöhnt", flüsterte er dem Mond zu.

Eine strahlende Manuela trat auf ihn zu, als er sich umdrehte. Stolz entbot er ihr seinen Arm.

„Madame, avec Plaisir führe ich sie heute in das beste Etablissement der Ciudad.", sagte Georg charmant.

Im selben Moment kam der Anruf aus der Lobby, von Eduardo, dem bewaffneten Wächter des Hauses, dass ihr Taxi vorgefahren sei. „Vamos, Querida". Beschwingten Schrittes verließen beide die Wohnung in dem Bewusstsein, dass ihnen heute ein besonders schöner Abend bevorstand.

„Buenas noches, Senora y Senor Atinga!", rief ihnen der Taxichauffeur Senor Himenez zu.

„Buenas! Como estad ustedes?"

Auf diese Frage Georgs nach seinem Wohlbefinden, antwortete Senor Himenez, dass ihm sehr kalt sei. Er hatte sein Taxi nach Anweisung seiner Kunden exakt auf achtzehn Grad Celsius heruntergekühlt. Nur so konnte er sich sicher sein, dass die „Atingas" aus Alemania ihn für ihre Ausflüge immer buchen würden. Er besaß eines der wenigen Taxis in Panamà City, das über eine sicher funktionierende Klimaanlage verfügte. Toyota machte es möglich.

Für einen Hitze nicht gewöhnten Nordeuropäer war sein Taxi ein wahrer Segen. Das hatte Senor Himenez schnell gelernt. Er strahlte über das ganze Gesicht, als er beim Holiday Inn vorfuhr und der Portier auf sein Taxi zustürzte und den Schlag dienstbeflissen aufriss. Gutgelaunt machten sich seine Kunden, nachdem sie ihm ein schönes Trinkgeld gegeben hatten und ihn für Mitternacht wieder für die Rückfahrt bestellt hatten, auf den Weg zu ihrem Dinner.

Auf jeden Fall würde er pünktlich wiederkehren, denn er verehrte seine Kunden aus Alemania. Sie waren immer höflich und freundlich, fast freundschaftlich und ihre Fortschritte im Beherrschen der spanischen Sprache waren unüberhörbar grandios.

Zu Weihnachten wollte er mit seiner Maria eine Weihnachtstorte backen, die er den beiden Alemanos schenken wollte. Sein ursprünglicher Beruf war nämlich Konditor. Als Taxifahrer verdiente man jedoch mehr und so hatte er schnell umgesattelt. Im Verkehr war er bekannt als besonnener, überlegter Fahrer und er war stolz darauf, dass er in seiner zwanzigjährigen Fahrpraxis noch nicht einen Unfall gehabt hatte.

Georg führte Manuela am grüßenden Portier vorbei in die große luxuriös eingerichtete Eingangshalle des Hotels. Mahagonifarbene Rattansessel, auf denen lässig hingeworfene dicke Daunenkissen in kräftigen Regenbogenfarben lagen, luden die Gäste zum Verweilen ein. Eindrucksvoll war auch der Temperaturunterschied zur Außenluft. Starke, unhörbare Klimaanlagen sorgten für ständige erträgliche zweiundzwanzig Grad Celsius. Wenn man sich lange hier aufhielt, war eine Jacke oder ähnliches nützlich.

Vom Entrée führten zwei breite Stufen hinunter in einen ebenso riesigen Aufenthaltsraum, von dem man den gepflegten Pool des Hauses sehen konnte. Draußen sprangen noch einige kaffeebraune Kinder zwischen den Liegestühlen herum. Ab und zu ließ sich eines der Kinder in das hellblaue Wasser fallen.

Weihnachten ist bald, dachte Manu. Was würde ich dafür geben, wenn diese Kinder meine Enkel wären. Ich kann mich gar nicht mehr genau an ihre Gesichter erinnern. Zwar würde ich sie wiedererkennen, aber ihre Gesichtszüge werden immer undeutlicher. Sie sind jetzt in einem Alter, in dem sie sich noch sehr verändern. Immer fremder werden sie mir. Ob sie sich noch an mich erinnern, zumindest Leon, der Große? Vielleicht können wir die Familie einmal einladen.

Verstohlen riskierte sie einen Blick in Schorschs Richtung, der schmunzelnd die Kinder beobachtete. Aber vielleicht sah er auch zu ihren jungen Müttern, die in den modernen Badeanzügen sehr langbeinig und sexy aussahen. Ein Hauch von Neid stieg in Manu auf. Neid auf die Jugend und Schönheit jener lasziven Schönheiten, die hier in Panamà zu Hause und glücklich waren.

Werde ich jemals wieder in meinem Leben wirklich glücklich sein?, fragte sie sich. Wie auf ein Zeichen wandte sich Schorsch zu ihr um und fragte:

„Wollen wir nach oben gehen?"

Sie nickte und schluckte den Kloß in ihrem Hals schnell herunter.

Im Dachgeschoss des Hotels war eines der edelsten Restaurants der Stadt. Hier pflegte es mindestens noch ein Grad kühler zu sein als in der Lobby. Manu warf sich die Stola, die sie bisher locker über dem Arm getragen hatte, um die Schultern. Ein angenehmes Frösteln hatte sie ergriffen. Nach ein paar Minuten ließ es nach. Die Hitze, die draußen herrschte, blieb vorstellbar, weil man wusste, sie war da, aber im Moment gab Manu sich der vorherrschenden Kühle hin und genoss sie wie etwas sehr Kostbares.

Schorsch litt weit weniger unter der Hitze. Sein Kreislauf spielte niemals verrückt. Er hatte selten Kopfschmerzen. Manu hatte sich schon oft gefragt, warum sie so leiden musste. Wo konnte sie endlich Ruhe und Frieden finden. Aber Leben bedeutete Veränderung. Nichts im Leben war beständig, wusste sie. Nur akzeptabel war es für sie nicht.

„Du grübelst schon wieder, Manuschchen. Erzähl mir, was du denkst", sagte Schorsch.

„Ich denke immer über unser Leben nach, aber es hat einfach keinen Sinn, sich zu überlegen, was wäre gewesen, wenn", unterbrach sich Manu.

Sie spürte wieder Tränen aufsteigen und schluckte. Dieses Schlucken von Salz war ihr schon fast zur Manie geworden. Schorsch nickte unbeeindruckt und sagte lächelnd:

„Ich möchte dir eine Überraschung erzählen. Da wirst du dich freuen."

Gerade jetzt kamen die von ihm bestellten Aperitifs.

Sie ließen die Gläser klingen, als sie miteinander anstießen, und Schorsch meinte leise:

„Ich liebe dich, meine Süße, und ich möchte, dass du hier in Panamà mit mir noch einige glückliche Jahre verlebst. Mit dem Glücklichsein darfst du gleich anfangen. Vorher trinken wir auf unsere Zukunft und dass wir ohne Sorgen unser Leben in Freiheit und für die alten Knochen in wunderbarer Wärme sowie in Würde verbringen werden. Ich bin dir dankbar, dass du mit mir gekommen bist und ich bin diesem Land dankbar, dass es uns aufgenommen hat, auch wenn es uns eine schöne Stange Geld gekostet hat. Prost, Salute mein Schatz."

„Salute, Schorsch!", erwiderte Manu gerührt.

Immer fand er die richtigen Worte zur richtigen Zeit. Manchmal war ihr, als blicke er direkt in ihre wunde Seele. So war Schorsch immer schon, seit sie ihn kennengelernt hatte.

Dankbar nippte sie an dem alkoholischen Getränk. Normalerweise machte sie sich nichts aus Alkohol, aber heute gehörte er dazu, fühlte sie, voller Erwartung auf die angekündigte Überraschung.

„Bald wirst du deine Tochter in die Arme schließen können. Ich habe vor, sie einzuladen."

„Wann!", schrie Manu auf.

„Ich dachte noch in diesem Jahr", lachte Schorsch.

„So, dass sie Sylvester mit uns feiern kann."

Atemlos stieß Manu hervor: „Das ist wunderbar."

Doch bevor sie vor Freude in Tränen ausbrach, fuhr Schorsch fort: „Dazu wollte ich unseren Schweizer Bankier Herrn Mey einladen."

Ungläubig schaute Manu ihn an.

„Ich halte das für eine sehr gut Idee. Denn unsere Süße muss ihn ja kennenlernen, für den Fall des Falles. Sie muss über alles informiert werden", erläuterte Schorsch, „ nun schau mich nicht so ungläubig an."

„Aber können wir uns das mit unseren Finanzen erlauben?", wandte Manu nun ein.

Schorsch lachte: „Das sollst du in den kommenden Tagen errechnen. Ich verlasse mich da ganz auf meine Buchhalterin. Wie immer bestimmst du darüber, ob es möglich ist.

Nun hast du eine ordentliche Aufgabe, mach es möglich, dass unser Tochterherz zu uns kommen kann. Den Mey müssen wir auch unbedingt einladen, um mit ihm persönlich über unsere Vermögensverwaltung zu sprechen. Wer weiß, wie sicher die Telefone sind."

„Ja, du hast recht. Ich werde alles prüfen. Es wird möglich sein."

Im Geist wälzte Manu schon die Zahlen ihrer Vermögenslage. Die letzen Berichte ihres Börsenmaklers waren positiv und ihre Aktien hatten nicht weiter verloren. Geld würde noch genügend da sein um Katja und Mey die Reise nach Panamà finanzieren zu können.

„Ich habe nicht gesagt, dass du sofort anfangen sollst zu rechnen. Lass uns dieses herrliche Entrecôte genießen", schlug Schorsch vor und beide zehrten von ihrer Fähigkeit angenehme Dinge augenblicklich zu genießen.

So verbrachten sie einen gelungenen Abend bei Kerzenschein, sanfter Hintergrundmusik und einem fürstlichen Essen.

Nach dem Essen bestellten sie jeder einen Café con lèche. Während sie genüsslich den heißen Kaffee schlürften, näherte sich ihrem Tisch ein für einen Panamenen zu großwüchsiger Mann. Er trug einen zerknitterten Maßanzug mit einer lose gebundenen Krawatte.

Misstrauisch beobachtete Schorsch den Fremden aus den Augenwinkeln. Plötzlich erkannte er ihn. Was um alle Welt machte Hinnerk Petersen aus dem Schleswig-Holsteiner Landwirtschaftsministerium in diesem Teil des Erdballs? Schorsch sprang unvermittelt auf. Er hatte ein strahlendes Lächeln aufgesetzt.

Manu drehte sich überrascht zu dem Ankömmling um. War das ein Teil von Georgs versprochener Überraschung? Sie blieb sitzen und streckte Hinnerk Petersen ihre rechte Hand entgegen. Mit vor Freude glänzenden Augen ergriff Petersen ihre Hand mit seinen großen Pranken

und führte sie galant an seine Lippen.
„Gnädige Frau, ich bin entzückt, sie hier anzutreffen. Ich habe mich schon sehr gegrämt Sie nicht mehr auf ihrem schönen Hof zu wissen. Die Kaffeestunden bei Ihnen gehörten für mich zu den schönsten, die ich je erlebt habe."
Manuela spürte ihre unvermeidliche Röte am Hals entstehen. Das Kompliment wärmte ihre Seele.
Sie fragte: „Das kann doch kein Zufall sein, dass wir uns hier treffen?"
und hoffte, dass es so wäre und dass er nicht zu einem Suchtrupp gehörte, der nach ihnen auf der Suche war.
„Doch, gnädige Frau, ich schwöre, dass es ein wundervoller Zufall ist."
Damit schien es Petersen ernst zu sein. Er wandte sich Georg zu, breitete seine langen Arme aus und umarmte ihn mit den Worten:
„Na, alter Knabe, wie lebt es sich in meinem Lieblingsland?"
„Fabelhaft, Petersen!", meinte Georg, „wir sind übrigens nur Ihretwegen hier. Wissen Sie noch, dass Sie uns damals, als die Betriebsbesichtigung der Chinesen auf dem Sophienhof war, von Panamà vorgeschwärmt haben? Dies sei noch das Land der unbegrenzten Möglichkeiten für einen Landwirt oder Investor. Davon wollte ich mich selbst überzeugen. Vielleicht kommen wir ja auch noch ins Geschäft. Stimmt es, dass Sie immer noch Parzellen an Investoren verkaufen?"
„Aber ja, Haiting. Aber sollten wir nicht erst einmal mit einem guten Tropfen auf unser Wiedersehen trinken?", wandte Petersen ein.
„Nehmen Sie bitte an unserem Tisch Platz. Ich bestelle uns einen doppelten Scotch oder möchten Sie etwas anderes?", schlug Georg vor, dem die leichte Alkoholfahne von Petersen nicht entgangen war.
„Nein, das ist genau das, was ich jetzt brauche."
Petersen ließ sich mit seinen zwei Zentnern schwer in den Rattansessel fallen, der leicht unter seinem Gewicht knackte. Petersen überragte Georg noch um einen halben Kopf. Sein Gesicht und seine fast haarlose Kopfplatte glänzten. Im Nacken lief ihm sein Schweiß in den

zerknitterten Hemdkragen. Sein Jackett war ungebügelt und fleckig beim näheren Hinsehen, so als wäre er lange nicht aus seinem Anzug gekommen.

Manuelas scharfen Augen waren diese Einzelheiten nicht entgangen, auch nicht, dass Petersen eine ziemlich gerötete Nase hatte und einen leichten Alkoholgeruch verströmte. Aber trotzdem genoss sie das Auftauchen von Petersen, ein Stück Heimat saß vor ihr.

„Erzählen Sie schon, was Sie hier machen", drängte sie Petersen.

„Nein, zuerst Sie, verehrte Frau Haiting", erwiderte Petersen.

„Frau Haiting, wie sich das in der Fremde anhört aus ihrem Mund! Sagen Sie Manuela zu mir. Ich bitte Sie darum", bot sie Petersen an.

„Dem schließe ich mich gern an. Ich bin Georg.", beeilte sich Georg hinzuzufügen.

„Wunderbar! Ich liebe Verbrüderungen. Ihr wisst ja, ich heiße Hinnerk!",

rief Petersen begeistert.

Er griff als erster nach einem Whiskyglas und schüttete die Hälfte in sich hinein, nachdem er Manuela einen schmatzenden Kuss auf die Lippen gedrückt hatte.

„Mich küsst du aber nicht auf den Mund," lachte Georg und ließ sich umarmen.

Hinnerk erzählte von seinen Landverkäufen in Panamà. Seine Kunden waren vorwiegend europäische Anleger, die aus steuerlichen Gründen ihr Geld in Panamà anlegen wollten. Hinnerk lud Georg ein ihn auf einem seiner Ausflüge, die er mit potentiellen Anlegern jedes Jahr einmal unternahm, zu begleiten.

Georg witterte eine abenteuerliche Unterbrechung seines mittlerweile schon recht eintönigen Alltags und sagte begeistert zu. Hinnerk betonte noch, dass der Ausflug kein Spaziergang sein würde. Er riet Manuela ausdrücklich ab sich daran zu beteiligen.

„Nur fünf Tage und wir sind wieder da. Übermorgen geht es los. Georg, nimm bequeme Kleidung mit, denn wir werden eine Strecke durch den Urwald zu Pferd unterwegs sein."

Manuela erschrak: „Sag mal, Schorschel, wann warst du zuletzt auf einem Pferderücken?"
„Oh je, das ist wirklich lange her. Als Kind bin ich ohne Sattel auf Vaters Pferden geritten. Vom Stall zur Weide", gab Georg zu.

Bei dem Gedanken an wundgescheuerte Knie und Gesäßbacken sowie unvermeidlichen Muskelkater verflüchtigte sich seine Euphorie über den bevorstehenden Ausflug doch gewaltig. Aber wer A sagt, muss auch B sagen, war seine Devise und als Hinnerk ihn noch beruhigte:

„Die Gäule sind total fromm und gehen blind durch die Gegend", waren seine Bedenken schnell zerstreut.

Außerdem wollte er sich keine Blöße geben. Munter bestellte er Whisky nach und sie tranken auf ihr Zusammentreffen und den Ausflug. Arm in Arm, sich gegenseitig stützend, verließen sie schließlich das Restaurant.

Eine Tür weiter im Nachbarpavillion hatte noch das Casino geöffnet.

„Manuela geht jetzt unser Kleingeld verspielen. Meistens hat sie ja Glück und gewinnt etwas dazu. Na, geh schon, Schatz, die einarmigen Banditos warten schon auf dich."

Manuela lachte und nahm an einem der bunten Spielautomaten Platz.

Während sie selbstvergessen spielte, tranken die Männer in einer Seitennische des Casinos weiter. Georg trank nun aber wesentlich weniger als Hinnerk, der nicht merkte, wie geschickt Georg ihn ausfragte. Hinnerk hatte vermutet, dass Georg und Manuela nach Panamà flüchten würden. Da man sich in der Stadt auf jeden Fall einmal über den Weg laufen würde, war Hinnerk mit der Erwartung eingereist, sie irgendwann zu treffen.

Vier Tage war er nun schon hier. Hilfreich war der schwedische Besitzer des Holiday Inns gewesen, der ihm von seinen deutschen Freunden erzählt und ihn bereitwillig darüber informiert hatte, dass sie gerade an diesem Abend im Dachrestaurant ein Candle-light-dinner einnahmen.

Georg fragte sich im Stillen, ob Hinnerk sie erpressen wollte. Sie kannten sich zwar seit Jahren, aber als Freund hätte er Hinnerk nie bezeichnet.

Gerade in diesem Augenblick sagte Hinnerk lallend: „Es ist eine glückliche F-fügung, meine F-freunde ssind in diesem gottverlassenen Staat. Seit meine Frau m-mich verlassen hat, habe ich keine Freunde mehr. Keine Freunde, alle alle haben mich verlassen. Schorsch du, du bist ein echter Freund."

Er spülte seine Worte mit einem großen Schluck Whisky herunter. Georg fühlte sich trotz seiner Betrunkenheit unwohl. Er erhob sich schwerfällig, dachte einen Moment an das ihm verhasste Reiten, das ihm bevorstand, und schwankte auf Manuela zu, die sich gerade an einem klimpernden Münzenauswurf erfreute. Er half ihr ungeschickt die Münzen einzusammeln und sagte mit rauer Stimme:

„Herzlichen Glückwunsch, Manusch! Wenn man am Gewinnen ist, soll man aufhören."

Er nahm ihren Arm, den sie gerade ausgestreckt hatte um neue Coins einzuwerfen. Von alleine würde sie nicht aufhören, wusste er, sie war spielsüchtig. Er ließ sie fast nie allein ins Casino gehen. Spielen war für sie gefährlich, weil sie nie ein Ende fand. Wäre er nicht, wäre sie vermutlich arm wie eine Kirchenmaus, dachte er.

„Müssen wir nicht Hinnerk auf sein Zimmer helfen?", fragte sie Georg.

„Wir können`s ja mal versuchen, aber ich halte ihn für zu betrunken", räsonierte Georg.

Manuela ging seufzend auf Hinnerk zu. Der war in seinem Sessel eingeschlafen. Georg schlug vor, den Transport vom Hotelportier erledigen zu lassen. Hocherfreut über die fünf Dollars, die Georg ihm zusteckte, machte sich der Portier ans Werk. Um diese Uhrzeit kamen sowieso keine Gäste mehr, sodass der Empfang ruhig für eine Viertelstunde unbesetzt bleiben konnte.

Auf Manuela gestützt, winkte Georg einem Taxi. Von Himenez war nichts zu sehen. Beim Einsteigen wäre er fast ausgeglitten, aber dann ging es heimwärts:

„A la casa, porfavor!"

Die Fahrt war kurz. Der Hausboy nahm Georg in Empfang und half ihm zum Fahrstuhl.

„Cuidado, mi amigo!", sang Georg.

Manuela war froh über die dienstbaren Geister des Hauses. Hatte Georg heute Abend so viel trinken müssen? Sie fühlte einen dunklen Schleier aus Ärger in sich. Der Abend war anders gelaufen, als sie ihn sich vorgestellt hatte. Als sie sich in der Küche einen Kaffee zubereitete, kam Georg viel weniger schwankend zu ihr. Sie merkte, dass er doch nicht so betrunken war, wie es anfangs den Eindruck gemacht hatte.

Sie fragte ihn: „Gehörte es zu deiner Überraschung, dass Petersen auftauchte?"

„Was glaubst du denn!", rief er entrüstet, „ich hatte nicht den blassesten Schimmer, dass der ausgerechnet im Holiday Inn auftauchen würde."

Er fuhr fort: „Auf gar keinen Fall darf er mitkriegen, wo wir wohnen. Wir laden ihn lieber noch einmal im Hotel ein. Saufen kann er ja wie ein Loch."

Manuela lachte: „Aber du hast ihn unter den Tisch getrunken. Bravo, querido!" Sie klatschte in die Hände.

„Vielen Dank für den Beifall", lachte er. Er wurde aber schnell wieder ernst. „Ich halte ihn für eine Gefahr. Er könnte uns erpressen. Wir müssen sehr auf der Hut sein."

Manuela trank vorsichtig einen Schluck von dem heißen Getränk. Andere konnten nicht schlafen, wenn sie so viel Kaffee tranken, wie Manuela zu sich nahm, sie konnte Tag und Nacht Kaffee genießen. Sie hatte das Gefühl, dass er sie beruhigte. Schon der Geruch war für sie beruhigend und tröstlich.

Kaffeeduft veränderte sich nicht so sehr wie andere Dinge. Und in ihrem Leben gab es schon derart viele Veränderungen, dass sie an etwas alt Hergebrachtem wie Kaffee unbedingt festhielt. Das Erste, das sie beim wöchentlichen Einkauf erstand, war immer das obligatorische Kaffeeglas.

„Georg, wenn er uns gefunden hat, können uns auch andere finden."

Georg nickte mehrmals. „Was schlägst du vor?"

„Ich denke, du solltest ihm eine Parzelle im Urwald abkaufen. Dann gibt er vielleicht Ruhe. Ich vermute, dass seine Geschäfte nicht ganz legal sind."

Georg nickte wieder. Er bewunderte, dass seine Manuela, wie immer ihren Grips bewies.

Dann sagte er: „O. K., so machen wir es. Wenn bloß das Reiten nicht auf dem Programm stünde. Halt du mal schön die Penatencreme für mein geschundenes Hinterteil bereit. Da habe ich nach den fünf Tagen bestimmt lauter rohes Fleisch zu bieten."

„Also dein Gejammer schreibe ich jetzt dem Alkohol zu," entgegnete Manuela ungerührt.

Er heulte auf: „Mi esposa es cruella! Meine Frau setzt mich grausam den wilden Tieren im Urwald aus."

Scheinbar beleidigt ging er ins Schlafzimmer.

Sie musste lachen. Doch dann fiel ihr Katja ein und sie rief ihm angstvoll hinterher: „ Darf Katie dann noch kommen?"

Er brummte: „Na klar, Liebling. Und nun Gute Nacht."

Er schlief augenblicklich ein, während Manuela noch ihren Kaffee trank, rauchte und diesen merkwürdigen Abend rekapitulierte. Sie konnte sehr lange keinen Schlaf finden. Als sie endlich einschlief, kreischten draußen hoch über dem Großstadtlärm die ersten Papageien in den Bäumen.

Erst die Mittagshitze und Küchengeklapper weckten Manuela auf. Georg bereitete das Frühstück zu. Gut gelaunt pfiff er zu Radiomusik, während er mit der Bratpfanne hantierte, in der er sich zwei hauchdünne Scheiben Speck briet. Frischgebrühter Kaffee verströmte sein Aroma, vermischt mit dem Geruch von Bacon. Sicher gab es dazu Eier.

Manuela blieb noch einen Moment lang liegen und genoss die vertrauten Geräusche und Düfte. Sie nahm Schorschs gute Laune in sich auf um gegen den Tag gewappnet zu sein. Dann erhob sie sich leise. Immer wieder wunderte sie sich über die schallschluckende Teppichauslegware. Georg bewegte sich in der Wohnung wie eine lautlose Katze und das, obwohl er fast einhundert Kilo wog.

Sie ging zur Toilette um ihr Nachthemd zu wechseln, denn sie war vollkommen nassgeschwitzt. Im Zug der Klimaanlagen konnte man sich zu leicht erkälten. Als sie gewaschen, gekämmt und umgezogen war, ging sie in die Küche. Ohne ein Wort zu sagen, drehte sie die von Georg abgestellte Klimaanlage wieder auf volle Kraft. Er lächelte sie an und wünschte ihr einen guten Morgen.

„Komm, Manuschka, ich habe am Esstisch für uns beide gedeckt. Dort ist es auch kühler."

Sie nahmen an dem blanken Mahagonitisch Platz und blickten hinaus auf die Bucht. Das Baggerschiff lag wieder auf dem blauen Pazifik. Es musste jede Woche zum Baggern einlaufen, damit die Bucht nicht versandete. Sie beobachteten es eine Weile und ließen sich dabei ihr Frühstück schmecken. Langsam wurde Manuela gesprächiger. Sie sprachen über den vergangenen Abend.

Außerdem schmiedeten sie Pläne, wie Katja am unauffälligsten nach Panamà reisen sollte. Um gleich zu wissen, ob sie auch kommen würde, riefen sie bei ihr an.

Sie sagten nur: „ Ruf zurück."

Da die Leitung nicht abhörsicher war, würde sich Katja nun auf den Weg zu einer Telefonzelle machen und etwa in einer halben Stunde zurückrufen. Während sie warteten, spielten Georg und Manuela eine Partie Schach. Sie hatten noch nicht zu Ende gespielt, als Katja auch schon anrief.

Georg sagte nur schnell: „Hallo, Süße!" und gab den Hörer an Manu weiter. Sie fieberte nach Katjas Stimme.

„Hallo, ihr Beiden, wie geht es euch? Was gibt es so Dringendes?", rief Katja von weit weg.

„Liebling, wir wollen mit dir Sylvester feiern." Katja schien es die Sprache verschlagen zu haben.

Manuela rief: „Katja, hörst du mich? Wir möchten dich nach Panamà einladen!"

„Ja, ja, ich höre euch gut. Wie soll ich denn kommen?", fragte Katja.

„Wir werden dir die Einzelheiten noch bekanntgeben. Wir arrangieren alles von hier aus. Ein Ticket wird in Kopenhagen für dich bereitliegen. Wir hoffen, dass du kommst."

Katja schluckte, dann fragte sie, für wie lange sie kommen solle.

„Drei Wochen?", sagte Manu fragend.

„In Ordnung, ich werde es mit Robby besprechen. Oh Gott, das ist ja schon bald. Aber ich denke, es klappt. Mensch, ich freu` mich schon wahnsinnig euch wiederzusehen."

Nun merkte man ihrer Stimme an, wie aufgeregt sie war. Manuela lachte und freute sich. Sie gab den Hörer, der nun schweißnass war, an Georg zurück.

„Pass auf dich auf, Kleines," sagte er und beendete das Gespräch. Danach schwiegen sie eine Weile, jeder in Gedanken versunken, in der Vorstellung dessen, was sich nun in ihrer Familie jenseits des großen Teichs abspielte.

Gegen Abend entschloss sich Georg ins Hotel hinüber zu gehen. Er wollte mit seinen Gedanken ein wenig allein sein. Drüben würde er Hinnerk aufsuchen, mit ihm einen Schluck trinken und vielleicht noch mehr von ihm über den Ausflug erfahren oder mit ihm von früher reden.

In seine Gedanken vertieft schritt er auf der heißen Betonstraße weit aus. Eine warme Meeresbrise fächelte ihm um sein Gesicht und ließ seine mittlerweile weiß gewordenen Haare wehen. Früher wäre ihm sofort der Gedanke an den Frisör in den Sinn gekommen, aber heute genoss er die sanften Bewegungen seiner Haare.

Hier war das Leben lockerer und niemand interessierte es, ob er kurze oder lange Haare hatte. Er dachte gerade, dass er, bevor sein Bankier käme, vielleicht seine Haare kürzen lassen sollte. Dann verwarf er den

Gedanken wieder, denn zu seinem weißen Schnurrbart, den er sich hatte stehen lassen, passte seine Frisur durchaus. Wenn er seine goldgefasste Lesebrille aufsetzte, sah er seinem Bruder Walter ähnlich. Walter fehlte ihm. Doch an ihn konnte er sich nicht mehr wenden, da Walter schon seit einigen Jahren tot war.

Schorsch fiel die pompöse Beerdigung seines Bruders ein. Da musste er zum ersten Mal seit langer Zeit weinen. Eigentlich logisch, dachte Schorsch, dass er ausgerechnet durch einen Autounfall sterben musste. Er hatte nie einen unkonzentrierteren Fahrer als seinen Bruder gekannt, der einem während der Fahrt mit gestenreicher Sprache die Sehenswürdigkeiten von Ostfriesland zeigen konnte, dabei noch rauchte und die Musik voll aufgedreht hatte. In ihren besten Zeiten hatten sie viel Spaß miteinander.

Walter, Manuela und ich, wir waren ein unschlagbares Trio. Wir gehörten ein paar Jahre zusammen wie Pech und Schwefel, erinnerte er sich. Dann kam Janne dazu. Waren das herrliche Zeiten. Mit unserem erstverdienten großen Geld, dreitausend Mark, habe ich mir den Hai, einen alten Scherenkreuzer, gekauft. Auf der „Lobo del mare" haben wir manches schlechte Wetter ausgeritten. In das Großsegel vier Reffs und ab ging die Post. Damals war ich richtig glücklich. Wir waren alle sehr glücklich.

Manuela war wirklich toll an der Pinne. Hoch auf dem Wellenberg, mit blitzenden Augen und waagerecht weggefegten Haaren war sie ein Bild zum Malen. Wie schön das Glück macht.

Bei unserer Tochter habe ich solche Augenblicke empfunden, wenn ich ihr am Rande des Turnierplatzes zusah, wie sie couragiert ihr Pferd über die Hindernisse lenkte. Dabei sackte mir manches Mal das Herz in die Hose, wenn der Gaul scheute oder unvermittelt stehen blieb. Und übermorgen soll ich reiten. Das müsste die Süße sehen, die würde sich kaputtlachen. Na, ja, machen wir das Beste draus.

Georg bemerkte, dass er schon das Eingangsportal des Hotels erreicht hatte. Der Portier stand wie immer auf seinem Posten und nickte freundlich. Georg blieb noch einen kurzen Moment stehen und genoss die heiße Sonne auf seinen Schultern, sog die salzige Meerluft tief ein, bevor er die kühle Halle des Hotels betrat. Drinnen blieb er wieder stehen um seine Augen langsam an den Lichtunterschied zu gewöhnen.

Am Empfang fragte er nach Senor Petersen.

„En la piscina," bekam er zur Auskunft von einer recht verlegen dreinschauenden kleinen Panamenin. Sie kicherte nervös.

Georg argwöhnte, dass vielleicht am gestrigen Abend noch etwas mit Senor Petersen vorgefallen war. Er lächelte zurück:

„Muchas gracias, senorita".

„De nada", beeilte sie sich zu erwidern.

Er wandte sich der Tür zu, die zum Pool führte, als sie ihm auch schon ein triefender Hinnerk, ein weißes Badehandtuch lässig um die Hüften geschlungen, entgegentrat.

„Herr je, Georg, dir merkt man nicht an, wie viel wir zusammen getrunken haben!", rief Hinnerk.

„Ich war heute den ganzen Tag nicht zu gebrauchen. Ich habe am Pool darauf gewartet, dass meine Lokalanästhesie endlich nachlässt."

Georg lachte schallend.

„Nun gegen dieses Übel lässt sich etwas tun. Ich werde dir ein passendes Analeptikon verschreiben."

Hinnerk fragte verblüfft: „Ein bitte was?"

„Ein stärkendes Wiederbelebungsmittel," lachte Georg und winkte einem der herumstehenden muchachos und bestellte eine Flasche Whisky.

Hinnerk stöhnte leicht, bat ihn dann aber in der Halle auf ihn zu warten, er wollte sich schnell etwas Ordentliches anziehen.

Nach circa zwanzig Minuten erschien Hinnerk nach frischer Rasierseife duftend an dem Tisch, den Georg besetzt hatte. Wie ein Verdurstender griff er nach dem schon eingeschenkten Glas und kippte es in einem Zug herunter. Georg fand, es machte gar keinen Spaß mit ihm zu trinken. So schnell wollte er es nie angehen lassen. Aber er meinte:

„Richtig so. Das Zeug muss vernichtet werden. Prost!"

Dann nippte er an seinem Glas.

„Wo soll`s denn morgen genau hingehen?", fragte Georg.
„Östlich von Colon sind meine Parzellen. In Colon stehen die Pferde, die ich gemietet habe. Die werden zu einem Treffpunkt gebracht. Da sitzen wir dann auf. Zu Fuß oder mit dem Auto kommst du nicht weiter. Reiner Urwald", erläuterte Hinnerk.

Georg überlegte: „Woher weißt du den Weg? Das ist doch schon das Darien. Du brauchst bestimmt einen Führer."

Hinnerk hatte daran auch schon gedacht und einen ortskundigen Indio angeheuert. Auf jeden Fall stand ihnen ein Abenteuer bevor. Georgs Fragen zu den anderen Teilnehmern der Expedition in den Urwald beantwortete Georg nur vage. Reiche Industrielle aus dem Ruhrpott.

„Na hoffentlich sind keine Steuerfahnder dabei," sagte Georg fatalistisch. Hinnerk prustete entrüstet:

„Sag mal, wofür hältst du mich!"

Für einen Alkoholiker, dachte Georg und schenkte Hinnerk ein neues Glas voll.

Gegen elf Uhr abends trennten sich die beiden Männer. Hinnerk war sternhagelvoll, befand Georg zufrieden. Er selbst merkte kaum etwas von dem Alkoholgenuss.

Mit wachen Augen musterte er seine Umgebung, als er die Straße hinauf zum Casa roja ging. Zwar hatte er von Überfällen in dieser Gegend noch nichts gehört, passte aber trotzdem sehr auf, wenn er allein in der Stadt unterwegs war. Es gab barrios, in die hätte er sich nachts nicht getraut, obwohl General Noriega, Panamàs selbsternanntes Staatsoberhaupt, strenge Strafen für Überfälle angekündigt hatte. Es gab doch zu viel Armut in der Stadt und dagegen nur wenige Reiche. Besonders als Ausländer musste man auf der Hut sein. Man konnte leicht für einen gringo gehalten werden.

Die Portiers in seiner calle kannten das deutsche Ehepaar bereits gut. Fast alle nickten ihm zu oder begrüßten ihn mit einem netten „holà, senor!".

Er kam unbelästigt zu seinem Haus, als ihn von hinten eine Frauenstimme ansprach. Im Nu begriff er, dass er una puta vor sich hatte. Eine

bildschöne Hure hatte ihn angesprochen. Erschrocken darüber, dass er sie nicht bemerkt hatte, rief er:
„Déjeme en paz!" Lassen Sie mich zufrieden.
Sie schlenkerte mit ihrem Täschchen und rief lachend:
„Que hombre guapo!"
Dann entfernte sie sich mit klappernden Absätzen. Wieso hatte er die vorher nicht gehört?
Als er Manuela sein Erlebnis berichtete, meinte sie lachend:
„Ach Schorschel, du bist doch schon seit Jahren etwas schwerhörig!"
Er beschloss sich nicht zu ärgern, weil er sich freute, dass sie noch nicht schlief und erzählte ihr, dass Hinnerk seiner Meinung nach zum Alkoholiker geworden war.

München

Früh am nächsten Morgen verabschiedeten sich Manuela und Georg.
„Schorschel, geh` bitte kein Risiko ein. Sei vorsichtig. Im Urwald gibt es giftige Vipern. Schwarze Panther leben dort auch. Ich habe Angst um dich. Ich habe ein sehr ungutes Gefühl."

Manuelas Stimme klang verzagt. Ihr wurde bewusst, dass dies ihre seit langem erste, freiwillige Trennung voneinander war. Das Gefängnis zählte nicht. Georg umarmte sie und versuchte sie zu beruhigen.

„Du bist doch sonst kein Angsthase. Mir wird schon nichts passieren. Ich bin doch nicht mit dir nach Panamà gekommen, um in hier frühzeitig ins Gras zu beißen. Hasta luego, hasta pronto, querida."

Dann war sein Taxi da. Senior Himenez half ihm seinen Seesack, ohne den er nirgendwohin fuhr, im Kofferraum zu verstauen. Manuela winkte dem Auto noch lange nach und kehrte dann rasch in ihre kühle Wohnung zurück. Sie ertrug die flimmernde Asphalthitze nicht. Draußen bekam sie sofort Migräne.

Nachdem sie in der Wohnung alles aufgeräumt, eine Waschmaschine in Gang gesetzt und sich schließlich einen starken Kaffee gebrüht hatte, überlegte sie nicht lange, was sie nun tun würde.

Sie schloss ihre Augen und versetzte sich in die Zeit von 1947. Sie befand sich auf dem Hauptbahnhof in Hamburg und küsste Georg zum Abschied. Sie spielten Abschied mitten auf dem Bahnsteig, hielten sich eng umschlungen, ihre beiden kleinen schäbigen Koffer zwischen den Beinen haltend.

Aber dann kam der Zug in die Halle gedampft wie ein tösendes, lärmendes Ungeheuer. Nun wurde es voll auf dem Bahnsteig, eine dichte Menge drängte an ihnen vorbei. Georg schnappte sich beide Koffer, bevor sie gestohlen werden konnten und bahnte sich einen Weg zu einem Dritte- Klasseabteil. Manuela folgte ihm. Beim Einsteigen in den Zug bekam sie ein Problem. Sie trug einen engen langen Rock, der erst an den Waden glockig ausgestellt war: New Look.

Aus einer alten Übergardine, die aus unverwüstlichem grünen Samt war, hatte sie sich dieses prachtvolle modische Kleidungsstück von einer Kommilitonin nähen lassen. So bezahlte diese ihre Nachhilfestunden, die Manuela ihr gab. Der Rock war zu lang zum Einsteigen. Sie musste ihn mit beiden Händen hochraffen beim Erklimmen der eisernen Zugstufen. Gut, dass Georg ihr unter den Arm griff, denn fast wäre sie bei dem Manöver hintenüber auf den Bahnsteig zurück gefallen.

Ich liebe diesen Rock! Überhaupt ist es herrlich verreisen zu können. Auf Bayern freue ich mich, aber nicht auf Karl-Heinz. Wie schön, dass Georg und ich eine lange Strecke gemeinsam fahren. Ich liebe ihn. Eigentlich weiß ich gar nicht, warum ich noch nach München fahre. Aber Georg fährt ja auch zu seiner alten Freundin. Die würde ich gern sehen. Wenn ich zaubern könnte, würde ich als Mäuschen in seinem Seesack mit nach Innsbruck fahren und im entscheidenden Moment der Dame in den Ausschnitt springen.

Sie lachte auf.

„Was ist? Warum lachst du?", fragte Georg.

„Ich bin einfach glücklich.", sagte sie nicht wahrheitsgemäß.

Georg runzelte seine Augenbrauen. Dadurch entstand eine steile Falte zwischen seinen dichten Brauen. Interessant, fand Manuela, er scheint mir nicht ganz zu glauben. Aber der Moment war schnell vorüber und bald unterhielten sie sich rege. Abwechselnd schliefen sie während der langen Fahrt. Einer von ihnen passte immer auf die beiden einträchtig nebeneinander im Gepäcknetz liegenden Koffer auf.

Bei längeren Aufenthalten stieg Georg manchmal aus um sich seine langen Beine zu vertreten. Einmal wurde sie von einem älteren Herrn gefragt:

„Na Madamchen, wollen Se nicht mit ihrem Jemahl zusammen aussteigen? Sie können mir vertrauen. Ich pass`auf ihre Pieselottchen jenauso gut auf wie sie."

„Vielen Dank", sagte Manu. Da sie am Tonfall einen Landsmann aus der „kalten Heimat" entdeckt hatte, fasste sie Vertrauen und schloss sich Georg an.

Die Flüchtlingsfrau

Er hob sie auf den Bahnsteig und drehte sie übermütig herum, sodass ihr Rocksaum ins Schwingen geriet. Als er sie sanft auf dem Bahnsteig absetzte, war ihr ein wenig schwindlig.

„Schatz, ich glaube, du musst etwas essen, wir öffnen gleich unsere Stullenpakete. Dem Alten geben wir etwas ab."

Er schaute sie prüfend an. „Kaum wende ich dir den Rücken, schon poussierst du mit einem Anderen herum", sagte er mit gespielter Eifersucht. Der Zugführer ließ einen schrillen Pfeifton erklingen. „Komm." Energisch hob Georg Manuela in den Zug.

Im Abteil sah sie der alte Mann fröhlich an und fragte: „Wie lange sind sie schon so ein glickliches Paar?"

Georg und Manuela schauten sich an und lachten.

„Ei, nei, sie sind jar nicht verheiratet?"

Beide schüttelten den Kopf.

„Na, Kindchen, und ich hätt` schwören können, dass se was Kleines erwarten."

Also das ging Georg nun doch zu weit. Er unterbrach das Verhör.

„Na, sajen se mal aus welchem Teil kommen sie denn?"

„Ei, aus Pilkallen. Aber da bin ich nur jeboren. Jelebt ham wir in Heydekrug."

Der Alte seufzte, wie alle alten Menschen, die aus Ostpreußen geflüchtet waren. Er hatte Ähnlichkeit mit dem alten Döhring, der Manuelas Eltern oft besuchte.

„Waren sie ein Reiter?", fragte sie.

Georg wunderte sich über ihre Frage ein bisschen, aber dem Alten leuchteten plötzlich die Augen, als er ausrief:

„Marjellchen, ham` Se das an meinen O-Beinen jesehen?" , und zu Georg gewandt,

„passen se jut auf das Mädchen auf. Sie hat scharfe Glupscherchen. Ei, und wie sie damit plinkern kann."

Georg lachte herzhaft und Manuela wurde rot. Der alte Mann stellte sich als Hermann Endrikat vor. Georg nannte ihre Namen. Zwei Stunden verkürzte Endrikat den beiden die Zugfahrt, indem er von seiner

Trakehnerzucht erzählte, und dass er bei allen wichtigen Flachrennen in Ostpreußen gemeldet gewesen war. Es stellte sich heraus, dass er der erbittertste Konkurrent Erwin Dörings gewesen war.

Manuela versprach: „Mannche, die Welt ist klein. Ich werde den Döring von Ihnen grüßen."

Endrikats Reiseziel war Freiburg. Georg half ihm beim Aussteigen. Als der Zug wieder anfuhr, bemerkte Georg, dass dem Alten ein Schächtelchen aus der Tasche gefallen sein musste. Georg sprang auf, aber es war zu spät, der Zug fuhr bereits wieder und der Mann war nur noch klitzeklein am Ende des Bahnsteigs zu sehen. In der kleinen Schachtel, die wie eine kleine Schmuckschachtel mit blauem Samt ausgeschlagen war, befanden sich einige Geldscheine.

„Vierhundert Mark trägt der einfach so mit sich herum. Wahrscheinlich seine Lastenausgleichsrente oder irgendeine Entschädigung. Müssen wir auch noch beantragen.", sagte Georg zu Manuela.

„Habe ich mich schon drum gekümmert."

Georg staunte, wie patent sie war. Dann schlug er vor:

„Wir wissen ja nicht die Adresse des Alten. Ich denke, wir sollten das Geld behalten."

Manuela kämpfte mit sich, ob sie dem Schicksal so nachgeben sollte, aber schließlich nickte sie zustimmend. Sie nahm die Hälfte des Geldes an sich und beschloss, es nur im absoluten Notfall anzurühren.

Sie ahnte nicht, dass Georg genau dasselbe beschlossen hatte. Sie sprachen nicht mehr von dem Geld. Dann kam München und Georg hob Manuela ein letztes Mal auf einen Bahnsteig. Er gab ihr einen langen Kuss und atmete dabei schwer.

„Vergiss mich nicht, geliebtes Weib, und genieße deine Ferien."

Er ließ sie los und sprang auf die Eisenstufen. Er rief ihr aus der offenen Tür zu:

„Pass gut auf deinen Koffer auf! Ich liebe dich!"

Er machte dabei ein Gesicht, als wäre er am liebsten wieder zu ihr hinuntergesprungen. Doch da setzte sich der Zug in Bewegung.

Manuela liefen die Tränen in feinen Rinnsalen über ihre geröteten Wangen. Sie hielt ihren Koffer fest, als sie jemand anstieß und teilnahmsvoll fragte:

„Na Madl, ham sichs verlaufn? Brauchens oan Führer?"

Manuela schüttelte ihre Locken und wischte sich die Tränen ab. Sie verneinte höflich und ging zum Ausgang.

Vor dem Bahnhof standen einige Kutschen. So ein Haflingergespann wollte sie nehmen und zu der Brauerei von Karl-Heinz' Verwandten fahren. Sie nannte die Adresse und der Kutscher verlangte mit den Worten „So weit wollen`s! Des is ja e ganz voarnehme Gegend" einen Aufpreis.

Ordentlich durchgerüttelt kam sie an. Staunend betrachtete sie das große Brauereigebäude und die herrschaftliche Villa daneben.

„Joa mei, wollen`s jetzt löhnen? I hoab net länger Zeit. I muss ja no heim", mahnte der Kutscher ungeduldig.

Die Haustür der Villa öffnete sich und Karl-Heinz kam angerannt. Er drückte dem Kutscher sein Fahrgeld in die Hand und begrüßte Manuela mit einem Kuss auf die Stirn. Während sie zum Haus gingen, verklangen die klappenden Pferdehufgeräusche. Manuela bedauerte insgeheim, dass diese geruhsame Fahrt, die sie an früher erinnert hatte, schon vorbei war. Für sie hätte die Kutschfahrt ruhig noch länger sein dürfen.

Karl-Heinz und sie musterten sich, als sie in der Eingangshalle des Hauses standen. Karl-Heinz hatte ihren Koffer wie ein lästiges Utensil getragen und ziemlich unsanft auf dem Boden abgestellt.

Er sagte: „Du siehst irgendwie verändert aus. Du bist ein bisschen rundlicher geworden. Beim letzten Mal warst du viel zu dünn. Das ist ein schicker Rock."

Nur der Koffer passt nicht recht dazu, dachte Manuela und verzog den Mund zu einem spöttischen Lächeln.

„Ich sehe, du hast jemanden gefunden, der dir deine Hosen anscheinend jeden Tag bügelt."

„Oh, Elachen, nachtragend warst du immer schon!"

Sie staunte. Sie war gerade eine Minute hier und war im Begriff sich mit Karl-Heinz sozusagen nahtlos weiter zu streiten. Sie schluckte die gemeine Entgegnung, die ihr schon auf der Zunge gebrannt hatte, herunter und setzte ihr liebstes Lächeln auf, als sie sagte:

„Strich drunter. Ich bin nicht hier um mich mit dir zu streiten."

„Brav, mein Mädel. Jetzt kommst du erst einmal mit in den Salon. Dort lernst du meine Tante und später meinen Oheim kennen. Gell, und du bleibst brav?", forderte Karl-Heinz.

Sein Tonfall klang wie eine Mischung aus Ostpreußisch und Bayrisch. Zum Fürchten fand Ela. Die Tante war entzückt von dem Madl aus dem Norden. Manuela fragte sich, war sie wirklich geflüchtet? Oder wusste man das hier in Bayern nicht.

Irgendwie konnte sie sich hier den Krieg nicht vorstellen. Draußen ja, dort hatte sie die Trümmer zwischen stehen gebliebenen Häusern sehen können. München war genau wie Hamburg bombardiert worden.

Aber in diesem Haus schien die Zeit angehalten worden zu sein. Sie konnte sich die Tante Iris beim besten Willen nicht als Trümmerfrau vorstellen. Auf die höfliche Frage hin, ob sie sich nicht frischmachen wollte, verschwand sie nur zu gerne aus dem stickigen Plüschraum in die oberen Etagen, wo Karl-Heinz ihr das Zimmer zeigte, das sie für die Dauer ihres Aufenthaltes bewohnen durfte.

Normalerweise hätte sie sicher gern sein Zimmer angesehen. Doch nun verschwand sie in ihrem und ließ sich auf das breite Bett fallen, über dem eine schwere Damastüberdecke ausgebreitet lag. Sie schlief in Sekundenschnelle ein und träumte von Georg. Immer wenn sie ihn in die Arme schließen wollte, stand eine Frau ohne Gesicht zwischen ihnen.

Plötzlich drehte die Unbekannte sich zu ihr um und bespuckte sie mit Pferdeäpfeln. Manuela wollte ausweichen, aber starke Arme hielten sie fest, hielten ihren Kopf fixiert, so dass sie dem Mist nicht entgehen konnte. Ihre weiße Bluse wurde braungefleckt. Dann lachte die Frau gellend, richtig schrill, minutenlang... Manuela wachte von dem Ton auf. Sie stellte fest, dass unten geläutet wurde. Tantchen schrie:

Die Flüchtlingsfrau

„Zur Vesper, Manueeela!"

Manuela zupfte den Kragen ihrer Bluse zurecht, überzeugte sich dabei, dass keine braunen Flecken auf ihr waren. Sie goss etwas Wasser in die bereitgestellte Schüssel und wusch sich mit Kernseife die Hände. Die haben hier alles. Sie dachte an das Loch, in dem ihre Eltern hausen mussten.

Kein Wunder, dass der verwöhnte Karl-Heinz es bei ihnen nicht lange ausgehalten hatte.

Als Manuela die Treppe hinunter schritt, fühlte sie sich völlig fehl am Platz. Dies Haus war wie eine Kulisse aus einem Film mit Greta Garbo oder Marlene Dietrich. Die Tante musterte sie von oben bis unten, als sie den Speiseraum betrat. Mittlerweile war auch der Onkel da.

„Mein liebes Kind, ich bin der Otto und heiße dich herzlich in unserem Haus willkommen."

Er drückte ihr ein hohes, schlankes Glas in die Hand, das sie fast Angst hatte zu zerbrechen.

„Wir wollen darauf anstoßen, dass du meine Lieblingsnichte wirst. Bei deiner Schönheit, müssen dir ja die Männer scharenweise nachlaufen. Da muss der Karl-Heinz nun ganz schnell Nägel mit Köpfen machen und dich am besten noch in deinem Urlaub hier bei uns heiraten. Bei Flüchtlingen geht das ja sowieso schneller als bei den Hiesigen."

Seine Frau unterbrach ihn:

„Ja geh, schleich di, lass die Arme doch in Ruah! Siehgst nicht, wie sie verlegen wird."

In diesem Moment empfand Manuela Dankbarkeit für das Tantchen, das ihr nun erheblich klüger geworden zu sein schien. Die peinliche Situation war aber noch nicht zu Ende.

Der Onkel Otto wollte partout Brüderschaft mit ihr trinken. Aber auch hier erwies sich Tante Iris als Engel. Sie wies ihren Mann mit scharfen Worten zurecht. Er solle doch zur Vernunft kommen.

So blieb es dann bei einem flüchtigen Kuss auf die Wange mit den Worten: „Aber morgen, Kinder, machen wir eine Betriebsbesichtigung.

Da gibt`s kein Kneifen. Ein fairer Verlierer, dachte Manuela und sagte gern zu.

Am nächsten Morgen war sie früh auf. Die ungewohnten Geräusche des Hauses ließen sie nicht länger im Bett liegen. Sie wusch sich und zog ihr einziges Paar lange Hosen und einen selbst gestrickten Pullover an, den hatte sie im Sommer gestrickt und wider Erwarten war er sehr hübsch geworden. Eigentlich mochte sie die Farbe Grün überhaupt nicht. Aber dieses Flaschengrün bildete einen Kontrast zu ihren braunen Augen, der ihr gefallen hatte.

Die Wolle hatte Georg auf dem Schwarzen Markt gegen ein Pfund Zucker eingetauscht. Den Zucker hatte er für zwei Stangen Zigaretten bekommen, für die er wiederum ein medizinisches Fachbuch, das sie beide nicht mehr benötigten, abgegeben hatte. Dankbar hatte sie die Wolle entgegengenommen und sie hatte geahnt, dass Georg einige Anstrengungen gemacht hatte um an diese weiche Wolle zu kommen.

Nach einem üppigen Frühstück mit echtem Bohnenkaffee, nicht diesem widerlichen Muckefuck, den Georg und sie meistens tranken, der ja nur ein schwacher Kaffeeersatz war, ging es in die Brauerei.

Manuela war beeindruckt von der Größe der Brauerei und von den vielen Menschen, die hier arbeiteten. Außerdem war sie überrascht von dem Wissen, das Onkel Otto ihr offenbarte. Er erzählte ihr, dass Hopfen schon seit dem 7. Jahrhundert v. Chr. verwendet wird. Schon in der ägyptischen Mythologie lehrte Osiris, der Gott der Landwirtschaft, die Menschen die Kunst des Bierbrauens. Damals wurde Gerste in einfachen großen Töpfen angekeimt und die Malzmaische durch wild wachsende Hefen vergoren. Otto deutete auf die riesigen Kessel in der Halle und erklärte, dass dieser Vorgang heute in diesen Behältern stattfände.

„Welche Sorte Bier braut ihr vorwiegend?", fragte Manuela interessiert.

Otto lächelte beifällig und sagte: „Du bekommst nachher eine Kostprobe. Unser Bier ist hauptsächlich dunkel und untergärig."

„Nennt man das nicht Bockbier?", fragte Manuela.

„Richtig," stellte Karl-Heinz fest, der während der Führung direkt hinter ihr ging.
Sie hatte seine Existenz völlig vergessen und wandte sich nun zu ihm um.
„Sag mal, was ist denn deine Aufgabe hier?"
Bevor er antworten konnte, übernahm Otto wieder die Leitung.
„Mein liebes Kind, er soll doch erst lernen eine Aufgabe zu übernehmen. Er kann ja noch nicht einmal Malz von Hopfen unterscheiden."
Otto lachte dröhnend in die große Halle, sodass sich einige Arbeiter zu ihm umdrehten. Manuela war ärgerlich über sich selbst. Karl-Heinz war kaum länger hier als sie, da konnte er natürlich noch nicht im Arbeitsprozess eingebunden sein. Wie dumm von ihr. Sie drehte sich zu ihm um und entschuldigte sich leise:
„Entschuldigung, ich hatte vergessen, wie kurz du erst hier bist. Hast du denn Lust dies alles zu lernen?"
„Aber ja, natürlich. Es hat schließlich Tradition bei uns. Du weißt ja, dass ich in Chemie ein Ass war, und das hier hat verdammt viel damit zu tun."
„Karl-Heinz, du kannst dich nützlich machen. Schnapp dir mal einen Besen und fege die Krümel von dem Zeug, das hier herumliegt, weg", befahl Onkel Otto und deutete auf den, oberflächlich betrachtet, blitzsauberen Fliesenboden.
Otto fügte hinzu: „Ich hasse Unsauberkeit. In einer Brauerei muss alles auf Hochglanz sein. Zu leicht verdirbt etwas."
Karl-Heinz sagte: „In Ordnung, Onkel Otto."
Dann verschwand er. Otto legte seiner Arm um Manuela und meinte:
„Ja, der Junge muss früh lernen, dass Lehrjahre keine Herrenjahre sind."
Manuela entwand sich geschickt seinem Arm und deutete auf einen der Kessel zu Ihrer Linken.
„Onkel Otto, erklär mir mal, was da drüben in dem großen Silberding vor sich geht. Wie aus der Pistole geschossen kam seine Antwort: „$C_6H_{12}O_6$ 2 C_2H_5OH + 2CO_2."

„Na gut, das werde ich mir mal durch den Kopf gehen lassen. Ich vermute, es hat etwas mit der Gärung zu tun," überlegte Manuela blitzschnell.

„Kluges Kind", sagte Otto lachend, „du hast Recht. Zuerst wird die Malzbereitung hergestellt. In diesem Stadium,"
dabei deutete er auf einen großen Behälter,
„wird der Hopfen der zuckerhaltigen Lösung zugesetzt. Das alles wird eingekocht und dann mit Hefe versetzt, die einen Teil des entstandenen Zuckers zu Alkohol und Kohlendioxid vergärt."

„Das alles hört sich ziemlich kompliziert an," meinte Manuela.

„Ist es auch. Bier brauen ist ein langwieriger Prozess, bei dem man nichts verkehrt machen darf. Aber es lohnt sich und wenn dein Bräutigam es von der Pike auf gelernt hat, wird er eines der besten Biere in Deutschland herstellen können. Mir fehlt der Erbe. Iris hat es leider nicht geschafft mir einen Sohn zu schenken.

Darum habe ich Karl-Heinz aufgenommen. Er kommt aus einer anständigen Brauereifamilie. Hervorragendes Bier, was der alte Liebmann braute. Es hatte ein wenig Ähnlichkeit mit dem russischen Kwass, das aus vergorenem Roggenbrot und Früchten hergestellt wird."

Manuela nickte und erinnerte sich an den würzigen Geschmack dieses Biers, denn als Kind hatten sie und Hubert nach den Feiern der Erwachsenen manchmal die Reste aus den Gläsern ausgetrunken, wenn die Erwachsenen betrunken vom Bier und dem hochprozentigen Bärenschnaps oder Danziger Goldwasser in den bequemen Sesseln des Salons eingeschlafen waren.

Maman hatte sich anschließend gewundert, wie lustig und später schläfrig die Kleinen noch am nächsten Morgen waren, wenn die Gäste schon wieder munter beim Frühstück saßen.

„Oh, ja, ich kenne das Bier."

„Ihr werdet durch die Brauerei einmal viel Geld verdienen. Ich sehe den wirtschaftlichen Aufschwung in Deutschland vor mir. In München wird es immer das Oktoberfest geben. Bier ist das Lieblingsgetränk der Deutschen," prognostizierte Otto.

Er war ein weitblickender Mann.

Manuela, der schon seit geraumer Zeit ein wenig übel war, bat Otto sie nach draußen an die frische Luft zu führen. Der Geruch der Gärung war zwar auch draußen noch zu spüren, aber sie atmete tief durch und wurde urplötzlich ohnmächtig.

Otto fing sie gerade nach ab, bevor sie hart auf den Boden aufschlug.

„Das war knapp!", raunte er ihr ins Ohr.

Sie kam schnell wieder zu sich und ihr Gesicht gewann seine Farbe zurück.

Otto begleitete sie fürsorglich zur Villa, wo sie sich sofort hinlegte.

Während sie in ihrem Zimmer lag, ergründete sie die möglichen Ursachen für ihre Ohnmacht. Für einen Mediziner gibt es immer viele Ursachen für eine Krankheit. Auf jeden Fall waren Ohnmachten bei ihr etwas nicht Normales.

Sie konnte sich in ihrem Leben an zwei Ohnmachtsanfälle erinnern. Der eine fand bei der verhängnisvollen Kesselexplosion während ihres Apotheker-Studiums in Greifswald statt und der andere trat bei einer Massenkundgebung von Hitler auf, als sie mit ihrer Schulklasse fünf geschlagene Stunden auf dem Marktplatz von Memel stand. Da kippten die Mädchen reihenweise um, konnte sie sich erinnern.

Heute wusste sie, dass Hyperventilation oft der Grund für solche Ohnmachten war. Natürlich kam auch zu niedriger Blutdruck in Frage. Sie fühlte ihren Puls. Er schlug regelmäßig, nicht übermäßig schnell.

Sie überlegte weiter. Wann hatte sie ihre letzte Menstruation gehabt? Gleißend überflutete sie die Erkenntnis, dass sie überfällig war. Konnte das sein? War sie schwanger? Durfte das sein?! Wie würde Georg reagieren? Manuela betastete vorsichtig ihren Bauch. Sie wurde sich immer sicherer, dass sie den Grund für ihre Ohnmacht herausgefunden hatte.

Es klopfte an ihrer Tür. Tante Iris kam mit besorgtem Gesichtsausdruck herein.

„Ela, I hol oan Doktor, is dirs Recht?"

„Nein, Tante Iris, ich brauche keinen Arzt. Mir geht es schon viel besser. Es war die schlechte Luft in der Halle. Ich neige zu Ohnmachten. Als Hitler in Memel war, bin ich auch umgefallen."

„Ach, so, und ich dacht scho, dass d` schwanger bist", lachte Tante Iris.

Dann ging sie wieder und ließ Manuela allein.

Manuela fasste einen Entschluss. Sie hielt es nicht mehr in Bayern aus. Ihre Mutter hatte schon immer behauptet, dass Besuch wie Fisch sei „nach drei Tagen stinkt er".

Morgen war der dritte Tag, an dem wollte sie wieder abreisen. Sie wusste nur noch nicht, ob sie Karl-Heinz von dem Grund ihrer Abreise erzählen sollte. Aber gegen Abend meinte sie, er habe ein Recht auf die Wahrheit. Sie bat ihn am Abend auf ihr Zimmer zu kommen ohne sich um die vielsagenden Blicke von Tante und Onkel zu kümmern. Karl-Heinz schien auch erstaunt zu sein.

Besonders, als sie mit den Worten anfing:

„Du wirst mich sicher für den Rest deines Lebens hassen, dafür, was ich dir nun gleich sagen muss."

Als er den Mund öffnete um zu widersprechen, unterbrach sie ihn mit fester Stimme:

„Du hast ein Recht auf die Wahrheit, Karl-Heinz. Ich bin nicht gut für dich. Hör mich bitte zu Ende an."

Sie erzählte ihm alles von sich und Georg und ließ nichts aus. Als sie berichtete, dass sie festgestellt hatte schwanger zu sein, stand er vom Bett auf und ging wie in Trance aus dem Zimmer.

Manuela packte ihren Koffer. Schnell war sie fertig. Sie ging nach unten und erzählte der Tante und dem Onkel von ihrer Unterredung mit Karl-Heinz.

„Ich verlasse ihn. Darf ich trotzdem heute Nacht noch bei euch schlafen? Morgen fahre ich dann in aller Frühe zum Bahnhof."

Sie sah die Beiden fragend an.

Tante Iris sagte: „Ich gehe mal nach dem Bub schauen."

Onkel Otto brach in ein kräftiges Lachen aus: „Natürlich, du Dummerchen, unser Haus bleibt dir immer geöffnet. Ich würde mich auch nicht in den Bub verlieben."

Manuela lächelte, in diesem Moment hatte sie Onkel Otto fest in ihr Herz geschlossen.

„Ich fahre dich zum Bahnhof. Mit meinem Automobil ist es erheblich komfortabler als in der rumpelnden Droschke."

Damit war er mit dem Thema durch und brüllte:

„Lina, wo bleibt das Abendessen?"

Lina erschien augenblicklich in ihrer gestärkten weißen Schürze und stammelte, es sei gleich angerichtet.

„Na, das wird auch Zeit", meinte Otto.

Er führte Manuela in den Speiseraum. „Wie es aussieht, soupieren wir heut` zu zweit", resümierte er.

Schweigend löffelten sie die Consommé, die es als Vorspeise gab. Manuela fühlte sich schon satt, als der Hauptgang serviert wurde. Gebratenes Hühnchen in Estragonsoße.

„Du musst ordentlich essen, Mädel, du bist viel zu dünn. Ich würde sagen, du hast Untergewicht, nicht gut für einen Fötus", sagte Otto auffordernd.

Widerwillig nahm sich Manuela einen Hähnchenschenkel von der Platte. Sie stocherte lustlos in dem Kartoffelbrei herum und wünschte sich, dass es schon `Morgen` sei und sie bereits im Zug nach Hamburg säße.

Als der Nachtisch dran war, gesellte sich Tante Iris zu ihnen.

„Der arme Bub, das hat ihm ganz schön zugesetzt. Sie öffnete ihre rechte Hand und Karl-Heinz` Verlobungsring kullerte auf die feine weiße Tischdecke.

„Er will, dass du ihn nimmst. Wenn du ihn verkaufst, kannst du eine Weile damit leben. Er möchte dich vor deiner Abreise nicht mehr sehen. Ich soll dir ausrichten, dass er sich nun nicht mehr als verlobt betrachtet und er dir alles Gute für deine Zukunft wünscht."

Bei ihren letzten Worten zog sie ein Spitzentaschentuch aus ihrem Blusenärmel und wischte sich eine Träne aus ihrem Gesicht. Manuela fand, dass ihr Auftritt wie im Theater inszeniert wirkte. Dann rauschte Tante Iris wieder aus dem Zimmer und Onkel Otto atmete hörbar aus. Er zündete sich eine Zigarre an und blies schweigend einen Kringel nach dem anderen in die Luft.

„Möchtest du auch rauchen?", fragte er plötzlich.

Dankbar zog sie ihre Zigaretten heraus. Bisher hatte sie nicht gewagt in diesem Haus zu rauchen oder auch nur zu fragen, ob sie es durfte. Sie hatte stillschweigend vorausgesetzt, dass so etwas bei Tante Iris verpönt sei.

„Du bist schon ein ungewöhnliches Mädchen. Hoffentlich findet Karl-Heinz bald seine wirkliche große Liebe," sinnierte Onkel Otto.

Dazu gab es von Manuelas Seite aus nichts weiter zu sagen, darum hielt sie den Mund.

Dann fragte er sie, wie weit sie eigentlich mit ihren Studien sei und sie erzählte ihm, dass sie fast fertig war und schon einmal eine Vertretung in einer Zahnarztpraxis in Glücksburg gemacht hatte.

Bis zu ihrer Abfahrt sah sie Karl-Heinz nicht mehr. Sie hätte ihn gern noch einmal gesprochen, ihm gesagt, dass es ihr leid täte, aber wenn sie es recht bedachte, tat ihr nichts leid. Sie liebte Georg und erwartete sein Kind. Karl-Heinz und sie passten nicht mehr zusammen. Vielleicht wäre alles anders gelaufen, wenn sie beide noch in ihrer alten Heimat gewesen wären. Aber auch daran glaubte sie nicht wirklich.

Sie glaubte eher an eine göttliche Fügung, nach der alles so kommen musste, weil alles vorherbestimmt war. Man wurde an einen bestimmten Platz in seinem Leben gestellt und hatte diesen so gut wie möglich auszufüllen.

Manchmal gab es auch Zeichen, die, wenn man sie richtig deutete, einem Menschen etwas über seine Zukunft sagen konnten. Früher in Ostpreußen waren es vorwiegend die alten Leute, die solche Zeichen erkannten und bewerteten. Das Wissen um solche Dinge war von Generation zu Generation überliefert worden. Durch den Krieg wurde das alte Wissen verschüttet.

Das Volk aus dem Osten war in alle Winde versprengt worden und mit ihm seine Überlieferungen alter Sagen und Geschichten. Es würde Jahrzehnte dauern so etwas wieder zusammenzutragen. Manches war auf ewig verloren.

Je intensiver sich Manuela mit der Wissenschaft beschäftigte, desto mehr rutschte ihr Wissen um parapsychologische Dinge ins Unterbewusstsein ab.

Sie verabschiedete sich gerade von Tante Iris und Lina, als Karl-Heinz sich zeigte. Schließlich hatte er sich durchgerungen ihr Lebewohl zu sagen. Sie wussten beide, dass sie sich in diesem Leben nicht mehr wiedersehen würden. In wehmütiger Stimmung wünschten sie sich ein erfülltes, glückliches Leben. Zum Abschied küsste Karl-Heinz Manuela noch einmal mitten auf die Lippen.

Er weinte.

„So, mein Jung," mischte sich Otto ein, „wir müssen los, sonst verpasst Ela ihren Zug."

Manuela wandte sich um und blickte nicht mehr zurück, als sie in Ottos Automobil saß. Wortlos hörte sie Ottos Erklärungen zu, die sein Auto betrafen.

Dieses Lärm spuckende Gefährt war ein Wunderding der Technik, fand sie und beschloss, von ihrem ersten Geld, was nicht zum Leben benötigt wurde, Fahrstunden in einer dieser überall entstehenden Fahrschulen zu machen. Ohne Fahrstunden konnte sie so ein Gefährt sicher nicht beherrschen. Schließlich musste man doch genau wissen, was man tat, wenn einem Verkehr entgegen kam, oder wer Vorfahrt hatte, war zu lernen. So ein Auto war einfach toll.

Man brauchte keinen Stall, kein Futter, keinen Tierarzt. Die Vorzüge des Autos gegenüber einer Kutsche waren offensichtlich. Schwungvoll bog Otto ab zum Bahnhof.

„Na, hat dir die Fahrt gefallen?", fragte er sie.

„Ja, Otto, es war sehr schön. Ich danke euch für eure Gastfreundschaft. Es war schön euch kennen zu lernen. Für mich ist es eine Beruhigung, dass ihr euch so liebevoll um Karl-Heinz kümmert. Er wird seinen Weg auch ohne mich machen."

Otto erwiderte: „Der Krieg hat eure Weichen anders gestellt. Ihr fahrt nun buchstäblich in völlig verschiedene Richtungen. Aber ich fand's toll dich kennen zu lernen und hoffe auf einen Besuch, wenn du zufällig einmal nach Bayern kommen solltest. Mein Haus steht dir immer offen. Ich spreche auch im Namen von Iris. Leb wohl und werde glücklich. Alles Gute auch für dein Kind."

Mit diesen Worten drückte er ihr ein dickes Stullenpaket in die Hand.

„Sei vorsichtig beim Auspacken." Otto zwinkerte ihr zu.

Er brachte sie noch bis zum Zug und wartete, bis sie in einem Abteil verschwunden war und dort einen Platz gefunden hatte. Erst dann ging er zum Ausgang.

Als Manuela ihren Koffer ins Gepäcknetz gehoben hatte, ließ sie sich schwer auf das Polster fallen. Otto hatte ihr eine Fahrt zweiter Klasse spendiert. Sie war so gerührt, dass sie nun, als sie saß, in Tränen ausbrach.

Das Abteil war gottlob noch leer, so konnte sie ihrem Abschiedsschmerz freien Lauf lassen. Wieder hatte sie eine Tür zu ihrer Vergangenheit zugeschlagen. Als sie sich wieder gefangen hatte, kramte sie in der Manteltasche nach ihren Zigaretten. Die Schachtel war fast leer. Auch ihre Streichhölzer gingen zur Neige.

Nachdem sie geraucht hatte, öffnete sie das Paket, das ihr Otto gegeben hatte. Sie staunte, was da alles zum Vorschein kam. Sie sah die dicken Weißbrotstullen mit feinem Aufschnitt und Käse belegt. In einer Ecke des Pakets lag eine ganze Tafel Schokolade. Bananen, Mandarinen und Äpfel entdeckte sie. Darunter versteckt lagen fünf Schachteln amerikanische Zigaretten, sowie Streichhölzer.

Unter all den Köstlichkeiten fand sie einen Brief. Als sie ihn öffnete, sah sie als erstes das Geld. Zweihundert Mark, ein Vermögen. Mit zitternden Händen las sie die Zeilen, die Otto geschrieben hatte.

„Liebes Kind, gern hätte ich mehr für dich getan, nahm ich doch an, dass Karl-Heinz und du heiraten würdet. Aber nun ist alles anders gekommen und ich wünsche dir und deinem Kind, das du erwartest, einen guten Start ins Leben. Mehr kann ich nicht für dich tun. Aber ich fand es bewundernswert und vorbildlich, dass du deine Entscheidung Karl-Heinz persönlich mitgeteilt hast. Das zeugt von einem guten Charakter. Dein Otto und deine Iris."

Sie faltete den Brief sorgfältig wieder zusammen und legte ihn gerade wieder unter das Obst, als sich die Abteiltür öffnete und eine tiefe Stimme forderte:

„Die Fahrkarten bitte."

Ohne den Schaffner anzusehen, fischte sie ihr Billett aus der Manteltasche hervor und hielt es zum Abknipsen hoch.

„Das ist aber nicht mehr gültig, gnädiges Fräulein", meinte der Kontrolleur streng.

Sie blickte erstaunt hoch und brach in Lachen aus.

„Georg, was machst du denn hier?", rief sie entgeistert.

Er gab ihr ihre Fahrkarte zurück und fragte: „Darf ich mich setzen?"

Sie deutete lachend mit der Hand auf einen der freien Plätze. Dann erzählte er ihr von seinem Aufenthalt in Innsbruck.

„Schon als ich dort eintraf," begann er, „hatte ich verdammte Sehnsucht nach dir und als ich Monika sah, aufgedonnert wie ein Zirkusgaul, behängt mit Schmuck wie ein Tannenbaum, einige Pfunde zu viel auf den Hüften, da habe ich mich gefragt, warum bin ich hier bloß hergefahren. Ich passe nicht in ihre Welt. Die Berge liebe ich auch nur, wenn sie hinter mir liegen und ich wieder Himmel sehen kann. Ich brauche dich und die Nähe der See. Aber nun bist du dran."

Er blickte ihr forschend in die Augen.

Als sie nicht sofort antwortete, hakte er nach:

„Was ist passiert?"

Sie wusste nicht, wie sie es ihm erzählen sollte.

„Fang einfach von vorne an," half er ihr.

Aber sie schüttelte den Kopf und sagte:

„Es ist nicht so einfach wie bei dir. Die Tante und der Onkel waren sehr lieb."

Zerstreut fummelte sie an dem Paket herum. Es klang völlig zusammenhanglos, was sie sagte, fand sie. Sie hatte gar keine Zeit gehabt, um sich auf das Treffen mit Georg vorzubereiten. Wie sollte sie ihm erklären, dass sie schwanger war? Würde er nicht glauben, dass sie Karl-Heinz nur deswegen verlassen hatte? Er würde nie sicher sein, dass sie Karl-Heinz auch ohne schwanger zu sein, verlassen hätte, weil sie ihn schon lange nicht mehr liebte. Sie liebte Georg und wollte mit ihm dieses Kind. Aber in dieser Zeit war es total unpassend ein Kind zu bekommen.

Die Zweifel standen ihr im Gesicht geschrieben und Georg erschrak. Wo war die vertraute Nähe zu Manuela, die er so vermisst hatte?

Verlegen sagte er: „Du, ich glaube, ich muss wieder in meine dritte Klasse zurück. Wenn der Kontrolleur kommt und mich hier findet,"

„...dann lösen wir den Zuschlag für diese Klasse nach," vollendete sie seinen Satz. „Aber du kannst dein Gepäck herholen und dann erzähle ich dir alles."

Ihre Stimme duldete keinen Widerspruch, deshalb ging er sein Gepäck holen. Sie hatte dadurch Zeit gewonnen um ihre Gedanken zu sammeln.

Als ihre Koffer wieder einträchtig nebeneinander lagen, nahm Georg Manuela in die Arme. Er sog den Duft ihrer weichen Haare ein und streichelte sie an Stellen, die in der Öffentlichkeit verboten waren zu berühren. Manuela stöhnte leise und genoss das Glücksgefühl in der Mitte ihres Körpers.

Alles in ihr sehnte sich leidenschaftlich nach seinen Berührungen. Doch dann verspannte sie sich, schob seine Hand energisch weg und sagte: „Georg, ich liebe dich, darum bin ich zu Karl-Heinz gefahren. Ich wollte persönlich mit ihm meine Verlobung auflösen. In dieser Absicht fuhr ich hin. Während ich dort war, habe ich festgestellt, dass ich in anderen Umständen bin."

Sie machte eine Pause und beobachtete aufmerksam sein Gesicht, welches erst keine Regung zeigte.

„Bist du sicher?", fragte er. Dabei legte er seine Hände auf ihren Bauch.

„Ja, Georg, wir erwarten ein Kind", sagte sie ruhig.

Sein Gesicht nahm einen weichen Ausdruck an, als er sagte: „Willkommen in meinem Leben, kleine Mami."

Er küsste sie sehr zärtlich.

Nun entspannte sich Manuelas Körper endlich. Eine Last fiel von ihr und sie zeigte ihm den Inhalt von Ottos Paket. Als der Schaffner kam, lösten sie den Zuschlag für Georgs Fahrkarte.

Als sie wieder allein waren, streckte Georg seine langen Beine aus.

„Du siehst einen glücklichen werdenden Vater vor dir. Wir werden schnell heiraten, damit das Kind meinen Namen bekommt. Liebes, ein Wintermärchen wird war. Alles ganz in Weiß."

Er deutete aus dem Fenster, wo dicke Schneeflocken an der Scheibe vorbeirasten. Da es im Abteil kühler wurde, legten sie ihre Mäntel über die Beine und schliefen, bis an der nächsten Station Fahrgäste zustiegen und die restlichen Plätze in ihrem Abteil auch belegt wurden.

Hochzeit

Wieder in Hamburg, kündigten sie zunächst Manuelas Zimmer. Danach zog sie mit ihren wenigen Habseligkeiten in der Werder Straße bei Georg ein. Auf dem Amt beantragten sie die üblichen Flüchtlingszuweisungen für einen neu gegründeten Haushalt. Sie bekamen jeder ein einfaches Bett, Kochgeschirr, mit dem sie Gerichte auf dem vorhandenen Kanonenofen kochen konnten.

Manuela nähte hübsche runde und eckige Kissen, die auf den Betten verteilt wurden. Von Studienfreunden bekamen sie sogar einen echten Teppich geschenkt, der den Raum gleich gemütlich machte. Jedes Mal, wenn Studienkollegen oder Freunde zu Besuch kamen, wurde ihre Wohnung um ein nützliches Möbelstück reicher.

Kurz vor Weihnachten, Georg war gerade dabei Manuela für ihre bevorstehende Examensarbeit abzufragen, klopfte es an der Tür. Sie erwarteten keinen Besuch. Georg zog die Augenbrauen hoch und ging öffnen. Dick vermummt in einem alten Persianer mit passender Kappe und selbstgestricktem Schal um den Hals geschlungen, stand eine ihm unbekannte Dame vor der Tür.

„Ich möchte meine Tochter besuchen." Georg umarmte sie und bat: „Kommen Sie herein, Schwiegermaman."

Josie schaute ihn befremdet an, trat aber ohne zu zögern ein.

Manuela erhob sich von ihrer Arbeit und begrüßte ihre Mutter erstaunt. Mit diesem Besuch hätte sie nie im Leben gerechnet. Aber so war Josie, unberechenbar. Josie hatte das Gefühl gehabt einmal nach dem Rechten sehen zu müssen. Georg war ihr auf Anhieb sympathisch. Während Manuela versuchte sich weiter auf ihre Arbeit zu konzentrieren, plauderte Josie angeregt mit Georg. Nach einer Weile sagte sie: „Ihr habt es hier sehr gemütlich. Werdet ihr zusammenbleiben?"

Manuela klappte ihr Buch zu und erzählte ihr von ihrem Besuch in Bayern.

Plötzlich fragte Josie: „Wann soll das Baby kommen?"

Erstaunt über ihre Frage, schauten sich Georg und Manuela an. Sie hatten noch keinen Ton darüber verlauten lassen, dass Manuela schwanger war. Josie lachte, als sie die verblüfften Gesichter sah.

„Eine Mutter ahnt so etwas."

„Vermutlich im August", beantwortete Georg ihre Frage.

„Nun, dann wird es ja höchste Zeit die Hochzeitsvorbereitungen zu treffen. Sie müssen auch noch ganz schnell um die Hand von Manuela anhalten. Ihr Vater legt höchsten Wert auf die Einhaltung solcher Zeremonien, junger Mann", äußerte Josie bestimmt.

Sie klärten im Folgenden den geplanten Ablauf der Hochzeit, die natürlich in Glücksburg stattfinden sollte.

Josies Wunsch war es, dass Manuela in der unterhalb der Wasseroberfläche liegenden Kapelle des Schlosses heiraten sollte. Sie dachte daran, wie beeindruckt die Hochzeitsgäste wären, wenn Manuela und Georg in dem berühmten Wasserschloss heirateten.

„Das kriegen wir hin", meinte Georg zuversichtlich.

Er wollte seine Crewverbindungen spielen lassen. Er wusste, dass der Prinz zu Schleswig-Holstein in enger Verbindung zu einem seiner Crew-Kameraden stand. Den würde er fragen, ob sich Josies Wunsch in die Realität umsetzen ließe. Josie war entzückt über seine Verbindungen und bot ihm das „Du" an.

Als später noch Walter vorbeikam, war sie restlos begeistert und flirtete schamlos mit ihm. Walter hatte eine Flasche Wein mitgebracht. Er rückte nicht mit der Sprache heraus, woher er sie hatte, aber sie ließen sich den Wein schmecken. Georg zauberte eine neue Flasche auf den Tisch, als die erste ausgetrunken war.

Nach der zweiten Flasche war Josie ziemlich „beschwipst" und schlief auf Georgs Bett unvermittelt ein. Georg und Manuela legten sich zusammen in ein Bett, während Walter es sich auf einem der alten Sessel bequem gemacht hatte und seine Füße auf Georgs Bett ausstreckte. Josie störte das nicht. Sie schlief tief und fest, denn sie war Alkohol in den letzten Jahren gar nicht mehr gewöhnt gewesen.

Georg flüsterte Manuela zu, bevor sie einschliefen:

„Deine Mutter ist ein tolles Weib. Wäre ich nicht in dich so verliebt, würde ich mich garantiert in sie verlieben."

Manuela kannte die feinen Stiche der Eifersucht, die den Stolz, den sie für ihre Mutter empfand, immer begleiteten. Auch jetzt, obwohl sie sicher war, dass Georg sie liebte, spürte sie die Stiche flüchtig. Sie lächelte, während sie einschlief.

In den nächsten Wochen ging es hektisch zu. Georgs Crew-Kamerad hatte es erreicht, dass sie in der Privat-Kapelle des Prinzen heiraten durften. Sie wurden vor der Hochzeit auf dem Schloss einmal empfangen um mit dem Prinzen persönlich zu sprechen. Das war für beide noch viel aufregender, als der Nachmittag, an dem Georg um Manuelas Hand anhielt, denn Karl hatte seine Zustimmung so lange hinausgezögert, wie Georg brauchte um ihn davon zu überzeugen, dass er eine Familie unterhalten konnte.

Die größte Überraschung war, dass sich zu dieser Hochzeit der Norddeutsche Rundfunk zu einer Sondersendung über die erste Flüchtlingshochzeit im Glücksburger Schloss ansagte. Georg bekam nie heraus, wer den Anstoß zu dieser Sendung gegeben hatte, aber er vermutete, dass sein alter Kamerad Helmut Ahrens seine Finger dabei im Spiel hatte.

Der hatte ihm auch verraten, wo man die passende Hochzeitsgarderobe ausleihen konnte. In dem geliehenen Frack machte Georg eine tadellose Figur. Sein Bruder hatte sich dort auch einen Frack ausgeliehen. Georg wusste sofort, dass Helmut der zweite Pate für sein Kind werden würde.

In ihrem ebenfalls geliehenen, weißen Hochzeitskleid sah Manuela wie verzaubert aus. So schön wie nie erschien sie am Arm ihres stolz neben ihr gehenden Vaters, der sie mit langsamen Schritten zum Altar führte. In einer hofeigenen, verglasten Kirchenbank neben dem Altar saß der Prinz und schaute dem Zeremoniell interessiert zu.

Die Kapelle füllte sich immer mehr. Die Glocken läuteten und auf der Empore, neben dem Orgelspieler, hatten die Reporter des Rundfunks Platz genommen. Sie berichteten live und übertrugen das klare „Ja" Georgs und das leisere Ja-Wort von Manuela in den Äther, sodass es

Millionen Menschen in Deutschland als Zeugen vernahmen. Manuela erinnerte sich später kaum noch an die Worte des Pastors, aber eines behielt sie in ihrem Herzen.

„Ihr seid das Boot, das über das Meer des Lebens segelt. Wenn ihr vor eurem Tod auseinander geht, wird es zerbrechen und untergehen."

Der Rundfunk übernahm die anfallenden Kosten für eine Hochzeitsfeier in einem Restaurant. Im Seehotel wurde bis in die Nacht gefeiert. Georgs Eltern, die kurzfristig eingeladen worden waren, verstanden sich auf Anhieb mit den Eltern von Manuela. Sie besprachen, dass sie sich bald einmal wiedersehen wollten. Besonders Georgs Mutter konnte sich lange mit Josie unterhalten.

Sie waren beide kluge und belesene Frauen, denen nie ein Gesprächsthema fehlte. Manuela war glücklich. Entspannt und erstmalig mit dem Gefühl etwas nun Legales zu tun, vollzogen sie ihre Hochzeitsnacht in einem der angemieteten Hotelzimmer. Wie gut, dass sie Geld auf ihrer Reise gefunden hatten und Onkel Otto ihnen so ein großzügiges Hochzeitsgeschenk gemacht hatte. Die Hochzeitsgeschenke der Verwandten, und das waren weit über dreißig Personen, waren überwältigend. Damit ließ sich ein ordentlicher Hausstand gründen.

Am Morgen nach der Hochzeit wollten Georg und Manuela nach Hamburg aufbrechen. Sie würden mit Helmut fahren, der ein schickes Automobil besaß, in dessen Kofferraum man eine Menge einladen konnte. Sie fuhren bei Josie und Karl vor um ihre Geschenke ins Auto zu laden. Gerade wollte Georg einen großen Teppich zusammenrollen, den sie von Tante Netti bekommen hatten, als sich Karl auffordernd mit einer Axt in der rechten Hand in den Türrahmen stellte und in gefährlichem Tonfall bellte:

„Den bekommst du nur über meine Leiche. Das ist ein Familienerbstück, was dir nicht zusteht!"

Er machte mit der Axt eine Bewegung und dabei einen Schritt auf Georg zu. Georg wich zurück, erschrocken über den unvermuteten Angriff. Sein Gesicht war nun ebenso bleich wie das von Karl, dessen vom Alkohol blutunterlaufene Augen gefährlich glitzerten.

Manuela war hinter Georg aufgetaucht und schrie entsetzt: „Aber Papa!"
Doch Karl brüllte nun: „Raus mit euch, ihr beiden! Fahrt nach Hamburg und kommt erst mal nicht wieder!"
Sie verließen schnell das Haus und rannten zum Auto. Mit zitternden Händen zündeten sie sich Zigaretten an und schrieben den Teppich ab. Sie würden ohne ihn fahren müssen. Manuela kannte ihren Vater. Irgendetwas hatte seinen Jähzorn entfacht.
Karl wandte sich um, als die Kinder geflüchtet waren, und ließ sich von Josie die Axt aus der Hand nehmen. Bei ihr wurde er wieder zahm wie ein hungriger Spatz. Sein Jähzornsanfall war ebenso schnell vorbei, wie er entstanden war. Josie würde bald nach Hamburg fahren, beschloss sie. Den Teppich würde sie als Gepäckstück aufgeben.
Traurig hörte sie das Auto vom Hof rollen. Aber sie wollte nicht riskieren, dass Karl wieder wütend wurde, darum ließ sie die Kinder ohne Abschied fahren. Sie meinte auch den Grund zu ahnen, weshalb Karl so eigenartig reagiert hatte. Gern hätte er bei der Hochzeit seinen eigenen Sohn gesehen. Das war aber nicht möglich, denn Josie hatte ihn von der Familie ausgeschlossen.
In den ärgsten Notzeiten hatte Hubert sie bestohlen um mit seiner damaligen Freundin ein Fest zu feiern. Er war an Josies gehütete Schmuckschatulle gegangen und hatte ein mit Diamanten besetztes Diadem gestohlen und später versetzt, welches ihr Vater ihr zum Debütantinnenball geschenkt hatte. Das Schmuckstück war sehr wertvoll, Josies Bruder hatte behauptet, es stamme original aus dem russischen Zarenschmuck.
Nun gab es nur noch den dazu passenden Ring. Josie war über diesen Verlust untröstlich gewesen, da sie das Einzige, das sie an ihre Eltern erinnerte, verloren hatte. Sie hatte Hubert nie verziehen, was er getan hatte. Sie sagte:
„Ich habe keinen Sohn mehr."
Karl, der viel weicher war, wäre zu einer Versöhnung eher bereit gewesen, fügte sich aber den Wünschen seiner Frau.

Erst sehr viel später, Josie war schon einige Zeit begraben, nahm Karl Kontakt zu seinem Sohn und den beiden Enkelkindern, die in der Zone lebten, auf. Seine finanziellen Zuwendungen verbesserten ihre Lebensqualität entscheidend. So beruhigte sich Karls Gewissen, da er unter Trennung von seinem Sohn immer gelitten hatte und sich mit Selbstvorwürfen gequält hatte, dass er nicht die Stärke bewiesen hatte, seiner Frau gegenüber zu treten und ihr zu widersprechen.

Manuela ahnte nur, dass ihr Geld, das sie dem Vater als Unterstützung zu seiner schmalen Lastenausgleichsrente zukommen ließ, regelmäßig in den Osten zu ihrem Bruder wanderte. Einmal hatte sie zufällig, als sie Karl besuchte, einen Bittbrief von Huberts zweiter Frau gelesen, in dem sie sich überschwänglich für das neue Auto bedankte.

Teil 3

Katja

Am 4.7.47 wurde ich geboren. Meine Mutter hatte einfach keine Lust mehr auf ihren dicken Bauch und ihre aufgeschwemmten Füße. Sie aß ein Pfund Kirschen und fuhr mit ihrem Vater, der seinen Beruf in Spediteur geändert hatte, drei Stunden über Land und über Land fahren hieß damals: jede Menge Schlaglöcher, kurvenreiche Strecken, dass mir schon im Mutterleib schlecht wurde, übrigens eine Eigenschaft, die ich mir bis zu dem Zeitpunkt, als ich selbst den Lappen von der Verkehrsbehörde ausgehändigt bekam, erhalten habe.

Zufällig fuhren sie in Ringsberg bei einer damals hochangesehenen Hebamme vorbei, als ich beschloss die widerwärtige LKW-Fahrt abzubrechen. Mit quietschenden Bremsen parkte mein Großvater das ohnehin schon zu laut klappernde Gefährt direkt vor der Haustür der Hebamme.

Er würgte den Motor ab und half meiner keuchenden Mutter aus dem Führerhaus. Ich konnte schon die milde Sommerluft erahnen. Meine Mutter hastete so schnell sie konnte in das dunkle Treppenhaus.

Zu ihrem Unglück, aber meinem Glück, wohnte die Hebamme eine steile Treppe hoch im ersten Stock des Hauses. Ich wusste, dass meine plattfüßige Mutti diese Hürde nie schaffen würde, also fasste ich mir ein Herz und ließ meine Neugier siegen.

So wurde aus dem geplanten Löwen ein Krebs mehr auf dieser Welt. Mein Großvater, der dicht hinter meiner Mutter die Treppe hochgestiegen war, erfasste geistesgegenwärtig, wie er noch nie zuvor in seinem Leben eine Situation erfasst hatte, die Lage und breitete unter dem Rock meiner Mutter seine riesigen Pranken aus und ließ mich eine sanfte Landung auf der Erde erleben. Seine Worte

„Ach du Donnerlittchen, das Kindchen hast du ja im Galopp verloren. Frau Kruse! Schnell! Oder soll ich die Nabelschnur durchbeißen?", habe ich nie vergessen.

Frau Kruse wuchtete ihre Massen die enge Treppe herunter, zwängte sich an meiner kraftlosen Mama vorbei und nahm mich überraschend zart aus Großvaters schwieligen warmen Händen. Mit geübtem Griff durchtrennte sie die Nabelschnur und trug mich fort von meiner Mutter.

Sie wurde von Großvater die Treppe hinaufgeschleppt. Sie bekam ein frisch bezogenes Bett. Nun sah ich sie noch einmal. Die Hebamme, Frau Kruse, brachte mich zu ihr, in der Hoffnung bei Muttern eine geöffnete Milchbar zu finden, dort versuchte ich mich bis zur Milch durchzubeißen, vergebens, es floss nichts außer Blut.

So entwickelte ich meine kräftige Lungentätigkeit und machte damals schon manchem Sänger Konkurrenz. Aber ich roch Milch im Raum, irgendwo war sie. Deshalb schrie ich so lange, bis ich sie gefunden hatte.

Die Nachbarin von meiner Mutter hatte ein fettes Baby in ihren Armen liegen, das zu faul zum Trinken war. Es war immer schnell satt, mein Großvater sagte, das Kindchen sei ein guter Futterverwerter. Der Frau floss Milch für mindestens zwei Kinder aus der Brust.

Sie erbarmte sich, völlig genervt von meinem Singen, ich denke, dass sie zu meinem Glück sehr unmusikalisch gewesen sein muss, ich durfte bei ihr angelegt werden und trank mich satt - satt - satt, Schluck für Schluck. Ich danke hiermit meiner lieben Amme, die ich später nie wiedersehen sollte.

Sie war eine mitleidige Person, die immer wieder mit Frau Kruse flüsterte, dass ich bei meinem Untergewicht wohl nicht alt werden würde. Sie sagten dies sehr leise, sodass meine Mutter, die sich auf Grund einer Brustentzündung im Fieberwahn auf ihrem Lager wälzte und mich nicht einmal mehr sehen wollte, es nicht hören konnte.

Wer diese schlimmen Vermutungen aber eines Tages mitbekam, war meine hochherrschaftliche Großmutter Josie.

„Sie glauben also, dass das Kindchen nicht lebensfähig ist?",

zischte sie mit unverhüllter Wut in der Stimme. Auf die Antwort wartete sie gar nicht erst, sondern schnappte sich meine Wenigkeit mit den Worten:

„Dieses Marjellchen wird überleben!"

Die Flüchtlingsfrau

Ich überlebe heute noch. Josie und Karl, meine Lebensretter sind nun schon einige Jahre tot, aber ich habe beiden unendlich viel zu verdanken. Sie haben mich in meinen ersten acht Lebensjahren erzogen und geliebt. Meine Mutter hatte so viele eigene Probleme, fast wäre sie an ihrer Brustentzündung gestorben, später spielte ihre Schilddrüse verrückt, Überfunktion, und schließlich musste sie Geld verdienen für Martha, die hauseigene Kuh, meine persönliche Milchlieferantin in den ersten Jahren meines Lebens.

Josie scherte sich wenig darum, ob ich Milchschorf oder Durchfall bekam, für sie zählte nur, dass ich zunahm. Und genau das tat ich. Ich legte einige Fettzellen und Reserven an, die mir bei späteren Diäten, durch die ich versuchte mein ständiges Übergewicht zu reduzieren, immer zu schaffen machten und meine Absichten eine schlanke Figur zu erzielen, grausam boykottierten.

Meine Kindheit war wunderbar. Ich wuchs als Naturkind auf. Meine ersten Spielkameraden waren Tiere. Kleine Gössel, die hinter mir her watschelten, also meinen Gang perfekt imitierten. Ich liebte sie so sehr, dass ich sie an mich drückte, was sie leider nicht vertrugen.

Junge Katzen liebte ich ebenfalls sehr. Aus meinen Erfahrungen hatte ich aber gelernt. Sie lebten länger als die Gössel. Springende Frösche fand ich gleichfalls höchst interessant. Am liebsten aber kletterte ich wie ein Junge auf Bäume, wünschte mir dabei ein Vogel oder mindestens ein Junge zu sein. Das wäre wohl auch der Wunsch meiner Eltern gewesen.

Bei einem ihrer alle vier Wochen stattfindenden Besuche erzählte mir mein Vater, dass meine Großmutter mir meinen Namen ausgesucht hatte. Sie hätten nur an einen Jungennamen gedacht. Josie hatte sich für den Namen Ada Katharina entschieden. Meine Mutter war damit einverstanden gewesen, nannte mich aber nur Katja.

Hamburg

In den folgenden Jahren wuchs Katja weitgehend ohne ihre Mutter auf. Josie kümmerte sich um Katja wie eine Mutter. Die Leute in dem Ort Glücksburg dachten, Josie sei Katjas Mutter, denn Josie nahm Katja überall mit hin. Wie ein Schoßhündchen folgte Katja ihr. Sie war ein verträumtes Kind ohne echte Spielkameraden.

So erfand Katja sich eine Freundin. Ihre beste Freundin hieß Ada. Mit Ada erfand Katja eine eigene Sprache, in der sie manchmal auch zu Josie sprach. Josie begriff nicht immer, verlor aber nie die Geduld. Sie versuchte das Mädchen immer zu verstehen.

Als Katja vier Jahre alt wurde, fuhr sie zum ersten Mal mit ihrer Großmutter in die Großstadt Hamburg. Sie war sehr beeindruckt von der Zugfahrt. Neugierig fragte sie alle zehn Minuten:

„Wo sind wir jetzt?"

Josie kam nicht dazu einmal ein wenig zu dösen. Die Kleine war zu aufgeregt. Endlich war der Hauptbahnhof da. Georg holte sie am Bahnhof ab. Stolz führte er die Ankömmlinge zu einem Parkplatz.

Dort deutete er auf seine jüngste Errungenschaft: ein schwarzes, altes Auto der Vorkriegsmarke Adler. Darin konnte man mit einem Zylinder auf dem Kopf noch sehr bequem sitzen.

Katja staunte genauso wie Josie.

„Ja, kannst du das Viech auch kutschieren?", fragte sie zweifelnd.

Er lachte und sagte: „Steigt schon mal ein. Ich muss ihn mit der Kurbel anwerfen."

Nach zwei bis drei Umdrehungen lief der Motor wie am Schnürchen. Georg stieg ein und los ging die Fahrt. Josie war begeistert und für Katja war ihr Vater der Größte.

Die Fahrt war lang, denn es ging ganz bis nach Rothenburgsort, einem Stadtteil nicht unweit der Elbe. Dort war es Manuela gelungen, durch eine Praxisvertretung bei einem alten Zahnarzt, dessen Praxis, nach seiner Aufgabe aus Altersgründen, zu übernehmen.

Die Praxis befand sich in einem kleinen Holzhaus, in dem außer dem Praxisraum noch ein Wohnzimmer, ein Schlafraum und eine kleine Küche waren. Georg nannte sie nur Pantry, weil sie die Ausmaße einer winzigen Schiffsküche hatte.

Zusätzlich hatten sie eine Garage gemietet, zu der man über den Hof gehen musste. Diese Garage war in Eigenarbeit zu einem Kinderzimmer umgebaut worden. An der Stirnseite, der Eingangstür gegenüber, lag ein Fenster, aus dem man in den Garten des ehemaligen Doktors hineinsah.

Hier sollte die kleine Katja wohnen. Da der Raum groß genug war, hatte Georg Josie auch ein Bett hineingestellt. Das war beiden nur recht, da sie sich nicht gern trennten.

Doch gleich der erste Abend wurde für Katja zu einem Desaster, aus dem sich ein Trauma entwickelte, das ihr ein Leben lang zu schaffen machen sollte. Es war aber nicht der Schreck, den sie schon am Nachmittag erlitten hatte, als sie aus dem geöffneten Fenster zum Garten des alten Leidemann geblickt hatte und plötzlich ein gefährlich knurrender, zähnebleckender, schwarzer Schäferhundkopf direkt vor ihrem Gesicht aufgetaucht war. Mit einem spitzen Schrei war sie hintenüber gekippt. Dabei hatte sie sich am Hinterkopf eine Beule geholt, die Josie mit einer kalten Messerschneide gekühlt hatte.

Walter, der erfolgreich Medizin studiert hatte, war auch gerade im Haus und stellte fest, dass ihr weiter nichts fehlte.

„Keine Gehirnerschütterung. Sie hat deinen dicken ostpreußischen Schädel geerbt, Georg."

Alle lachten erleichtert, aber trotzdem musste Katja zwei Stunden Mittagsschlaf halten.

Eine Stunde hielt sie es auf dem Feldbett aus, dann ging sie an das Fenster, das sie beschlossen hatte nie wieder zu öffnen, und beobachtete hinter den Gardinen den bösen, schwarzen Hund, der nun vergnügt im Garten herumtollte.

Sie beneidete den Hund, weil er nicht wie sie eingesperrt war. Sie sehnte sich nach ihrem Garten in Glücksburg. Nein, in Hamburg gefiel es ihr überhaupt nicht. Die Spielsachen rührte sie nicht einmal an.

Nachdem der Mittagsschlaf vorüber war, wurde ihr Kinderzimmer aufgeschlossen und sie durfte hinüber ins Holzhaus.

Als erstes fiel ihr der riesige bis zum Boden reichende Spiegel in dem Eingangsflur auf. Sie drehte und wendete sich. Noch nie hatte sie sich in voller Größe sehen können. Bei Josie gab es nur einen kleinen Spiegel im Badezimmer, in dem sie sich nie sehen konnte, weil sie noch zu klein war. Sie stand vor dem Zauberglas und schnitt Grimassen, machte Verrenkungen, bis sie sich selbst zum Lachen gebracht hatte.

Da kam Georg mit einem großen Laken und verhüllte den Spiegel. Er sagte streng:

„Du wirst sonst ein eitles Frauenzimmer."

Dann setzte er Katja auf seinen Drehstuhl aus der Praxis und kutschierte sie durch die Räume. Aber den Spiegel konnte sie nicht vergessen. Davor hätte sie zu gern die Hüte von Josie aufprobiert, wie sie es aus Spaß manchmal zu Hause taten. Um sieben Uhr meinte Georg:

„Nun ist bald Zapfenstreich für unsere Kleine."

„Ach lass sie doch noch ein bisschen dabei", bat Manuela.

Die Erwachsenen machten nach dem Abendbrot Wein auf und fingen an zu trinken. Sie wurden immer lustiger und lauter und konnten sich vor lauter Zigarettenqualm kaum sehen. Katja wurde immer müder und stiller. Sie schlief zwischen Josie und Manuela auf dem Sofa fast ein.

Schließlich sagte Josie: „Ich bring sie schnell rüber und komm dann wieder."

Sie nahm Katja an die Hand und ging mit ihr vor die Haustür. „So Schatz, du läufst jetzt schnell hinüber. Die Tür hatte ich heute Mittag ja nicht abgeschlossen. Sie ist also noch offen."

Sie gab Katja einen Kuss und schickte sie mit einem Klaps los. Als Katja an der Tür war, drehte sie sich um und winkte. Josie winkte auch und kehrte dann ins Haus zurück. Sie hatte nicht gewartet, bis Katja im Zimmer verschwunden war.

Draußen braute sich über der Stadt ein heftiges Sommergewitter zusammen. Es war so stark, dass es über die Elbe, die oft als natürliche Wasserscheide wirkte, herübergekommen war. Fasziniert von dem dunklen Himmel stand Katja immer noch an der Tür.

Sie beobachtete die ersten lautlosen Blitze und erst als die ersten dicken Tropfen fielen, drehte sie am Knauf der Tür. Was sie und Josie nicht wussten, war, dass die Tür, wenn sie ins Schloss gefallen war, von außen nur noch mit dem Schlüssel zu öffnen war.

Die Tür ließ sich nicht öffnen. Katja rüttelte nun an der Tür, aber sie blieb zu. Sie lief nun durch den heftiger werdenden Regen zum Holzhaus. Doch auch diese Tür war verschlossen. Nun folgte jedem Blitz ein rollender Donner.

Niemand im Holzhaus bemerkte das Klopfen des kleinen Mädchens, welches immer verzweifelter wurde. Es presste sich voller Angst an die Eingangstür des Holzhauses. Bei jedem grellen Licht, das aus dem Himmel schoss, legte sie voller Panik ihre Hände vor die Augen. Bei dem darauf folgenden Gepolter in den schwarzen Wolken hielt sie sich kreischend die Ohren zu.

Die Tränen rannen ihr nun zusammen mit den Regentropfen wie Sturzbäche über die Wangen. So verlassen wie sie fühlte sich in diesem Augenblick kein anderes Kind auf der Welt. Schluchzend sank sie an der Haustür zusammen. Sie zitterte am ganzen Körper, durchdrungen von ihrer panischen Angst vor dem Gewitter und dadurch, dass sie völlig durchnässt und übermüdet war.

Doch ein Gefühl senkte sich in dieser Nacht auf den Grund ihrer Seele, das sie später nie als solches identifiziert hätte, und wenn sie es doch in seltenen Momenten wiedererkannte, sofort verdrängte: Hass!

Spät in der Nacht, das Gewitter war längst fortgezogen, wurde sie zufällig von Walter, der auf dem Hof austreten wollte, gefunden. Er trug die schlafende Katja in das Garagenzimmer, wo sie am nächsten Morgen neben der schnarchenden Josie erwachte und glaubte einen schlimmen Albtraum gehabt zu haben.

Sie erzählte niemandem von ihrem Erlebnis. Nur wenn es gewitterte, stieg in ihrer Brust jedes Mal die ihr bekannte Angst hoch und schnürte ihr den Hals zu, auch noch, als sie erwachsen war.

Als sie sechs Jahre alt war, kam Katja in die erste Klasse der Grundschule in Glücksburg. Da sie sich mit Erfolg geweigert hatte, in den Kindergarten zu gehen, kannte sie nicht einen von ihren Mitschülern.

Sie lernte schnell und als sie acht Jahre alt war, holten Georg und Manuela ihre Tochter nach Hamburg, wo sie in die zweite Klasse kam.

Georg arbeitete, nachdem er seinen Doktor gemacht hatte, nur noch allein in der Praxis. Manuela sollte sich um Katja kümmern, die sie Strenge und Ordnungsliebe spüren ließ. Unerbittlich errichtete sie mit Katjas Kleidungsstücken kleine Scheiterhaufen mitten im Zimmer und lehrte Katja, wie man Pullover zusammenlegte und Naht auf Naht in den Schrank packte.

Sie war grundverschieden von Josie, deren Erziehungsstil sie nicht billigte und Katja litt stumm. Sie flüchtete wieder in ihre Traumwelt. Am liebsten hielt sie sich in dem kleinen Garten auf der Rückseite des Hauses auf, das sie nun bewohnten, seit sie in Hamburg war. Sie beobachtete die Vögel, erfand Geschichten auf transmongolisch, wie sie ihre Sprache nannte. Nach einer Weile ergab sich ein Kontakt zu einem Mädchen in ihrem Alter, das über ihr wohnte.

Sybille

Sybille, ein mageres Kind mit einem Spitzmausgesicht, ging mit Katja in dieselbe Klasse. Sie trafen sich immer auf den Wegen zur Schule und von der Schule nach Hause. Dabei stritten sie sich meistens. Die quirlige, muntere Sybille hatte noch zwei ältere Schwestern und hatte früh gelernt ihre Ellbogen zu benutzen, um ihren Willen bei ihrer oft überforderten Mutter durchzusetzen. Hatte sie etwas angestellt, erreichte sie es meist durch eine List, dass eine der älteren Schwestern bestraft wurde.

Die in sich gekehrte, etwas schwerfälligere Katja bildete oft ein Ziel für Sybilles Aggressionen. Eines Mittags, die Mädchen waren gerade zu Hause angelangt, schaute Manuela durch den Spion ihrer Haustür und sah, wie Sybille auf ihre in der Ecke stehende, sich völlig passiv verhaltende Tochter mit ihren kleinen Fäusten eindrosch.

Manuela riss die Tür auf und schimpfte auf Sybille. Eingeschüchtert ließ sie von Katja ab und flitzte wie ein Blitz zur Treppe, die zu ihrer Wohnung führte. Manuela war fassungslos. Ihre Tochter heulte nun. Vorwurfsvoll fragte Manuela:

„Was ist los? Kannst du dich nicht gegen den kleinen Wurm verteidigen?"

Katja schluchzte und schüttelte den Kopf.

Was wusste die Mutter schon davon, wie hart Sybille sie attackierte, wie spitz ihre Knochen waren, wie grausam sie an den Haaren reißen und wie gemein sie treten und beißen konnte. Sybille tat immer freundlich, sobald Erwachsene dabei waren. Alle fanden sie sehr niedlich.

Aber Katja wusste es besser. Sybille war ein Biest, das log und stahl. Wie oft schon hatte sie sich ihren Vierfarbstift heimlich wiederholen müssen. Oder das neue „Heidi-Buch", das Sybille ebenfalls an einem Nachmittag hatte mitgehen lassen. Katja war jedes Mal überrascht über so viel Niedertracht. Sie fühlte voller Bitterkeit ihre Wehrlosigkeit.

Sie hatte nur eine Verbündete im Dreimädchen-Haus, das war Sybilles Schwester Thora, die auch unter Sybilles Verhalten litt. Thora nahm Katja manchmal in den Arm und tröstete sie. Sie wies Sybille zurecht, wenn sie beim Schummeln erwischt wurde, als sie zusammen „Mensch ärgere dich nicht" spielten.

Wäre Josie bei ihr gewesen, hätte sie ihr von ihrer neuen Feindin erzählen können, aber Manuela wollte sie es nicht erzählen. Katja hatte das Gefühl, als dürfe sie ihrer Mutter keine Schwächen zeigen. Deshalb ertrug sie meistens, ohne anschließend zu klagen, Sybilles Angriffe. Sie musste ja auch die Attacken der anderen Kinder erleiden, die sie verhöhnten und hänselten, sogar der Direktor der Schule meinte eines Tages lachend zu ihr:

„Na, Marjellchen, dir heert man ja auch an, dass deine Eltern aus Ostpreißen stammen."

Katja lief rot an und wäre am liebsten im Erdboden versunken. Es dämmerte ihr, dass zwischen ihr und den anderen in der Klasse ein Unterschied bestand. Sie begriff in diesem Moment, was es bedeutete, wenn die Großmutter abfällig von den „Hiesigen" sprach. Sie hatte Angst und wünschte, sie hätte in Ostpreußen leben können, wo nach den Erzählungen ihrer Großmutter alles besser gewesen war.

Am Abend sagte Georg zu ihr:

„Komm mal zu mir, meine Große. Ich habe von deiner Mutter gehört, dass du von Sybille verprügelt wirst. Ist das schon öfter passiert?"

Katja nickte stumm. Sie spürte Angst vor ihrem Vater, der manchmal sehr streng sein konnte. Er sah, dass ihre Augenwinkel verdächtig glitzerten.

„Keine Angst, ich will dir nur helfen. In Zukunft wird sich deine Freundin wundern. Du wirst jetzt bei mir boxen lernen."

„Was ist das?", fragte Katja.

„Du lernst bei mir, wie man sich selbst verteidigt. Du darfst dir von Sybille und auch von anderen nichts gefallen lassen, sonst werden sie immer dreister."

Mit diesen Worten nahm Georg ihre Hände und brachte sie in Abwehrhaltung. Er zeigte ihr, welche ihre Führhand war und mit welcher Hand sie schlagen sollte. Gerade führte er ihre Hand bis zu seiner Nasenspitze.

„Du schlägst mit dieser Hand ganz gerade nach vorne, mitten in ihr Gesicht, wenn sie dich noch einmal angreift. Merk dir, genau auf die Nasenspitze, mit Wucht und all deinem Gewicht. Wahrscheinlich ist sie so geschockt, dass sie dich nie wieder anfasst. Nun übst du das einmal bei mir. Kräftig boxen."

Unter seiner Anleitung lernte sie die Anfänge des Boxsports. Erst wagte sie nicht den Vater zu treffen. Doch er forderte sie auf immer kräftiger zu schlagen. Lachend wehrte er ihre Schläge ab. Er freute sich über die Fortschritte seiner Tochter. Verbissen trainierte sie weiter, bis Georg ihre Fäuste festhielt und rief:

„Ich glaube, es reicht fürs erste. Ich werde einen blauen Arm bekommen. Sanitäter, meine Tochter schlägt mich!"

Dann nahm er Katja in seine starken Arme und drückte sie fest an sich. Katja nahm sich in diesem Augenblick vor ihren Vater nicht zu enttäuschen. Sie fieberte einer nächsten Begegnung mit Sybille entgegen um das anzuwenden, was ihr Vater sie gelehrt hatte. Sie bedauerte nur, dass er wahrscheinlich nicht dabei sein konnte, wenn es geschah.

Als es einige Tage später tatsächlich passierte, kostete Katja ihren Triumph über Sybille ganz alleine aus. Verwundert hockte ihre Gegnerin nach dem einen bewussten Treffer in einer Ecke des Flurs und rieb sich heulend die verletzte Nase. Katja stand ebenfalls verwundert in der Ecke gegenüber. Sie staunte darüber, welche Wirkung ihr Schlag gehabt hatte.

Gerade wollte sie sich der Wohnungstür zuwenden um zu klingeln, als Sybille kleinlaut bat:

„Du, Katja, wollen wir ab jetzt Freunde sein?"

„In Ordnung. Wir können ja heute Nachmittag etwas spielen", schlug Katja vor.

Seit diesem Tag stritten sie sich fast nie mehr. Sie wurden beste Freundinnen bis zur Prüfung zum Gymnasium, die Katja bestand und Sybille nicht.

Auch zwischen den Eltern von Sybille und Katja hatte sich bis dahin ein freundschaftliches Verhältnis angebahnt, das aber schnell einfror, als Sybille die Prüfung zur Oberschule nicht bestand. Ihre ehrgeizigen Eltern konnten es nicht verwinden, dass die angeblich schwerfälligere Katja so leicht auf das Gymnasium aufgenommen wurde.

Manuela war traurig. Sie hatte gehofft in Sybilles Mutter eine gute Freundin zu finden. Doch nun zerplatzte ihre Hoffnung wie eine Seifenblase. Darum fing sie nun ihrerseits an zu sticheln:

„Katja, die Sybille Gebhard ist kein guter Umgang für dich. Sie ist ein dummes Mädchen."

Katjas Großmutter Gertrud, die Mutter von Georg, schrieb ihr ins Poesiealbum:

„Gesell dich einem Bessern zu, dass mit ihm deine bessern Kräfte ringen. Wer selbst nicht weiter ist als du, der kann dich auch nicht weiter bringen."

Doch Katja besuchte die drei Schwestern noch so häufig, wie es ihre Zeit zuließ und allmählich normalisierte sich das Verhältnis zueinander wieder.

Manuela und Georg besaßen nun eine aufstrebende Zahnarztpraxis. Georg arbeitete sehr viel. Er kam spät am Abend nach Hause und überließ die Erziehung von Katja weitgehend Manuela.

Manuela machte regelmäßig mit Katja Schularbeiten. Ungeduldig trieb sie Katjas Wissensstand voran, wollte angeblich immer das Beste für ihre Tochter, forderte Fleiß und Präzision, ließ Katja aber morgens fast immer ohne Frühstück zur Schule gehen.

Manuela schlief gerne lange, da es abends immer spät wurde. Oft hatten sie und Georg Gäste, die es so gemütlich bei den Haitings fanden, dass sie ihr zu Hause zu vergessen schienen. Gäste, die über Nacht blieben, weil sie zu viel Alkohol genossen hatten, waren keine Seltenheit. Schon in ihrem Elternhaus hatte Manuela eine gute Gastfreundschaft von Kind auf an kennen gelernt. Die Gäste blieben damals oft tage- oder wochenlang.

Genauso handhabte sie es in ihrem Haus. Freunde waren immer willkommen. Je besser Georg in ihrer Doppel-Praxis verdiente, um so größer war der Zuwachs ihrer Freunde.

Oft waren auch Walter und Janne dabei, wenn Manuela und Georg eine größere Gesellschaft gaben.

Lena

Jedes Wochenende fuhr die Familie zum Segeln. Bald reichte die „Lobo del Mare" vom Platz her nicht mehr aus. Georg erstand in Dänemark einen äußerst seetüchtigen Spitzgatter namens „Lena". Manuela und Georg machten mit diesem Schiff ausgedehnte Urlaubsreisen über die Ostsee. In den großen Ferien segelten sie bei leichten Winden bis nach Bornholm.

Katja hatten sie nach Glücksburg zu ihrer geliebten „Omi" geschickt. Josie duldete diese Anrede ihrer Enkeltochter gern. Nun sagte auch Manuela oft „Mama" und Josie hatte sich daran gewöhnt oder es ihrem Alter entsprechend akzeptiert.

Auf Bornholm lebte Manuela auf. Die kleinen Fischerhäuser erinnerten sie an die Katen auf der Kurischen Nehrung. Georg und sie durchstreiften Hand in Hand die Insel, als suchten sie verlorenes Glück.

Sie sahen den Fischern beim Netzeflicken zu, erklommen den höchsten Punkt der Insel um von dort aus in Richtung Ostpreußen zu blicken und stumme Grüße an die alte Heimat zu senden. Am Abend, wenn sich der Wind gänzlich gelegt hatte, saßen sie im Cockpit und aßen ihr Abendbrot, fütterten die Möwen mit Weißbrotrinden und schauten ihnen dabei zu, wie sie sich im Flug gegenseitig die Stücke wegschnappten.

Manchmal dachte Manuela an ihre Tochter. Dann verspürte sie ein schlechtes Gewissen, weil sie Katja nie auf ihre Reisen mitnahmen. Doch sie beruhigte ihr Gewissen damit, dass sie sich einredete, die Besuche bei der Großmutter wären genau das Richtige für Katja und Josie, die nun endlich wieder zusammen waren.

In den Großen Sommerferien empfand Manuela das dringende Bedürfnis auch Urlaub von ihrer Beziehung zur Tochter nehmen zu müssen. Das Mädchen strengte sie an. Sie vermochte sich nicht ihrer Tochter so zu öffnen, wie Josie es gelungen war.

Es versetzte Manuela oft einen Stich, wenn sie mitbekam, wie selbstverständlich und natürlich der Umgang zwischen Josie und Katja war.

Sie hörte manchmal, wie Katja am Telefon der Großmutter ihre Erlebnisse sprudelnd erzählte. Ausgelassen konnten die beiden miteinander lachen, bis sich einer von ihnen vor Lachschmerzen krümmte.

Manuela ahnte, dass sie niemals auf dieser Stufe mit ihrer Tochter umgehen könnte. Sie hatte Sehnsucht danach, aber ihre Charaktere waren einfach zu verschieden um auf einer Wellenlinie zu schwimmen.

Wenn Manuela aber auf der sich in der Dünung wiegenden „Lena" neben Georg saß, war sie mit sich und der Welt eins, dann empfand sie Ruhe und die Naturverbundenheit, die sie in ihrer Kindheit zurückgelassen hatte. Neben Georg war ihre Welt in Ordnung und sie konnte ihr Glück tief empfinden.

In Hamburg dagegen, war sie oft gereizt, weil Katja andere Gehirnwindungen zu haben schien als sie selbst. Sie war ihrer Rolle als Gouvernante leicht überdrüssig, denn sie erkannte , dass Katja sie höchstens als „Ersatzmutter" ansah, und die Tatsache, dass ihre Großmutter nicht ihre leibliche Mutter war, schlichtweg leugnete. Katja bemerkte nicht, dass ihre richtige Mutter oft unter ihrem abweisenden Verhalten litt.

Da sie Manuela einen Zugang zu ihrer Seele verweigerte, bekam sie nicht mit, wie ihre Mutter den Mangel an Liebe von ihrer eigenen Tochter zu kompensieren versuchte. So entwickelte Manuela ein gestörtes Essverhalten. Manchmal trieb sie die Sucht nach etwas Süßem an die Pfanne, wo sie sich Buttersahnebonbons zubereitete.

Wenn sie Katja davon anbot, nahm diese meist aus Höflichkeit ein oder zwei der klebrigen, übersüßen Bonbons und verzichtete auf mehr. Fast angeekelt sah sie ihrer Mutter zu, wie diese die vermeintliche Köstlichkeit direkt aus der Pfanne aß, bis nichts mehr davon übrig war.

Helen

„Zwölf lange Wochen bist du nun im Krankenhaus." Katja streichelte ihrer Mutter die Hände. Sie entsann sich, wie sie früher, als sie noch ein Kind war, immer eine Scheu beim Berühren ihrer Mutter gehabt hatte. Wenn sie in Glücksburg von ihr besucht wurde, kroch sie manchmal leise zu ihrer schlafenden Mutter ins Bett. Doch nach einer Weile Stillliegen, sie wollte ihre Mutter auf gar keinen Fall wecken, hielt sie es in der Hitze, die unter Mutters Bettdecke herrschte, nicht mehr aus.

„Tatsächlich?", fragte Manuela ungläubig. „Ich weiß gar nichts mehr davon."

Unruhig bewegte sie ihre dünnen Beine unter der Bettdecke hin und her.

„Bis gestern sind die Ärzte davon ausgegangen, dass du Darmkrebs im vierten Stadium hättest."

Manuela schloss die Augen.

„Mama, hör mir zu," fuhr Katja fort, „wir wissen jetzt, dass du keinen Krebs hast. Du kannst gesund werden. Du musst es nur wollen."

Enttäuscht blickte Katja aus dem Krankenzimmerfenster. Warum reagierte ihre Mutter immer anders, als sie es sich erhoffte?

„Mama, das ist doch ein Erfolg."

„Ja, Katja, das ist schön. Aber wofür soll ich weiterleben?", hörte Katja Manuelas Stimme sagen.

„Ich gehe bald auf meine letzte Reise. Das weißt du, Kind."

„Nein, Manuela", hörte Katja Helen sagen, die bis dahin still zugehört hatte, „da oben will man Sie noch lange nicht haben. Wenn es nämlich so wäre, hätten Sie bestimmt Krebs, meine Liebe. Außerdem haben Sie doch noch eine Familie, die Sie liebt. Das wollen Sie doch ihrer Tochter noch nicht antun!"

Manuela hatte bei diesen Worten die Augen wieder geöffnet. Nun fragte sie:

„Können Sie mir das mit Sicherheit versprechen?"

Helen ließ ihr Lachen in den Raum perlen und gleich schien er hell und licht zu werden, als wäre er von Sonne durchflutet.

„Manuela, ich garantiere Ihnen, dass Sie wieder gehen werden und mich eines Tages besuchen. Hiermit lade ich Sie schon einmal herzlich ein. Und das wird nicht vergessen."

Manuela lächelte und drückte Katja die Hand.

Katja musste wieder daran denken, wie ihre Mutter ihr erzählt hatte, dass sie sich in Panamà das Leben nehmen wollte. Wie verzweifelt und allein musste sie sich gefühlt haben.

Wäre sie doch nur schon eher gekommen, bevor die schreckliche Krankheit von ihr Besitz ergreifen konnte. Ich habe sie erst nicht davon überzeugen können, dass es besser für sie war wieder nach Europa zu kommen.

Wahrscheinlich konnte ich sie niemals von irgendetwas überzeugen. Da kommt nun eine Wildfremde und verbreitet auf einmal eine unglaubliche Zuversicht. Ich erkenne das Leuchten der Hoffnung in den Augen meiner Mutter. Mama, ab jetzt sage ich Mama.

Katja hatte Recht. In Manuela keimte ein Funken Hoffnung. Wer war dieser Engel, der da zu mir spricht, dachte sie. Sie sagt, ich habe eine Tochter. Es stimmt, ich habe wieder eine Tochter.

Lange Jahre hatte ich keine mehr, aber ich habe eine Tochter und ich muss leben. Ich hatte schon aufgehört zu leben. Aber vielleicht kann ich mein Glück, eine Tochter zu haben, noch ein wenig erleben.

Spanien

Das Verhältnis zu meiner Mutter war während meiner gesamten Schulzeit in Hamburg überschattet davon, dass ich nicht in ihrer Nähe aufgewachsen war. Meiner Mutter fehlten die wichtigen kleinen Erfolgsschritte, die sonst Mutter und Kind verbinden. Von meinen ersten Krabbelversuchen wurde ihr berichtet. Als ich das erste Mal aufrecht stand, wurde es ihr erzählt. Selten bekam sie etwas hautnah mit.

Für sie war ich das Kind aus zweiter Hand. Meine ungeteilte Liebe gehörte niemals ihr. Lange hatte ich deshalb ein schlechtes Gewissen, obwohl ich für diese Entwicklung doch nichts konnte.

In Hamburg kam ich mir wie ein Internatszögling vor, der vor Heimweh fast verging. Dann ermöglichten mir meine Eltern zu reiten. Aber ihre Idee war auch dies nicht. Durch die Großeltern entdeckte ich meine Liebe zu den Pferden. Während der Sommerferien hatte ich angefangen zu reiten.

Auf dem Pferderücken fühlte ich mich glücklich. Ich ritt mit dem Großvater durch den Wald. Wieder eine Sache, die ich nur mit den Großeltern teilen konnte, nicht aber mit meinen richtigen Eltern. Sie hatten so viel Respekt vor Pferden, dass sie sich nur von weitem herantrauten, von der Tribüne beim Galoppderby war es für sie in Ordnung, aber bitte nicht dichter.

Um so erstaunlicher war es, dass ich in Hamburg weiter Reitstunden bezahlt bekam. Ich denke, dass Manuela hoffte auf diese Weise einen Zugang zu mir zu finden, aber sie zeigte kein wirkliches Interesse für das, was ich vom Reiten erzählte.

So begnügte ich mich bald nicht mehr ausführlich zu erzählen, wenn sie mich fragte, wie es gewesen war, sondern sagte einfach nur: „Gut!"

Das reichte, weil nie nachgehakt wurde, sondern bald zu anderen Themen übergegangen wurde.

Nach vier Jahren passierte dann mein schlimmster Reitunfall, bei dem ich mir drei Rückenwirbel brach. Ich konnte die Folgen dieses Sturzes ein Vierteljahr verschleiern, brach dann aber endgültig zusammen und kam in eine Klinik, in der man mir ein Gipsbett verpasste, ohne das ich zwei Jahre lang nicht schlafen konnte. Ein halbes Jahr musste ich fest in diesem Panzer liegen. Es war die Hölle.

Von dem Tag an, als ich die Untersuchung in der Klinik hatte, hieß es, auf Anordnung des Professors, dass ich nie wieder in meinem Leben reiten dürfte. Meine erste Intention war mich umzubringen. Ich suchte verzweifelt nach sicheren Möglichkeiten meinem Leben ein Ende zu setzen. Aber ich kannte keine todsichere Todesart. Ich wollte dabei ja auch keine Schmerzen haben, denn ich fand, dass ich genug Schmerzen gehabt hatte in meinem kurzen Leben. Die Seiten meines Tagebuchs quollen vor Selbstmitleid über.

Vielleicht hatte meine Mutter besorgt um meinen Seelenzustand mein Tagebuch gelesen, auf jeden Fall beschloss sie mit mir eine Urlaubsreise nach Spanien zu machen. Mein Gipsbett kam selbstverständlich mit.

Außer in Dänemark war ich noch nie im Ausland gewesen. Ich war aufgeregt auf all das Neue, was ich sehen sollte und meine Selbstmordgedanken verschwanden wie von selbst.

Meine Mutter lernte ich zu bewundern. Es war grandios, wie selbstsicher sie sich im Ausland bewegte. Alles, was sie wollte, bekam sie. Dazu reichten ihre Spanischkenntnisse wohl aus.

Ich war überwältigt von der jasmingeschwängerten Luft an der Costa del sol. Von dem Swimming-pool unserer Hotelanlage war ich hellauf begeistert. Das Hotel „Mirarmar" war eines der gehobenen Klasse. Den ganzen Tag verbrachte ich in dem herrlichen blauen Wasser und kam mir vor wie in einem Film. Bisher kannte ich solche Pracht nur aus Kinofilmen.

Am dritten Tag kündigte sich mit rasenden Kopfschmerzen ein Sonnenstich an. Ich erbrach mich und blieb einen langen Tag im verdunkelten Zimmer liegen. Dann ließen die Schmerzen nach und ich nahm meine Mutter, die eine besorgte Miene aufgesetzt hatte, wieder wahr.

Die Flüchtlingsfrau

Heute frage ich mich, warum sie mich nicht vor der Sonne gewarnt hatte. Wo war sie während der Stunden, die ich allein wimmernd in meinem Zimmer lag. Warum holte sie nie einen Arzt? Verstand sie genug von der Medizin um mich zu kurieren?

Warum brachte sie mich nicht zu einem Psychologen, als die für mich verheerende Diagnose bekannt wurde: Nie wieder reiten! Wie soll das ein Kind ohne Hilfe von außen bewältigen, wenn es gerade den Sport liebt? Fragen, die ich nie gestellt habe, Fragen, die nie beantwortet wurden. Fragen, die mich manchmal heute noch quälen. Fragen, die wieder aktuell wurden, als mein eigener jüngster Sohn schwer krank wurde und seinen Fußballsport nicht mehr ausüben durfte und konnte.

Ich kämpfte mit meiner Übelkeit, mit meinen rasenden Kopfschmerzen, versuchte den Ausschaltknopf für die mahlenden Zahnräder unter meiner Schädeldecke zu finden, war erfolglos bei dem Versuch mich mit meinem Kopfkissen zu ersticken, hatte nicht mehr die Kraft mich mit dem unhandlichen Gipsbett zu erschlagen. Nach etwa zwei Tagen erkannte ich meine Mutter wieder. Sie legte mir gerade einen kühlen nassen Lappen auf die Stirn.

„Liebes, Katielein, du hattest einen Sonnenstich."

Das hatte ich mir auch schon gedacht. Deshalb zeigte sich in meinem Gesicht keine Spur von Erstaunen. Relativ schnell erholte ich mich wieder, ging nun aber nur noch mit einem weißen Leinenhut auf dem Kopf in die Sonne. Wenn man mich heute nach meinem damals schrecklichsten Erlebnis fragt, glaubt sicher jeder, dass ich den Sonnenstich nennen würde. Aber selbst bei dem habe ich mich nicht so erbärmlich hilflos gefunden, wie bei dem Erlebnis, das mir eines Tages am Strand passierte.

Ich ging mit meiner Mutter gerade zum Meer, als sich von der linken Seite, dicht am Wasser galoppierend, eine Kalvakade temperamentvoller Andalusier näherte. Das Bild war so überwältigend, dass ich auf den noch morgenfrischen kühlen Sand sank und mir die Tränen kamen.

Wie ein Traumbild zogen die Reiter an mir vorbei. Die Hufe der Pferde wirbelten Sand und Gischt auf, sonnendurchglitzerte

Partikel in der Luft, die ich glaubte daraufhin nicht mehr atmen zu können.

„Nie wieder reiten!", spukte wie zum Hohn die Stimme meines Professors durch meine Gehirnschleifen.

„Was ist?", kreischte meine Mutter entsetzt über mein erbleichtes Gesicht. Wieder einmal hatte sie nichts begriffen. Benommen ließ ich mich von ihr hochziehen. Dann drehte ich mich um und ging zurück zum Hotel. Ich hatte beschlossen nie mehr an den Strand zu gehen.

Baden durfte man auch nicht im Meer, nachdem dort ein Katzenhai gefangen worden war. Sollte meine Mutter doch allein am Strand spazieren gehen. Ohne mich.

Doch was verwunderlich war, irgendwie schien sie meine Traurigkeit zu erahnen. Sie ging auch nur noch selten an den Strand und vermied das Thema Pferde. Stattdessen hatte sie einen Ausflug nach Granada gebucht.

Der erste Kuss

Wir knatterten mit einem Kleinbus, mehreren Gästen aus dem Hotel und einem Reiseführer, der gleichzeitig den Bus lenkte, durch Spaniens Süden zu der antiken, maurischen Festung, der Alhambra. Die ganze Fahrt über war die Luft im Bus stickig, heiß und sandig.

Ich beneidete die Menschen, an denen wir vorbeifuhren, denn sie hatten frische Luft. Wir dagegen wurden in dem heißen Kleinbus in den Kurven hart zur Seite geschleudert, sodass mein Rücken wehtat.

Als wir endlich angekommen waren, blieben meine Mutter und ich zunächst in dem kühlen Innenhof mit dem sprudelnden Löwenbrunnen. Ich musste mich von der Fahrt erholen. Nach einer Weile fragte meine Mutter, ob es mir besser ginge und ich weiter laufen könnte, doch ich verneinte.

„Dann treffen wir uns genau in einer Stunde wieder hier, Schatz. Ich gehe den anderen aus dem Hotel nach, so bekomme ich etwas von der Führung mit und kann dir nachher alles erzählen. Ist das für dich in Ordnung?", fragte sie.

Für mich war es O.K. Sie wollte zur Gruppe und ich konnte die Atmosphäre dieses geschichtsträchtigen Ortes auf mich wirken lassen.

In Gestalt eines gebräunten Einheimischen, der ungefähr in meinem Alter zu sein schien, kam die Geschichte life auf mich zu. Der Junge sagte immer wieder ein Wort „Manolo", „Manolo", bis ich begriff, dass das sein Name war. Ich deutete auf ihn und wiederholte das Wort.

Er nickte und wir lachten. Manolo versuchte weitere Vokabeln anzubringen, aber entweder zeigte mein Sonnenstich noch Nachwirkungen oder er war ein saumäßiger Lehrer, auf jeden Fall konnten wir uns nur gestenreich verständigen, da ich meine Dolmetscherin irgendwo in den dunklen Gängen der Alhambra verloren hatte.

Doch Manolo war ein geübter junger Fremdenführer, anscheinend spezialisiert auf gehbehinderte junge Damen. Er wählte für mich einen recht kurzen Weg zu den äußeren Gemächern der Alhambra, von wo aus er mir das eindrucksvolle Panorama über die Altstadt von Granada zeigte. Ich verstand noch Flamenco und amor, als er mich auch sehr beeindruckend auf spanisch küsste.

Bei deutschen Jungen hatte ich noch nie die Zunge des anderen im Mund gespürt. Bei denen hätte ich das vermutlich auch widerlich gefunden, doch Manolo war ein junger Magier, der mich durch ein Zauberland führte.

Die vielen Touristen, die noch durch den Innenhof gewandert waren, wie durch Zauberei hörte und sah ich nichts mehr von ihnen. Ich bin mir heute noch sicher, dass von denen nicht einer die Zauberwege der Alhambra kennen gelernt hat, wie ich sie erleben durfte.

Nach einer Stunde führte mich Manolo wieder in den Innenhof, von wo aus wir losgegangen waren. Allein hätte ich mich nicht fortgetraut und wenn doch, hätte ich den Treffpunkt mit meiner Mutter wahrscheinlich nicht wiedergefunden, denn die Alhambra ist eine wirklich riesige Burg, mit labyrinthverzweigten Gängen, Geheimwegen, Räumen und Fluren, in denen man sich ohne Führer garantiert verirrt.

Das erste Mal in diesen Ferien war ich glücklich. Ich hatte ein so bemerkenswertes Erlebnis, verliebt in einen fremden Jungen, den ich im Leben nie wiedersehen würde, das war mir sofort klar, war ich wie in Trance durch die Maurenfestung geführt worden. Ich hatte mich wie eine Maurentochter gefühlt. Dieses Erlebnis hatte mich urplötzlich in einen archaischen Zustand versetzt.

Ein über Minuten dauerndes „Déjà-vu" hatte mich begleitet. Als ich nach einem letzten zarten Kuss wieder in den Touristenrummel eintauchte, war Manolo geheimnisvoll verschwunden und ich fühlte mich zwischen den lärmenden Leuten, den „Oh`s" und Ah`s" und „how nice" unwohl und fremd. Am liebsten wäre ich meinem süßen Geliebten nachgeeilt, aber die Habichtaugen meiner Mutter hatten mich schon enttarnt.

„Ich habe mir schon Sorgen gemacht," raunte sie mir zu, bestrebt mir keine offensichtliche Szene zu bereiten. „Wo warst du?", fragte sie rhetorisch, wie alles, was sie mich fragte.

Nie wollte sie wirkliche Antworten hören. Stattdessen griff sie nach meinem Arm und steuerte mit mir auf unseren Kleinbus zu. Die meisten der Mitfahrer saßen wieder an ihren Plätzen, als hätten sie die Sitze gekauft.

Mir war es völlig egal, wo ich saß, denn mein Geist weilte noch immer bei meinem maurischen, jungen Prinzen, der so gut geduftet hatte, der mir Jasminblüten gepflückt und ins Haar gesteckt hatte. Mein Prinz, der meine Seele mit fremden, einschmeichelnden, samtenen Klängen verzaubert hatte, würde mich nie vergessen, dessen war ich mir sicher.

Und ich würde ihm, wenn ich es schaffte einmal ein Buch zu schreiben, ein Kapitel widmen. Für mich bedeutete die Begegnung mit ihm, dass Ahnungen in meiner Seele aufbrachen, dass das Leben wundervoll war, und jede Menge Hoffnung auf ein herrliches Leben senkte sich tief in meine Mitte. Mich hatte der Funken der Liebe nur gestreift, aber es reichte um diesen Urlaub erträglich zu machen und schwang noch nach Jahren wie auslaufende Wellenbewegungen in mir nach. Mein Leben war in Bewegung gekommen.

Natürlich schrieb meine Mutter sich selbst und ihrem Einfluss auf mich meine positive Entwicklung zu.

„Dieser Urlaub hat unsere Süße reifen lassen. Sie kommt nun recht gut mit ihrer Situation zurecht", schrieb meine Mutter an Georg, meinen Vater, der begeistert im Hotel anrief und uns ausrufen ließ.

Er hielt nicht so viel vom Briefe schreiben. Aber er wollte unsere Stimmen hören. Ich vermute, dass ihn eine männliche Intuition anrufen ließ, was ihm bestätigen sollte, dass seine Tochter ein Geheimnis hatte. Aber er erfuhr nicht, weshalb ich seit Granada so gut aufgelegt war.

Familienbande

Seit dem Spanienurlaub hatte Manuela das Gefühl, dass Katja umgänglicher geworden war. Sie bemühte sich das schwache Band, welches nun zwischen ihr und ihrer Tochter geknüpft worden war nicht reißen zu lassen. Manuela ahnte, dass auf ihrer gemeinsamen Reise etwas geschehen sein musste, das die Seele ihrer Tochter berührt und positiv verändert hatte.

Oft nahm Manuela Katja mit zu gemeinsamen Einkäufen. Sie lernte den Humor ihrer Tochter zu verstehen und wenn sie früher fast immer angenommen hatte, ihre Tochter lache nur einfach so albern, wie junge Mädchen es oft in diesem Alter tun, dann hatte sie nun herausgefunden, dass es Spaß machte, zusammen über die gleichen Dinge zu lachen. Dadurch fühlte sie sich an Sabine, ihre zu früh verstorbene Cousine, erinnert.

Nur, wenn Katja bockig oder frech wurde, Ratschläge in den Wind schlug, war Manuela machtlos. Das machte sie wütend und gereizt. Sie hatte noch nicht erfahren, wie man loslässt. Gerade erst hatte sie eine Beziehung zu ihrer Tochter aufbauen können und im selben Moment musste sie loslassen, damit Katja selbstständig wurde und eigene Erfahrungen machen konnte.

Manuela erkannte nicht immer die Botschaften, die durch das Erwachsenwerden von Katja unbewusst von ihr ausgesandt wurden. Immer wieder erlitt ihre Beziehung durch ungeklärte Missverständnisse Rückschläge. Probleme, die Manuela meist auf autoritäre Art zu lösen versuchte. Sie ahnte nicht, dass sie damit die Saat ausstreute, die aus Kindern Rebellen macht.

Es war bitter für Manuela mit anzusehen, wie andere Menschen zunehmend Einfluss auf ihr Kind ausübten. Als die ersten Parties außer Haus stattfanden, lag Manuela schlaflos in ihrem Bett und empfand die gleichen Sorgen, die alle Mütter einen. Sie beneidete Georg um seinen Schlaf.

An Einschlafen war für Manuela erst zu denken, wenn sie das Türschloss der Haustür sich drehen hörte. Aber Georg tat nur so, als schliefe er fest. Das erfuhren Manuela und Katja an dem Abend, als Katja nicht rechtzeitig zur vereinbarten Zeit nach Hause kam. Sie kam einfach zwei Stunden zu spät.

„Na, mein Fräulein, wo kommen Sie denn jetzt her?".

Mit diesen Worten stand Georg in bedrohlicher Haltung in der Schlafzimmertür. Katja ließ vor Schreck ihre Schuhe fallen, die sie in der Hand getragen hatte um beim Hereinkommen niemanden zu wecken.

Manuela fuhr aus ihrem Sekundenschlaf, der sie beim Warten übermannt hatte und sprang aus dem Bett. Da hörte sie auch schon die klatschende Ohrfeige, die Georg ausgeteilt hatte.

„Georg!", rief sie und zu Katja sagte sie streng:

„Geh in dein Zimmer. Wir sprechen uns morgen."

Manuela wusste, dass Schläge keine Lösung waren. Doch es hatte keinen Sinn zu diesem Zeitpunkt mit Georg darüber zu sprechen, denn er hatte am Abend zu viel getrunken.

Manuela fürchtete die Aggressivität, die Georg ausstrahlte, wenn er betrunken oder angetrunken war. Georg wurde dann zu einem unberechenbaren russischen Bären, wenn er alleine getrunken hatte.

Entweder machte der Alkohol ihn aggressiv oder sentimental, so stark, dass er die ganze Welt zu lieben oder zu hassen schien. Fremde wurden in solchen Momenten seine Freunde. Das Merkwürdige an diesem Symptom war, dass solche Leute später wirklich Freunde zu sein schienen, wenn sich auch nicht alle dieser zahlreichen Bekanntschaften als echte Freunde erweisen sollten.

Gegenseitige Einladungen waren dann die Folge und dabei benahm sich Georg nie daneben, sondern blieb witzig und charmant. Anders als sein Bruder Walter, der, wenn er zu viel Alkohol genossen hatte, was aber nicht so oft passierte, wie bei Georg, seine Aggressivität in Worten auslebte. Er spuckte geistreiche, aber oft verletzende Kommentare zu anwesenden Personen aus, die ebenso wie er Gäste auf irgendeiner der vielen Feiern waren.

Tüt

Auf einer dieser Feiern lernten Georg und Manuela ein Zahnarztehepaar kennen, mit dem sie sich auf Anhieb sehr gut verstanden. Manuela fühlte sich sehr zu Theo Tüber hingezogen. Immer, wenn Tüber vor ihrem Haus hielt, hupte er zur Begrüßung fünfmal, dann spürte Manuela ihr Herz schneller schlagen.

Georg taufte ihn an einem feuchtfröhlichen Abend, an dem zünftig auf Brüderschaft getrunken wurde, kurzerhand um in „Tüt". Alle wieherten vor Freude und jeder, der Tüber kannte, sagte ab diesem Zeitpunkt „Tüt" zu ihm. Tüt zeigte gute Miene und akzeptierte seinen Spitznamen. Selbst seine Frau Ingrid nannte ihn bald Tüt.

Mit Ingrid und Tüt verband sie bald eine feste Freundschaft und nach einem Jahr beschlossen sie zusammen in Urlaub zu fahren. Die Fahrt sollte mit dem Auto gemacht werden. Georg fuhr nun einen neuen schwarzen Ford, der musste auf dieser Reise richtig eingefahren werden.

Zu Beginn der Sommerferien setzte Manuela ihre Tochter in den Zug nach Flensburg. Josie würde glücklich sein ihre Enkeltochter wieder bei sich zu haben. Auf die Ausritte im Glücksburger Forst freute sich vor allem Karl. Beide fanden es sehr großzügig von Manuela und Georg, dass sie Katja in den Ferien immer zu ihnen schickten, und sie waren dankbar, dass ihnen die Liebe von Katja nicht entzogen wurde.

Wenn Katja kam, war es immer so, als hätte sie gerade gestern das Haus verlassen. Josie und Karl vermuteten zwar nach den zahlreichen Briefen von Katja, dass sie Heimweh hatte und etwas nicht so stimmte in der Beziehung zu ihren Eltern, aber sie ahnten nicht in welchem Ausmaß die Beziehung gestört war.

Ihnen erschien Katja als das liebste Wesen auf Erden, sie widersetzte sich ihren Großeltern nie und schien in deren Augen glücklich zu sein. Doch dass sie diese Ausstrahlung nur bei ihnen hatte, wussten sie nicht. Manuela hatte nie mit ihnen über Erziehungsprobleme gesprochen. Deshalb waren die Großeltern auch sehr verwundert, als sie hörten, dass Katja die Schule wechseln musste.

Manuela gellte noch die vor Wut kreischende Stimme der Lehrerin Frau Ecke in den Ohren, die ihr hinterher schrie:

„Auf dieser Schule macht ihre Tochter nie Abitur!"

Zu Hause stellte sie Katja zur Rede, die aber nur bockig schwieg.

„Mach nicht so ein Ohrfeigengesicht. Wir melden dich auf einem anderen Gymnasium an."

Georg schlug vor in einen anderen Stadtteil zu ziehen, damit Katja problemlos die Schule wechseln konnte.

Der Umzug wurde schnell ausgeführt und am Ende des Schuljahres war klar, dass Katja auf ein neues Gymnasium gehen durfte. Die Wochen waren wie im Flug vergangen und Manuela hatte beinahe fluchtartig alles gepackt. Die Möbelpacker wurden angerufen und innerhalb einer Woche war der Umzug beendet. Haitings waren in das vornehme Viertel Winterhude an der Alster umgesiedelt.

Nun fühlte Manuela sich wie ausgebrannt und sie war ihrer Tochter wieder einmal überdrüssig. In so einem Moment der Schwäche sagte sie zu Katja:

„Gott sei Dank habe ich nur dich als einzige Tochter. Wenn ich mir vorstelle, ich hätte von deiner Sorte mehrere, würde ich völlig durchdrehen. Stell dir vor, du hättest noch sieben Geschwister haben können, aber ich habe sie alle abtreiben lassen. Du reichst mir vollkommen."

Katja hasste ihre Mutter in diesem Moment so stark wie nie zuvor. Sie schwor sich nie im Leben Kinder zu bekommen. Dann konnte sie ihnen auch nicht weh tun. Erst viel später in ihrem Leben fragte sie sich, warum ihre Mutter so eine gefühllose Seite in ihrer Seele hatte entwickeln können. Doch diesen einen Augenblick, als ihre Mutter sie tief verletzte, vergaß sie nie.

Ihre Eltern fuhren in diesem Sommer nach Spanien und Marokko. Gern wäre sie mitgefahren, aber es hatte gar nicht zur Debatte gestanden. Die Freunde schienen den Eltern wichtiger zu sein als sie. Besonders den schleimigen Tüt, der sie immer Katinka nannte, was sie fürchterlich fand, mochte sie gar nicht.

Diese übertriebenen Blumensträuße für die Mutter, diese dauernden Schokoladentafeln, die er ihr mitbrachte, ließen ihn in ihren Augen suspekt erscheinen. Sie fand, dass sich so eigentlich nur Leute benahmen, die irgendwelche Absichten hatten.

Mit ihrer instinktiven Vermutung lag Katja nicht falsch. Schon während des Urlaubs wurde allen Teilnehmern klar, dass Tüt Manuela zu umwerben schien. Tüt erschien immer an Manuelas Seite, wenn sie zu viert einen Ausflug machten. Er trug ihre Taschen oder Beutel bei Einkäufen. Unterwegs kaufte er in fast jedem Andenkengeschäft eine Kleinigkeit. Oft schenkte er Manuela etwas von diesen Sachen „zur Erinnerung".

Am Ende der Reise besaß Manuela ein Büchlein, in dem die Weisheiten von Laotse auf französisch standen, eine Kette aus Muranoglas, die ihr ein bisschen zu eng um den Hals lag, darum schenkte sie die bunten Glasperlen Ingrid, einen mallorquinischen Steingutteller, der ihr versehentlich herunterfiel und dessen Scherben sie in einer Papiertüte im Kofferraum verwahrte, eine marokkanische Geldbörse, die sie später Katja schenkte. Saßen sie in einem Restaurant oder einer Bar, richtete Tüt es immer so ein, dass er neben Manuela zu sitzen kam.

Sie fand seine Aufmerksamkeit schmeichelhaft und genoss das Gefühl noch jung und begehrt zu sein. Georg tat meistens so, als bemerke er Tüts Verhalten nicht und bemühte sich seinen ganzen Charme auf Ingrid zu konzentrieren, die sichtbar unter dem Verhalten ihres Mannes zu leiden schien.

Sie wollte nicht eifersüchtig erscheinen, weil sie Georg und Manuela mit ihrer lustigen unbekümmerten Art in ihr Herz geschlossen hatte und weil sie ihren Mann und seine Schwäche Frauen gegenüber kannte. Es war nicht das erste Mal, dass er sie in so eine Situation brachte. Irgendwann war meistens das Feuer erloschen und er kehrte mit all seinen Gedanken zu ihr zurück.

Aber mit Manuela empfand sie es heftiger als je zuvor. Das waren ihre Freunde und er zerstörte die Harmonie zwischen ihnen, fand sie.

Sie wunderte sich über Georg, der von Tüts Art eher belustigt und unbesorgt schien. Dieses Vertrauen, dass er Manuela gegenüber zeigte, hätte sie gern für ihren Mann empfunden, aber sie fühlte nur Misstrauen ihm gegenüber.

So konnte sie die Reise nicht so unbeschwert genießen, wie sie es gern getan hätte. Während die anderen eine Sightseeing-Tour unternahmen, blieb sie daher öfter mit Kopfschmerzen im Hotel. Es rührte sie, dass Georg sich um sie bemühte. Einmal blieb er sogar fürsorglich bei ihr und ließ Manuela und Tüt zusammen einen Stadtbummel in Marakesch machen.

Beide kehrten nach zwei Stunden vergnügt wieder ins Hotel zurück und erzählten von ihren Erlebnissen auf dem Basar, der in der Innenstadt aufgebaut war. Tüt hatte zwei gebatikte Seidentücher für seine Frau und Manuela erstanden. Manuela hatte noch eines für Katja erworben und dabei mit dem Händler in grandioser Weise gefeilscht. Zuletzt hatte der Händler ihr das Tuch gratis mitgegeben und sich für geschlagen erklärt.

Tüt und Manuela spielten die Szene vor, während sie im Restaurant des Hotels ihr Dinner einnahmen. Die anderen Gäste beobachteten fasziniert die kostenlose Einlage und applaudierten am Ende des Vortrags. Dann kamen marokkanische Musiker herein und eine Bauchtänzerin verzauberte mit ihren schlangenhaften Bewegungen die meisten Männer im Saal. Tüt klatschte frenetisch, als der Tanz zu Ende war, und Ingrid schöpfte Hoffnung, dass er nun vielleicht ein wenig von Manuela ablassen würde. Doch er wandte sich sofort danach eben dieser zu und bat sie um den nächsten Tanz. Sofort sprang Georg auf und forderte Ingrid zum Tanzen auf.

In der milden afrikanischen Nacht tanzten sie bis vier Uhr morgens nach den fremdartigen Rhythmen und ihre Körper drängten sich immer dichter aneinander. Tüt war ein passionierter Tänzer, der immer von sich behauptete, wäre er nicht Zahnarzt geworden, hätte er eine Karriere als Berufstänzer angestrebt.

Auf jeden Fall führte er hinreißend, fand Manuela und überließ sich ihm beim Tanzen nur zu gern. Es störte sie beide nicht, dass Tüt fast

einen halben Kopf kleiner war als sie. Gegen vier Uhr spürte Manuela ihre Füße kaum noch und meinte zu Tüt:
„Ich kann nicht mehr. Meine Füße existieren nicht mehr."
Da hob Tüt Manuela hoch, sodass sie ihre Füße auf seine stellen konnte und tanzte dann wie besessen weiter. Das sah so komisch aus, als tanze er mit einer schlenkernden Gummipuppe, dass die noch ausharrenden Gäste um das Paar einen Kreis bildeten um es mit Applaus und Zurufen anzufeuern.

Doch dann ermüdete Tüt und ließ sich erschöpft in einen der Sessel fallen. Georg sagte lachend:
„Du hast das Gewicht meiner Frau unterschätzt!"
Zu Manuela sagte er: „Komm Schatz, wir gehen schlafen. Morgen wollen wir ja wieder nach Hause. Ein paar Stündchen brauche ich um mich zu regenerieren."

Die Ehepaare trennten sich vor den Zimmern und wünschten sich eine gute Nacht.

Als sie am nächsten Vormittag mit der Fähre übergesetzt waren, erwartete sie in Andalusien eine Hitzewelle. Der Motor des Wagens fing an zu kochen und sie mussten eine Zwangspause einlegen. Ingrid kämpfte gegen Übelkeit und Ohnmacht an, denn ihr Kreislauf drohte zu kollabieren. Georg machte weiße Taschentücher nass und legte sie auf Ingrids Stirn.

Er und Manuela wechselten sich ab mit dem Auflegen der Tücher. Tüt schnarchte im Schatten einer dicken Pinie und bekam überhaupt nicht mit, wie schlecht es seiner Frau ging. Als er aufwachte, war er hungrig. Weit und breit gab es kein Restaurant, keine Bodega, nicht einmal ein Haus war zu sehen.

Aber Tüt entsann sich der Eier, die zusammen mit anderen Vorräten im Kofferraum lagen. Tüt band sich ein Großes Geschirrhandtuch um den Bauch und fing an mit den Eiern zu jonglieren. Geschickt fing er sie immer wieder auf und Manuela fragte bewundernd:
„Wo hast du denn das gelernt?"
Tüt erzählte, dass er dies in russischer Gefangenschaft erlernt hatte.

Auf den Russenabenden durfte er regelmäßig seine Künste vorführen. Dafür erlaubten die Russen ihm anschließend von den übriggebliebenen Speisen so viel zu essen, wie in seinen Magen hineinpasste. So hatte er überleben können.

Dann schlug Tüt eines der Eier auf, direkt auf den heißen Kühler des Fords. In zwei Minuten war das Ei zum Spiegelei geworden. „Wunderbar, wir essen heute Setzeier!", rief Manuela aus. Ingrid erbrach sich bei ihren Worten in den Sand. Danach ging es ihr besser. Doch essen wollte sie außer einer Weißbrotscheibe nichts.

Die anderen ließen sich die Eier, die Georg noch kräftig gewürzt hatte, schmecken. Ingrid fotografierte sie bei diesem seltsamen Mahl. Während der Nachmittag verstrich und eine leichte Brise entstand und die Hitze erträglicher machte, erholte sich Ingrid zusehends und gegen Abend konnten sie ihre Rückreise fortsetzen.

Der Antrag

Ohne Zwischenfälle gelangten sie nach Hause. Je näher sie Hamburg gekommen waren, desto ruhiger war Tüt geworden. Georg wunderte sich darüber. Hoffentlich wurde er nicht krank, dachte er noch. Aber am nächsten Tag, es war Sonntag und er brauchte noch nicht in die Praxis, wurde klar, was es mit Tüts Verhalten auf sich hatte.

Plötzlich stand Tüt atemlos vor der Tür, er hatte sich diesmal nicht mit seinem typischen Hupen angekündigt, sondern mit einem stürmischen Klingeln. Er musste die drei Treppen zu Fuß hinaufgehastet sein.

„Du hast Sehnsucht nach uns?", lachte Georg zu seiner Begrüßung und ließ ihn eintreten.

Er führte Tüt geradewegs zu einem der bequemen riesigen Sessel, die sie aus einer Schlossmöbelversteigerung erstanden hatten. Georg kam der Gedanke, dass Tüt vielleicht ein Herzleiden hatte, weil er ihn schon öfter so atemlos erlebt hatte.

Da Tüt sein Lachen nicht erwidert hatte, fragte Georg ihn, ob etwas mit Ingrid sei.

„Ja, indirekt schon", antwortete Tüt und blickte sich suchend um.

Georg erklärte, dass Manuela nicht da war. Sie war nach Glücksburg gefahren um Katja zu besuchen. Daraufhin nahm Tüt mit einem erleichterten Seufzer in einem der tiefen Ledersessel Platz. Georg drängte ihn nicht, sondern holte ihm einen kühlen Drink aus der Küche.

Er konnte sich nicht vorstellen, was Tüt auf dem Herzen hatte. Verwunderlich war nur seine seltsame, unerwartete Reaktion, als er hörte, dass Manuela nicht da wäre. Prüfend musterte er seinen Gast, der nun mit gierigen Zügen den Martini austrank, das Glas wieder absetzte, als es geleert war, und sich anschließend mit seinem behaarten Handrücken über die Lippen fuhr.

„Setz dich Georg. Der Drink war genau das, was ich jetzt brauchte. Willst du nicht auch einen nehmen? Könnte sein, dass du ihn brauchst, wenn du gehört hast, um was ich dich bitte", sagte Tüt nun lächelnd.

„Du bist mein Freund, wie kann ich dir etwas abschlagen, mein Lieber," beteuerte Georg ernsthaft.

Aber er ging sich dann doch erst einmal einen Drink machen und kam mit zwei gut gefüllten Gläsern zurück. Sie stießen an mit den Worten:

„Auf die Freundschaft."

Sie nahmen einen Schluck und stießen dann auf die Frauen an. Das konnte noch ein lustiger Tag werden, dachte Georg, aber er wurde das Gefühl nicht los, dass Tüt sich aus irgendeinem Grunde Mut antrank. Von dem Martini bekam Georg allmählich einen Schwips, doch Tüt war nichts anzumerken, wunderte sich Georg. Schließlich fragte er:

„Was ist denn nun eigentlich los?"

„Gut, du musst es erfahren. Darum bin ich ja auch hier. Heilfroh bin ich, dass du allein bist. Georg," Tüts Stimme bekam nun einen förmlichen Tonfall, als er fortfuhr,

„ich liebe deine Frau und hiermit halte ich offiziell um die Hand deiner Frau an."

Georg verschlug es die Sprache, stattdessen nahm er einen kräftigen Schluck von seinem Martini. Äußerlich vollkommen ruhig zündete er sich eine filterlose Zigarette an und reichte Tüt wortlos die Schachtel, als der ihn um eine Zigarette bat. Tüt war anzusehen, dass er ungeduldig auf eine Antwort wartete. Er rutschte auf seinem Sessel hin und her, bis Georg schließlich in ein dröhnendes Gelächter ausbrach.

Während Tüt wie versteinert dem Lachen Georgs zuhörte, liefen Georg schon die ersten Lachtränen aus den Augenwinkeln. Georg wischte sich seine Augen und wartete auf ein Verebben seines Anfalls, aber immer wieder schüttelte es ihn. Als er seine Rippen spürte, die zu schmerzen angefangen hatten, konnte er endlich aufhören zu lachen.

„Du willst also meine Frau heiraten!", stieß Georg mühevoll aus und spürte schon wieder das Lachen in seinem Brustkorb aufsteigen.

Jetzt reiß dich mal zusammen, dachte er. Der arme Tüt, er fühlte schon wieder ein tiefes Glucksen in seiner Kehle, Tüt braucht eine Antwort.

„Du kannst meine Frau haben, Tüt, wenn sie mit dir zusammen vor mir hier auftritt und denselben Wunsch hat wie du. Ich denke, das ist fair.

Wenn du mich allein bittest, muss ich Nein sagen, denn ich liebe meine Frau auch. Sie soll sich entscheiden, mit wem von uns beiden sie in Zukunft leben will."

Er schenkte Tüt noch den Rest der Martiniflasche ein und bestellte ihm dann ein Taxi.

Als das Taxi mit Tüt abfuhr, rief Georg bei Ingrid an und bereitete sie auf den Zustand ihres Mannes vor. Mit Manuela würde er sprechen, wenn sie aus Glücksburg wiederkam. Wie würde sie sich entscheiden? Er erinnerte sich an den Tanzabend in Marakesch. Wie eine Einheit hatten sie und Tüt zusammen getanzt. Der Tanz ist die Vorstufe zum Beischlaf, hab ich irgendwo gehört, dachte er, bevor er in seinen Mittagsschlaf fiel.

Segeln

Manuela fiel aus allen Wolken, als sie nach Hamburg zurückkehrte und von Tüts Heiratsantrag hörte. Georg und Manuela beschlossen den Umgang mit Tüt und Ingrid einzuschränken.

Kurz darauf wurde Tüt schwerkrank. Er hatte Krebs und lebte nur noch ein halbes Jahr. Manuela und Ingrid fielen sich beim Begräbnis weinend in die Arme und Ingrid sagte schluchzend:

„Dich hat er so sehr geliebt. Ich glaube, er starb an gebrochenem Herzen."

„Nein, nein, Ingrid, das darfst du nicht sagen. Das ist nicht wahr. Er hat dich geliebt", widersprach Manuela, obwohl sie fühlte, dass Ingrid die Wahrheit erkannt hatte.

Schuldgefühle drängten sich ihr irrationalerweise auf. Ich habe bei ihm ein Feuer entfacht, ist er daran zugrunde gegangen? Wie hätte ich dies Feuer löschen können? Habe ich ihn ermutigt zu dem Heiratsantrag? Wusste Ingrid davon? Manuela quälten die Fragen, aber sie wagte nicht mit Ingrid darüber zu sprechen. Sie erzählte Georg nicht, was Ingrid ihr zugeflüstert hatte. Aber sie empfand noch lange die Trauer über den Verlust des Freundes.

Aber durch Georg und seine Pläne kam sie wieder auf andere Gedanken und es gelang ihr die Schuldgefühle und die Trauer zu verdrängen. Das Leben ging weiter.

Georg wollte sich ein Schiff in Finnland bauen lassen. Manuela war von seinen Plänen begeistert. Sie unternahmen eine Reise zu der finnischen Werft und schauten sich den Prototyp ihrer Segelyacht an. Ein luxuriöses Mahagoniboot mit sechs Kojen würde es werden. Schon im Sommer war es fertig und sie segelten das Schiff zu zweit von Helsinki zu seinem Heimathafen Kiel. Georg war in den vornehmen Kieler Yachtclub eingetreten und bekam durch seine Mitgliedschaft einen günstigen Liegeplatz in Schilksee.

Nach den ersten Trimmfahrten mit der Lena II, stellte Georg fest, dass er ein außergewöhnlich schnelles Schiff besaß. Ursprünglich waren seine Absichten in Richtung Fahrtensegeln gegangen, aber auf den ersten clubinternen Regatten siegte die „Lena" jedes Mal um Längen, sodass Georg und Manuela beschlossen eigens zum Regattasegeln eine feste Mannschaft zusammenzustellen.

In den folgenden Jahren hatten sie viel Erfolg. Die Segelsaison ging von April bis September, dann wurde das Schiff in eine Werft zur Überholung gebracht und lag dort den Winter über. Im Winter gaben die Haitings viele Gesellschaften, eine war für die gesamte Mannschaft, bei der es sich immer um zwölf Leute mit Anhang handelte.

Auf so einem Crewabend wurde meistens ein Film vom Segeln oder vom Seenotrettungsdienst gezeigt und anschließend wurde gegessen, getanzt und auch gesungen, wenn jemand dabei war, der Lieder zur Gitarre spielen konnte. Katja hatte auch Gitarre spielen gelernt und konnte zu Shanties begleiten.

Sie musste sich jedes Mal überwinden vor so viel Publikum zu spielen, aber sie tat es, weil sie wusste, wie stolz ihre Eltern dann auf sie waren. Außerdem durfte sie manchmal mitsegeln, gehörte also offiziell zur Crew. Es wurde somit auch von den anderen erwartet, dass sie ihren Beitrag in Form von Gitarrespielen leistete.

Für Manuela waren diese Jahre die schönsten ihres Lebens. Die Praxis warf viel Geld ab, sie konnten sich die Dinge leisten, die sie sich schon immer gewünscht hatten. Die materielle Sicherheit bedeutete für Manuela Glück. Haitings reisten während dieser Zeit viel. Sie besuchten Teneriffa, Italien, in Südamerika verbrachten sie drei Monate. Georg segelte bei der berüchtigten Regatta von Buenos Aires nach Rio de Janeiro mit. In den vornehmsten Yachtclubs der Welt waren Haitings zu Gast.

Damals kam dem Ehepaar erstmals der Gedanke an eine Auswanderung. Sie stimmten überein, dass das Deutschland nach dem Krieg nicht unbedingt ihr Traumland war. Sie konnten sich damals gut vorstellen in Argentinien zu leben. Wären sie zu diesem Zeitpunkt allein gewesen, hätten sie es wohl gewagt auszuwandern. Aber daheim wartete eine Familie.

Katja brauchte sie noch einige Jahre. Finanziell mussten auch die Eltern unterstützt werden. Das Transportgeschäft, das Karl eröffnet hatte, lief nicht so gut. Für die Lastkraftwagen mussten enorme Rechnungen beglichen werden, denn sie schienen andauernd kaputt zu gehen. Die Eltern von Georg mussten auch unterstützt werden, denn von ihrer schmalen Lastenausgleichsrente war die teure Wohnung am Leinpfad nicht zu bezahlen.

Die Mieten in Winterhude stiegen ständig. Die Nähe zur Alster wurde immer beliebter.

Auch das Segeln wurde immer teurer. Die Liegeplatzgebühren wurden erhöht, immer bessere Segel wurden von Georg in Auftrag gegeben, da sein Ehrgeiz immer der Schnellste zu sein, sich ins Fanatische gesteigert hatte. In einem Jahr gewann er alle Preise, die bei Regatten zu vergeben waren. Sein Ruf stieg wieder einmal ins Legendäre.

Oft musste Manuela auf eine neue Abendrobe verzichten, weil ein neuer Spinnaker zu bezahlen war. Sie fand, dass das Segeln bei Georg langsam aber sicher die erste Stelle eingenommen hatte. Bei Wind und Wetter ging es hinaus auf die See.

Sie kreuzten gerade auf der Lübecker Bucht um nach einiger Zeit einmal wieder Travemünde anzulaufen, als sie von einem Gewitter überrascht wurden, das sehr schnell aufgezogen war und mit einer Heftigkeit über sie hereinbrach, dass Georg es nur ganz knapp schaffte die Segel wegzunehmen. Gerade hatte er das Großsegel fallen lassen, als eine Bö das Schiff um neunzig Grad krängte und die Mastspitze im Wasser lag. Alles, was nicht festgelascht gewesen war, flog in hohem Bogen über Bord.

Manuela, die an der Pinne saß, versuchte ein Polster zu retten, das an ihr vorbeiflog. Hart krachte sie mit der Wirbelsäule gegen das Schanzkleid des Cockpits und ein Schmerz durchfuhr sie. Das Schiff richtete sich schwerfällig auf und schoss in den Wind.

„Abfallen!", schrie Georg ihr zu, doch sie reagierte nicht. Sich ständig festhaltend kletterte Georg nach hinten.

„Was ist los?", fragte er.

Manuelas Gesicht war schmerzverzerrt. Sie schnappte nach Luft, wie ein Fisch auf dem Trockenen. Sie wusste, dass sie sich entweder etwas verrenkt oder gebrochen haben musste. Sie hatte Angst sich zu rühren und bei jeder Bewegung des Schiffes, das nun in ein unangenehmes Rollen verfallen war, das davon herrührte, dass Georg es vor den Wind gebracht hatte und ohne Segel, platt vor Laken, sechs Knoten lief, bei jeder Bewegung litt sie unerträgliche Schmerzen.

Die Blitze erhellten den finsteren, schwarzen Himmel. Eine für die Ostsee riesige Dünung hatte sich aufgebaut. Georg brauchte alle Konzentration und Kraft um seine „Lena" heil in den Hafen von Travemünde zu bringen. Er schaffte es, ohne dass noch Schlimmeres passierte.

Vorsichtig hob er Manuela an Land, nachdem er das Schiff ordnungsgemäß vertäut hatte. Ein Clubkamerad fuhr sie ins nächste Krankenhaus, wo nach einigen Stunden festgestellt wurde, dass Manuela einen Bandscheibenvorfall erlitten hatte.

Für Manuela begann eine Zeit, die vorherrschend von Krankheiten geprägt war. Auf das Segeln hätte sie nun gern verzichtet, fuhr aber dennoch mit, da sie wusste, was es Georg bedeutete. Oft hatte sie so starke Schmerzen, dass sie die Touren nur mit antirheumatischen Medikamenten überstehen konnte.

Während dieser Zeit verschlechterte sich Manuelas Beziehung zu ihrer Tochter sehr. Morgens schon gab es oft den ersten Streit. Die Schmerzen veränderten Manuelas Psyche. Am Morgen erschien sie schweigsam, oft mürrisch am Frühstückstisch. Jedes laute Wort oder Musik wurden ihr zur Qual.

Sie nörgelte an Katja herum, sodass diese meist zu ihren Freundinnen flüchtete und immer weniger zu Hause war. Sie bekam nicht mit, wie ihre Mutter vom Masseur, der nun wöchentlich einmal kam, eingerenkt wurde. Sie hörte nicht die Schmerzensschreie von Manuela und wenn sie es doch einmal mitbekam, verdrängte sie es, hörte stundenlang Musik, malte oder schrieb in ihr Tagebuch.

Katja empfand Angst vor dieser kranken Mutter, die ihr wie ein neuer unangenehmer Mensch erschien, dem sie gar nichts recht machen konnte, den sie nicht verstand, und glaubte nie verstehen zu können. Segeln mit dieser Mutter und dem autoritätsbesessenen Vater machte ihr überhaupt keinen Spaß und sie zog es vor mit einer eigenen kleinen Jolle auf der Alster zu segeln.

So bekam sie auch selten mit, wenn Manuela sich in Fieberkrämpfen wand, die sie durch ihre Malaria bekam. Zwar wurden diese Anfälle immer seltener, aber wenn sie kamen, waren sie grausam. Dann gingen alle auf Zehenspitzen, niemand sprach ein lautes Wort und das abgedunkelte Schlafzimmer war nur für den Arzt zugänglich.

Katjas Wege

Die Zeit verging und Katja lebte ihr eigenes Leben, machte ihr Abitur, verliebte sich einige Male, während ihre Eltern von Regatta zu Regatta steuerten, von Fest zu Fest tanzten. Zwischendurch wurden Reisen gemacht, auch Katja reiste, aber allein. Überdies machte sie aus eigenem Antrieb ihren Führerschein und erhielt von den Eltern ein Auto, einen kleinen Fiat Fünfhundert.

Manuela erinnerte sich an eine ihre Fahrstunden, als sie das Gaspedal mit der Bremse verwechselt hatte. Lebendig schilderte sie ihre Eindrücke ihrer Tochter, die versuchte ihre Erfahrungen in sich aufzunehmen. Manchmal fuhren sie nun gemeinsam in die Stadt um Einkäufe zu tätigen, dabei kamen sie sich wieder etwas näher.

Manuela hatte festgestellt, dass die feuchte Kälte an Bord ihrem Rücken wenig zuträglich war, und verzichtete immer öfter darauf mitzusegeln. Ging die Regatta von Helgoland los, schiffte sich Manuela lieber mit Katja auf einen Helgolanddampfer ein und verbrachte die Dauer der Regatta lieber auf der Insel in einem komfortablen Hotel. Dort gingen sie zusammen schwimmen oder in dem steuerfreien Paradies einkaufen.

Allmählich zog sich Manuela immer mehr vom Segeln zurück und als dies Georg richtig bewusst wurde, suchte er nach etwas anderem, das er mit Manuela wieder gemeinsam machen konnte.

An Katjas einundzwanzigstem Geburtstag fragte Manuela sie, was sie denn an diesem denkwürdigen Tag vorhabe. Der Gedanke mit ihr etwas im Voraus zu planen, war ihr überhaupt nicht gekommen. Katja erklärte zu ihrer Überraschung, dass sie zum Reiten gehen würde.

„Mit deinem Rücken!", rief Manuela besorgt aus.

„Ich habe das ganze letzte Jahr keine Schmerzen mehr gehabt", meinte Katja achselzuckend.

„Ich komme mit. Auf jeden Fall brauchst du ein sehr ruhiges Pferd. Ich werde mit dem Reitlehrer sprechen", verkündete Manuela in unumstößlicher Weise.

Katja fügte sich Manuelas Entschluss. Beide fuhren zu dem kleinen Reitstall und Manuela klärte den Reitlehrer über die Verletzung Katjas auf. Sie war erst zufrieden, als sie den lahmen Schimmel in Augenschein genommen hatte, den der Lehrer für Katja vorgesehen hatte, und stieg dann hoch zur Empore um sich die Reitstunde anzusehen.

Sie sah ein, dass sie nicht mehr hatte tun können um die Gesundheit Katjas zu schützen. Ihre Tochter war nun volljährig und ihren Ratschlägen eher abgeneigt.

Immer noch war ihr Verhältnis oft gespannt und Manuela fragte sich oft, ob das auch so gewesen wäre, wenn Katja von Anfang an bei ihr gewesen wäre. Sie fühlte, dass sie sich mehr um sie hätte kümmern müssen. Aber das war ein Zug, der bereits vor langer Zeit abgefahren war.

Die Reitstunde verlief ohne Zwischenfälle und Manuela empfand ein wenig Stolz, dass ihre Tochter nach so langer Zeit, als hätten keine sieben Jahre dazwischen gelegen, entspannt in unverändert gutem Sitz das Pferd lenken konnte.

Viel verstand Manuela nicht vom Reiten, da sie früher schon Furcht vor diesen großen, für sie unberechenbaren Tieren, gehabt hatte. Aber sie konnte sich noch deutlich an ihre Mutter als passionierte Reiterin erinnern, die immer auf dem Pferderücken besonders glücklich zu sein schien. Sie bemerkte denselben Ausdruck in Katjas Gesicht. Manuela lächelte und dachte, dass Katja ihre Jahre über dauernde Hartnäckigkeit auf jeden Fall aus ihrer Familie geerbt haben musste.

Besonders Josie war ein leuchtendes Beispiel für stures Verhalten. Nie wieder hatte sie Hubert erwähnt, nachdem sie ihn des Hauses verwiesen hatte mit den Worten

„Du bist nicht mehr mein Sohn!"

Noch ehe sich Manuela in ihren Erinnerungen verzweigen konnte, war die Reitstunde zu Ende. Manuela schloss ihre glückliche Tochter in die Arme, als sie das Pferd abgesattelt hatte. Manuela war auch glücklich, dass sie diesen Neubeginn der reiterlichen Karriere ihrer Tochter miterlebt hatte. Begeistert erzählte sie Georg davon, als das Telefon schrillte.

Der Unfall

Manuela hatte den Hörer abgenommen. Georg beobachtete sie, weil sie nur zuzuhören schien und nichts erwiderte. Katja sah auch auf und erschrak, denn ihre Mutter war bleich wie Schnee geworden und hatte Tränen in den Augen. Wortlos legte sie dann den Hörer auf.
„Es ist etwas passiert,"
sagte sie beinahe tonlos.
„Josie und Karl sind im Flensburger Krankenhaus. Ihre Verletzungen sind lebensgefährlich."
Fahrig glitten ihre Hände durch die Luft. Sie verschränkte die Finger ineinander und ging ruhelos auf und ab.
„Wir sollen hochkommen, sie besuchen. Besonders der Zustand von Josie ist sehr kritisch."
„Oh, mein Gott!", stießen Georg und Katja fast im Chor aus.
Georg sprang auf und sagte:
„Macht euch fertig. Wir fahren."
Manuela suchte ihre Handtasche, suchte Taschentücher, suchte verzweifelt nach ihren bequemen Schuhen, bis Georg sie schließlich fand. Doch Manuela ging noch einmal zur Toilette, bis sie endlich so weit war, dass sie losfahren konnten.
Auf der Fahrt fragte Georg sie :
„Wo genau ist der Unfall geschehen?"
Sie erzählte, was der Arzt aus dem Krankenhaus berichtet hatte, dass der Unfall in Dänemark passiert wäre, bei dem ein Mercedesfahrer in den Lastwagen von Karl hineingefahren und ums Leben gekommen war. Ein Arzt aus Flensburg fuhr rein zufällig hinter dem Unglücksfahrer und leistete Erste Hilfe. Er hatte auch die Überführung nach Flensburg veranlasst. Mehr wusste Manuela zu diesem Zeitpunkt nicht. Schweigend fuhren sie weiter, bis sie vor dem Krankenhaus waren.
Manuela wurde in dem Augenblick schlecht, als sie zu ihrer Mutter geführt werden sollte.

„Geh du bitte rein", bat sie Katja.

Katja betrat die Intensivstation, bekam ein grünes steriles Hemd übergezogen, einen Mundschutz und desinfizierte ihre Hände, bevor sie an das Bett von Josie treten durfte. Sie beugte sich über die Großmutter, deren Kopf auf die doppelte Größe angeschwollen war.

Josie schlug ihre Augen auf und fragte mit klarer Stimme: „Wie war dein Reiten?"

Dabei lächelte sie und schien keine Schmerzen zu haben. Katja nahm ihre Hand und streichelte sie und fing an zu erzählen, doch nach dem ersten halb angefangenen Satz merkte sie, dass Josie ihr nicht mehr zuhörte, sondern bewusstlos geworden war.

Erschüttert stand sie noch einige Minuten an dem Bett, registrierte die vielen Schläuche, an die Josie angeschlossen war, hörte ihrem unregelmäßigen Herzschlag zu und wunderte sich über das abnorme Ödem ihres Kopfes, während sie wie eine Gefangene immer noch Josies Hand in der ihren hielt. Sie ließ erst widerstrebend die vertraute Hand los, als sie eine Schwester sanft an den Schultern berührte und hinausführte.

Mit steifen Schritten und unbeweglichem Gesicht, in dem sich die Verachtung für ihre Mutter spiegelte, die es nicht fertiggebracht hatte, die Intensivstation zu betreten, näherte sie sich Manuela. Manuela las in ihrem Gesicht.

Sie hatte mit dem Unfallarzt gesprochen, der ihr Genaueres über den Zustand von Josie und Karl erzählt hatte. Katja und Manuela konnten ihren Schock nicht teilen. Manuela hatte die medizinische Sichtweise der realen und menschlichen vorgezogen. Katja hatte mit eigenen Augen die Schwere der Verletzungen gesehen.

Sie war ebenso geschockt wie Manuela, die nun die medizinischen Einzelheiten der Tragödie kannte. Josies Schädel war mehrfach gebrochen und ihr Kleinhirn bei dem Aufprall des Kopfes am Türholm abgerissen. Dagegen war ihr komplizierter Armbruch eine Bagatelle. Sie wäre ungefähr zwanzig Meter durch die Luft geschleudert worden, sagte der Arzt später aus.

Karl war gleichfalls aus dem Wagen katapultiert worden, hatte sich dabei einen doppelten Schädel- und einen komplizierten Beckenbruch zugezogen. Er war bereits außer Lebensgefahr, nachdem ihn der Notarzt noch am Unfallort wiederbelebt hatte. Er fragte misstrauisch, ob Josie noch lebte.

Da er den Ärzten keinen Glauben schenkte, versuchte er in einem unbeobachteten Moment, so lädiert, wie er war, die Treppe zur Intensivstation hinaufzusteigen. Auf dem ersten Treppenabsatz wurde er ohnmächtig gefunden. Mit einem Rollstuhl wurde er schließlich zu Josie gefahren, denn er schrie pausenlos: „Ich will meine Frau sehen!"

Erst als er sie gesehen und sich davon überzeugt hatte, dass sie noch am Leben war, konnte man ihn wieder dazu bewegen sich in sein Krankenbett zu legen.

Weinend lag er da, als Katja ihn sah. Wieder wurde sie von Manuela hineingeschickt, aber diesmal ging Georg mit hinein. Er versuchte den alten Herrn ein bisschen aufzumuntern und berichtete, dass Josie in den besten Händen wäre.

Karl erzählte von dem Licht am Ende des schwarzen Tunnels, durch den er gegangen war. Er hätte gerne die Schwelle des Todes übertreten, aber eine Stimme hatte ihn so eindringlich zurück ins Leben gerufen, dass er das Gefühl gehabt hatte ihr folgen zu müssen. Nun fühlte er sich schuldig an dem, was passiert war, obwohl er über den Hergang des Unfalls nichts mehr wusste.

Seine Erinnerung an den Unfall war ausgelöscht, er wusste nur noch, dass er an einem Stoppschild gehalten hatte. Es tat ihm sichtlich gut, dass er mit jemanden reden konnte, von dem er wusste, dass dieser seinen Schmerz teilte. Während er sprach, hielt er Katjas Hand fest, als wolle er sie niemals mehr fortlassen.

Manuela kam, nachdem sie mit dem behandelnden Arzt über Karl gesprochen hatte. Still und blass ging sie zu seinem Bett.

„Papa!", schluchzte sie „Wie konnte das nur passieren!"

Beide weinten. Katja wunderte sich, warum sie nicht weinen musste. Sie fühlte sich nur erstarrt und bewegte sich wie ein Roboter. Manuela wunderte sich über ihre nervenstarke Tochter und stellte fest, dass man, je älter man wurde, ein immer dünneres Nervenkostüm bekam.

Zum ersten Mal in ihrem Leben fühlte sich Manuela alt, zu alt für derartige Katastrophen. Am liebsten wäre sie schreiend davon gestürmt, geflüchtet aus diesen nach Desinfektionsmitteln riechenden Räumen. Sie zuckte zusammen, als Georg sie am Arm berührte und sagte:

„Wir können heute nichts mehr für die Beiden tun. Lass uns jetzt nach Hause fahren."

Am liebsten hätte sie ihn angeschrien, er solle doch in Gottes Namen allein nach Hamburg fahren. Sie und Katja würden hier bleiben. Doch ihr Verstand sagte ihr, dass er Recht hatte. Zum Abschied küsste sie ihren Vater und Georg sagte:

„Es wird schon wieder, Karlchen."

Katja küsste ihren Großvater mit eisigen zusammengepressten Lippen und wandte sich dann mit Tränen in den Augen von ihm ab. Die ganze Zeit, während sie an seinem Bett saß, hatte sie ständig das Bild ihrer Großmutter mit dem Riesenwasserkopf vor Augen. Dieses Bild sollte sie ihr Leben lang nicht mehr vergessen.

Viel später erzählte sie Manuela davon, da gab Manuela zu, dass sie zu schwach gewesen war um diesen schrecklichen Moment zu ertragen. Sie hatte so große Angst um ihre Mutter gehabt, dass sie unfähig gewesen sei, sie sich so zerstört anzusehen. Außerdem hatte sie das Gefühl gehabt, dass Katjas Anwesenheit durch ihre besondere Verbundenheit mit Josie viel wichtiger für ihre Mutter war.

Katja hatte Mühe Manuela zu verstehen. Erst nach vielen Jahren, als Manuela alt und krank und völlig vereinsamt ihre Nähe suchte, begann sie ihre Mutter zu verstehen. Sie begriff die Stärke der Jugend erst, als sie ihre eigene Jugend aus dem dafür nötigen Abstand zu betrachten gelernt hatte.

Mit dieser naturgewollten Stärke war sie in der Lage zunächst den noch rekonvaleszenten Karl zu pflegen, bis er sich selbst wieder helfen konnte, und danach die Großmutter jede Woche zu besuchen, auch als sie nach Schleswig in die Psychiatrie verlegt worden war. Mitten zwischen Geisteskranken lag Josie und sprach kein Wort.

Sie reagierte nur schwach auf den Händedruck Katjas. Katja wusste nicht genau, ob sie sich den Gegendruck einbildete oder ob Josie tatsächlich ihre Hand zu drücken versuchte. Selbst als Josie sich das hohe Gewimmer einer Drogenabhängigen angewöhnt hatte, besuchte Katja regelmäßig die Klinik.

Katja nahm immer den Zug nach Schleswig. Für Manuela waren die Stunden, in denen sie Katja bei Josie wusste, die ruhigen Stunden, in denen sie das Telefonläuten nicht fürchtete.

So lange Katja bei Josie war, glaubte sie nicht daran, dass Josie sterben würde. War Katja aber zu Hause, fürchtete Manuela bei jedem Anruf die schlechte Nachricht von Josies Tod zu erfahren.

So ging der Sommer vorbei, ohne dass Katja einmal zum Baden gefahren war. Sie ritt nun regelmäßig. Nach vier Wochen hatte sie so große Fortschritte gemacht, dass der Reitstallbesitzer ihr seine eigenen jungen Pferde zum Einreiten anvertraute.

Manuela, die nach dem ersten Mal nie wieder mitgekommen war, fragte Katja eines Tages, ob sie mal wieder zuschauen dürfte. Katja freute sich darüber. An diesem Tag sollte sie eine junge nervige Stute, die gerade von der Rennbahn abgekauft worden war, vorreiten. Die Stute stieg, wenn Katja Paraden gab, stürmte ungezogen vorwärts, wenn sie die Zügel lang ließ. Sowohl Manuela als auch Katja empfanden die gleiche Angst, nämlich, dass Katja vom Pferd fallen könnte. Schließlich stieg Katja erschöpft ab und meinte zum Reitlehrer, dass sie dieses Pferd nie wieder reiten wollte.

Auf der Rückfahrt im Auto sprachen beide nicht ein Wort. Manuela erzählte Georg von Katjas gefährlicher Reitstunde und beide suchten nach einem Ausweg. Sie wussten, dass sie Katja das Reiten nicht verbieten und auch nicht ausreden konnten. Schließlich hatte Georg eine Idee.

„Wir kaufen ihr ein ruhiges Pferd, auf dem sie dann relativ sicher ist."

Manuela war Georg dankbar, dass er so spontan war. Aber sie dachte trotzdem, dass der Pferdekauf nicht unbedingt die beste Idee war. Wie gebunden war Katja dann. Sie würde nie mehr freiwillig irgendwohin reisen, weil sie ihr Pferd nicht allein lassen würde. Die regelmäßigen finanziellen Verpflichtungen, die sie eingehen würden. Auch sie selbst und Georg wären dann nicht mehr ungebunden.

Doch dann überlegte sie, dass sie ohne Pferd auch nicht frei war, da waren immer noch die Eltern zu unterstützen und sie konnten sich den Unterhalt eines Pferdes leisten. Also warum nicht, da war außerdem ihre Chance einmal im Leben ihre Tochter richtig glücklich zu machen. Diese Chance war Manuela nicht gewillt verstreichen zu lassen.

„Also suchen wir ein Pferd, ein sehr ruhiges Pferd."

Georg lachte: „Also ich weiß ja nicht, ob wir so eines finden werden, denn eine alte Weisheit besagt, dass Pferde vorne beißen, hinten schlagen und sich in der Mitte unbequem sitzen. Aber wenn wir Glück haben, finden wir etwas Passendes."

Manuela erinnerte sich an den störrischen Esel, den sie als Kind gehabt hatte. Ihr Grauchen ging immer dann los mit ihr, wenn ihm danach war oder der Großvater, der alte Heinrich, ihm Pfeffer oder eine Distel in den Allerwertesten gesteckt hatte. So amüsierten sie sich beim Auffrischen alter Erinnerungen, als Katja aus Schleswig nach Hause kam.

Sie erzählte, dass sie gerade an diesem Tag das Gefühl gehabt hatte, dass Josie sie erkannt hatte. Sie hatte kräftig ihre Hand gedrückt.

Manuela rief sofort in der Klinik an und verlangte den Arzt zu sprechen. Er bestätigte die Fortschritte, die Josie nach und nach machte. Um noch bessere Ergebnisse zu erreichen hatte er vor sie in die Sterbestation zu verlegen, da zu diesem Zeitpunkt, an dem sich Josies Gehirn in bescheidenem Maße zu regenerieren schien, für Josie nur absolute Ruhe angebracht war. Er sprach auch von Katja, dass sie ein Segen für ihre Großmutter wäre und ihre Idee sei zwar ausgefallen, aber einen Versuch wert.

„Welche Idee von dir meinte der Arzt?", fragte sie Katja nach dem Telefongespräch.

„Ich bring der Omi ungiftige Fingerfarben mit. Wenn sie will, kann sie damit malen. Vielleicht weiß sie ja noch wie`s geht. Wenn nicht, kann sie die Farben notfalls auch essen. Das schadet ihr zumindest nichts."

Manuela staunte. „Du meinst, das klappt?"

„Ich könnte mir vorstellen, dass es klappt, denn die Regionen für die musischen Fähigkeiten sitzen nicht zwangsweise dort im Gehirn, wo das Sprachzentrum ist. Vielleicht ist die Malerei ein Weg sich mit Josie zu verständigen."

Natürlich, dachte Manuela, genial, was sich Katja ausgedacht hatte. Schade, dass sie keine Medizinerin werden wollte, bedauerte Manuela. Aber ohne das Latinum ging es sowieso nicht. Sie konnte nur hoffen, dass Katja noch etwas Vernünftiges bei ihrer Berufswahl einfiel.

Apothekerin hatte sie nach einer dreimonatelangen Probezeit abgebrochen, mit dem Hinweis darauf, dass sie zu jung sei um einer Arbeit nachzugehen, bei der sie die Sonne erst während der Arbeit aufgehen und nach der Arbeit im Rückspiegel ihres Autos untergehen sähe.

Eine von Katjas Lehrerinnen hatte Katja ein Schauspielstudium empfohlen. Einfach unerhört, so etwas jemandem mit Abitur zu empfehlen, fand Manuela. Georg hatte wieder einmal gelacht und gesagt:

„Wenn sie das Zeug dazu hat, wird sie es sowieso, ob wir das nun zu verhindern versuchen oder nicht. Aber wenn wir richtige Überzeugungsarbeit leisten, lernt sie wenigstens erst einmal einen anständigen Beruf."

Der Versuch mit Josie gelang. Sie malte in der Klinik, noch unfähig einen Satz zu sprechen oder zu gehen, drei ihrer schönsten Bilder, die sie in ihrer Künstlerkarriere je gemalt hatte. Die Ärzte staunten über diese Entwicklung. Die EEG-Messungen ergaben, dass sich neue Nervenbahnen vom Gehirn zum Kleinhirn ausbildeten. Nun gab es jeden Tag irreversible Fortschritte, die Josie dem Leben wieder nahe brachten.

Karl war nun soweit genesen, dass er in ein Zimmer im Krankenhaus von Schleswig einziehen konnte um mit Josie gehen und sprechen zu üben. Er leistete hartnäckig seinen Beitrag zu ihrer persönlichen Rehabilitation.

Nach einem dreiviertel Jahr im Krankenhaus wurde Josie entlassen. Äußerlich war ihr der schwere Schicksalsschlag anzusehen. Ihre Haare waren blütenweiß geworden und ihr linkes Augenlid hing etwas.

Doch von innen heraus strahlte Josie. Ein Mensch, nämlich ihre Enkeltochter, hatte die ganze Zeit an ihre Wiedergeburt geglaubt, denn was ihr geschehen war, sah nicht nur sie als Reinkarnation an. Besonders die Ärzte sprachen von einem Wunder.

Josie jedoch liebte Katja mehr denn je. Das fest geknüpfte Band war unzerreißbar geworden. Manuela wusste dies und war einerseits glücklich, dass es Josie durch Katja gelungen war, wieder in das Leben einzutauchen, andererseits aber auch ein wenig traurig, dass es ihr nicht gelungen war, so eine Verbindung zu ihrer Tochter aufzubauen.

Hoffnung

„Frau Svenson, wir können nun nichts mehr für ihre Frau Mutter tun. Wir haben einen Anus präter und einen Dauerkatheter gelegt und nun muss die Natur sich selbst helfen. Nur die Zeit kann ihre Mutter heilen. Bringen Sie sie in einem Pflegeheim unter, wo man sich um sie kümmert, wo sie Krankengymnastik erhält, damit sie wieder laufen lernt.

Wenn ihr Allgemeinzustand sich so weit gebessert hat, dass ihr Kreislauf stabil ist, können wir überlegen, ob eine weitere Operation zu verantworten ist, die den Darm wieder in seine ursprüngliche Lage zurückbringt. Auf jeden Fall müsste die Enddarmfistel dann herausgeschnitten werden. Nach sechs Wochen sollten Sie ihre Mutter den Ärzten noch einmal vorstellen."

Zwölf Wochen voller Bangen und Hoffen auf eine Besserung von Manuelas Zustand waren wie im Flug vorbeigegangen. Katja schaute dem Arzt ungläubig ins Gesicht. Das sollte nun alles gewesen sein, was die Ärzteschaft dieses Krankenhauses zu leisten vermochte? Mit diesem Ergebnis sollte sie sich zufrieden geben?

Sie nahm also eine nach wie vor schwer erkrankte Frau mit zu sich nach Hause? Gar nicht nach Hause, sondern in ein Pflegeheim! So war das aber nicht geplant, hätte sie dem Arzt am liebsten entgegen geschrieen. Stattdessen fragte sie:

„Können Sie mir ein gutes Pflegeheim empfehlen?"

Der Arzt antwortete: „Nein, so aus dem Stehgreif nicht, aber unsere Verwaltung kann Ihnen sicher weiterhelfen. Achten Sie darauf, dass ausgebildete Fachkräfte ihre Mutter versorgen."

Damit wandte er sich zum Gehen.

Katja war mit Manuela allein. Katja dachte nach. Sie überlegte, welches Heim in ihrer Nähe in Frage käme, als Manuela nach ihrer Hand griff. Katja blickte überrascht hoch.

„Meine liebe Tochter, du bist alles, was ich habe", sagte Manuela leise, „ich wollte zu dir, aber es hat nicht sollen sein. Ich brauche so viel Pflege. Ich brauche ein ganz kleines Krankenhaus."

Katja nickte und erwiderte: „Ich weiß, Mama, aber ich werde dich so oft ich kann besuchen. Ich habe dich lieb. Aber ich kann dich nicht so pflegen, wie du es brauchst."

Dabei dachte Katja, dass sie es nicht nur nicht konnte, sondern auch nicht wollte.

Manuela verstand ihre Tochter in diesem Augenblick. Sie hätte ihre Mutter auch nicht in solcher Weise pflegen können. Auch Katja musste daran denken. Sie streichelte ihrer Mutter den Kopf, strich ihre Haare glatt und dann beugte sie sich über sie und küsste sie.

„Du brauchst keine Angst zu haben. Ich bringe dich in ein kleines Pflegeheim, in dem gut für dich gesorgt wird."

Manuela lächelte und schloss die Augen vertrauensvoll. Eine gute Viertelstunde saß Katja dicht an ihrem Kopf und beide fühlten die Nähe zueinander. Dann öffnete Manuela plötzlich ihre Augen und sagte:

„Noch nie im Leben waren wir beide uns so nah." Katja nickte und spürte in den Augen die Tränen der Rührung aufsteigen. Sie hatte verdammt Recht, dachte sie. Ich habe das Gefühl, dass sie momentan völlig klar ist. Aber sie ließ sich nicht vollkommen täuschen, es würde immer wieder Augenblicke geben, in denen Manuela verwirrt war.

Aber in diesem Moment schien sie völlig bei Sinnen zu sein. Katja war froh diesen Moment erlebt zu haben, denn lange hatte es so ausgesehen, als wären die gesundheitlichen Schäden, die sie im Verlauf ihrer Erkrankung erlitten hatte, irreparabel. Ein Hoffnungsschimmer erhellte das karge Krankenzimmer.

„Möchtest du Tee oder Kaffee? Ich hole uns eine Tasse", schlug Katja vor.

„Gerne einen Kaffee, mein Schatz", war Manuelas Antwort.

Katja trat auf den Flur und schnäuzte kräftig in ihr Taschentuch. Dann holte sie einen Kaffee aus dem Kaffeeautomaten.

In der nächsten Woche würde ihre Mutter verlegt werden. Noch heute, nahm Katja sich vor, würde sie mit dem Heim Kontakt aufnehmen. Dann bräuchte sie nur fünf Minuten mit dem Auto zu fahren und könnte ihre Mutter öfter und länger besuchen. Das Wichtigste aber war: Ihre Mutter würde leben. Zwar wäre sie ein Pflegefall, hätte aber die Chance noch einige Jahre ein lebenswürdiges Leben zu leben.

Obwohl sie sich dies immer wieder sagte, hatte Katja ein schlechtes Gewissen. Durfte sie Manuela in ein Heim geben? Gewiss hatte Manuela nie damit gerechnet in einem Altenheim zu landen. Aber Katja wusste genau, dass sie es nicht schaffen würde, wenn sie Manuela bei sich zu Hause hätte, nicht unter diesen Voraussetzungen. Manuela brauchte vierundzwanzig Stunden Beobachtung und Pflege.

Eine der älteren Schwestern des Krankenhauses hatte zu ihr gesagt:

„Haben Sie kein schlechtes Gewissen Ihre Mutter in ein Pflegeheim zu geben. Nicht einmal ich könnte für sie sorgen, nicht einmal, wenn es meine eigene Mutter wäre. Glauben Sie mir, Sie schaffen es nicht. Sie braucht professionelle Hilfe."

Katja nahm sich vor mit ihrer Mutter gehen zu üben, bis sie entlassen wurde. Sie freute sich schon auf das erste Mal, wenn sie beide im Patientenkaffee Platz nahmen um ein schönes, großes Stück Torte zu essen.

Teil 4

Albtraum

Ich kann nicht einschlafen, denn meine Probleme lassen mich nicht zur Ruhe kommen. Ständig bin ich aufgedreht, überdreht und auch verdreht. Wenn andere Menschen schlafen gehen, tue ich noch viele Dinge, die ich glaube tun zu müssen. Bis tief in die Nacht, manchmal auch bis zum frühen Morgen, halten meine Gedanken mich hellwach. Sie spielen Roulette. Sie wandern hierhin und dahin.

Manchmal springen sie von einem Thema zum anderen, wie zufällig landen sie irgendwo im Sumpf aller Gedanken, die je gedacht worden sind. Manchmal spüre ich, dass sie direkt aus meinem Innern hervorbrechen. Oft jedoch sind sie fremdbestimmt, von anderen Geistern längst erdacht, von meinem Hirn nur aufgegriffen, wie man herrenlose Hunde aufliest.

Sie hängen sich meist an einem einzigen Wort auf und fangen dann an zu rotieren. Doch sie kehren immer wieder zum Ausgangspunkt zurück. Die Sorge um meine Mutter ist ihr zentrales Thema. Sehr langsam sucht mich während so einer Nacht der Schlaf und kriecht sich schleichend in mein Hirn. Meine Augen fangen sich an zu drehen, mir wird schwindlig im Kopf wie bei einer Achterbahnfahrt.

Erleichtert denke ich noch: Jetzt schlaf ich gleich ein. Dann passiert es:

Ich sehe mich vor meinem Bett stehen. Über den chinesischen Fächer, der über dem Kopfteil an der Wand hängt, ist ein schwarzes Tuch gespannt. Quer über dem Bett in Höhe des Kopfkissens liegt meine Mutter und schläft tief. Ihr zahnloser Mund ist weit geöffnet und stößt ihren Atem rasselnd aus.

Ich möchte in mein Bett, aber sie liegt da und blockiert es. Sie boykottiert mein Schlafbedürfnis. Wenn sie die Luft ausatmet, bläht sich über ihr das schwarze Laken wie ein Segel.

Ich bin so müde, doch als ich drohe im Stehen einzuschlafen, nehme ich eine kleine Bewegung neben dem Segel wahr. Eine große schwarze

Spinne kriecht mit auf der Tapete schabenden Beinen unter dem Rand des Segels hervor.

Ungläubig starre ich das Tier an. Während meine Augen anfangen zu brennen und tränen, schiebt sich ein zweites Exemplar dieser schwarz behaarten Gattung hervor. Gebannt starre ich sie an und bemerke weitere Spinnen, immer mehr drängen sich heraus, quellen schließlich über das Kopfkissen, verteilen sich über meiner ahnungslosen Mutter, über dem ganzen Bett. Mein Entsetzen lässt mein Herz schneller schlagen. Sein hartes Pochen füllt meine Ohren, meinen Kopf aus. Doch mein Schrei erstickt an Luft aus Watte.

Fluchtartig verlasse ich den Raum und stürze zum Keller. Unter dem Haus liegt ein dunkler, feuchter, modrig riechender Keller. Dort suche ich eine Matratze. Ich muss bei meiner Suche immer tiefer hinein in die dunklen, niedriger werdenden Kellergänge.

Mir fällt auf, dass die Gänge immer schmaler werden, sodass ich kaum noch hindurchpasse. Endlich habe ich eine schwere Matratze gefunden. Ich zerre und schiebe sie durch die zusammenrückenden Mauern. Ich bekomme kaum noch Luft.

Panik steigt in mir hoch. Ich keuche vor Anstrengung und Angst. Wo der Ausgang des Kellers ist, habe ich vergessen. Schließlich stecke ich fest. Die Kellerwände drohen mich zu erdrücken. Ich bekomme keine Luft mehr. Verzweifelt ringe ich nach Atem. Sterbe ich?

Ich wache auf.

Der Anruf

Katja schüttelte sich, als wollte sie die Kälte der Telefonzelle abschütteln. Sie wünschte, sie hätte das Gespräch mit ihren Eltern zu Hause in ihren warmen vier Wänden führen können. Da hätte sie sich das heiße Klima von Panamà eher vorstellen können. Ihre Stimmen hatten so dicht geklungen, als wohnten sie eine Straße weiter. Sie verließ die Telefonzelle, deren Glaswände schon beschlagen waren, als wäre die Luft Panamàs durch den Hörer geströmt um sich dann am Glas niederzuschlagen.

Als Katja die Tür ihres Reihenhauses öffnete, kam ihr Robert entgegen und nahm sie in die Arme.

„Sag schon, wie war`s? Ist da drüben alles in Ordnung?", fragte er.

Sie nickte. „Sie wollen, dass ich komme. Zu Sylvester."

„Zu Sylvester?", echote er.

„Ja." Sie nickte wieder und wiederholte: „Zu Sylvester."

Er schaute traurig.

„Wir fragen Tante Janne, ob sie dir mit den Kindern hilft," schlug sie vor.

Jetzt nickte er, aber er sah immer noch traurig aus, fand sie.

„Lass uns Schach spielen," sagte sie um ihn auf andere Gedanken zu bringen. Sie wusste, er würde unter einer Trennung leiden. Außerdem war Felix noch so klein. Es widerstrebte ihr ihn zu verlassen.

Würde der Kleine sie nach drei Wochen wiedererkennen? In Gedanken wäre sie immer bei ihrer Familie, das wusste sie jetzt schon.

Robert stellte wortlos das Schachspiel auf den Tisch. Katja schaute auf die schwarzen und weißen Felder, die mit chinesischen Malereien verziert waren, als sähe sie die Bilder zum ersten Mal. Sie hatten das Spiel in China-Town von San Francisco auf ihrer Hochzeitsreise gekauft. Dabei hatten sie sich geschworen mindestens so lange zusammenzubleiben, solange die beiden Hälften des Spiels zusammenhielten.

Die großen geschnitzten Holzfiguren ließen sie in den kleinen Schubladen des Bretts, weil sie die handlicheren Elfenbeinfiguren zum Spielen benutzten. Diese Figuren stammten noch aus Birkenhain und hatten die Flucht aus Ostpreußen überstanden. Zur Hochzeit hatte Manuela ihnen die Figuren, jede einzelne in Seidenpapier verpackt, geschenkt.

Als sie den Karton, in dem die Figuren lagen, überreichte, glitzerten ihre Augen. Den Entschluss sie Katja zu schenken, hatte sie gefasst nach einem Spiel mit Georg, bei dem sie gewonnen hatte und er in einem plötzlichen Wutanfall das Brett mitsamt den Figuren auf die Erde geschleudert hatte.

„Du hast Weiß", erinnerte sie Robert.

Sie machte ihren ersten Zug. Sein Gegenzug kam schnell. Das zeigte ihr, dass er sich noch nicht auf das Spiel konzentrierte. Deshalb ließ sie sich bewusst mehr Zeit für ihren nächsten Zug, damit er langsamer spielte. Fast trotzig zog er schnell ohne zu überlegen seine nächste Figur. Der Vorteil für sie war nun offensichtlich, doch sie überlegte absichtlich lange, wie sie weiterspielen würde.

An seinem Gesicht konnte sie schließlich erkennen, dass er seinen Fehler erkannt hatte. Sie schlug seinen Bauern, den er ohne Schutz gelassen hatte. Er tat ihr leid. Die Niederlage war kaum noch zu verhindern. Schließlich gab er nach einigen weiteren aussichtslosen Zügen auf. Nun waren sie bereit über den bevorstehenden Jahreswechsel zu sprechen.

Katja erzählte, wie sie aufgeregt in der Telefonzelle gestanden hatte, wie allein sie sich plötzlich vorgekommen war, dass ihr durch die täuschende Nähe der Stimmen die furchtbare Entfernung bewusst geworden wäre. Sieben Stunden Zeitunterschied, sie verstand plötzlich, welch Entfernung in diesem Zeitunterschied lag. Hier in Deutschland war schon Nacht, wenn drüben noch die Sonne vom Himmel brannte. Unvorstellbar erschien ihr dies.

Katja wollte nicht fahren.

„Du musst", sagte Robert.

Aber Katja hatte immer schon Angst gehabt, wenn sie allein irgendwo hinreisen musste. Wenn sie erst angekommen war, fand sie ihre Ängste immer töricht und überflüssig. Genauso war es bei ihren Reisen nach Frankreich und Kanada gewesen. Dieses Mal kam noch die Sorge um Felix dazu.

Auch Hannah war noch zu klein um sie alleine zu lassen. Leon und Alex würden sich über weniger Aufsicht schon mehr freuen. Die Beiden würden ihre Abwesenheit leichter verkraften.

Es gab noch vieles zu bedenken, bevor sie starten konnte. Morgen würde sie Tante Janne anrufen und sie um Hilfe bitten. Bei dem Frisör, den sie vom Reiten kannte, würde sie eine Perücke kaufen, damit sie nicht so leicht zu erkennen war. Sie musste ja damit rechnen, beschattet zu werden.

Im September kam eines Nachmittags Leon aufgeregt vom Spielplatz nach Hause gelaufen und erzählte, dass auf dem Wendeplatz ein Polizeiwagen stünde, in dem mit geschlossenen Fenstern vier Polizisten säßen, die bei der spätsommerlichen Hitze nicht ihre Dienstmützen abnähmen. Ihnen liefe der Schweiß über die Gesichter, berichtete er atemlos. Leon fasste nach ihrer Hand und zog sie energisch zur Haustür, damit sie sich die „Typen" ansähe. Katjas Magen zog sich schmerzlich zusammen, als sie bestätigt fand, was Leon erzählt hatte. Alle vier starrten aufmerksam in die Richtung ihrer Haustür.

„Wer weiß, wen die beobachten," murmelte sie.

Der aufgeweckte Leon sprach laut aus, was sie sofort gedacht hatte.

„Na uns, natürlich."

„Ach, das glaube ich nicht", meinte Katja abwiegelnd.

Aber Leon widersprach unbeirrt: „Die beobachten aber unser Haus."

Katja trat von der Haustür zurück und ging eilig durch die Essdiele, die Treppe hinunter, durchquerte das Wohnzimmer und schaute durch das große Terrassenfenster zum Parkplatz, der auf der Rückseite der Reihenhäuser war.

Auch dort stand ein Polizeibus mit mehreren Insassen, die ihrem Haus die blassen Gesichter zugewandt hatten.

„Haben die dort auch schon gestern gestanden?", fragte sie Leon, der sie aufmerksam mit seinen Blicken verfolgt hatte.

„Nein", lautete seine Antwort.

Katja überlegte, bestand da möglicherweise ein Zusammenhang mit dem kurzen ersten Anruf, den sie aus Panamà bekommen hatten? Gestern war sie mit Robert das erste Mal zusammen zu einer Telefonzelle gefahren, von wo aus sie zurückriefen.

„Leon, behalte deine Vermutungen bitte für dich. Sage Alex nichts davon", bat sie ihren Ältesten.

„Kannst dich auf mich verlassen. Das bleibt unser Geheimnis. Alex ist noch viel zu klein für so was", versprach Leon.

Katja musste unwillkürlich grinsen. Leon war ja nur zwei Jahre älter als Alex.

„Du sprichst bitte auch nicht mit den anderen Kindern auf dem Spielplatz darüber. Wenn die Polizisten dich etwas fragen, dann weißt du nichts. Kommt dann bitte sofort nach Hause", ermahnte sie Leon.

„O.K. Mama."

Dann zog er wieder im Laufschritt ab, nicht ohne sich schnell einen Apfel vom Obstteller geschnappt zu haben. Er aß eigentlich ständig und meistens lief er, wenn er sich fortbewegte.

Als Robert nach Hause gekommen war und die Kinder alle in ihren Betten lagen, erzählte Katja ihm von den Polizeiwagen. Er stimmte ihrer Vermutung, dass sie beschattet wurden, zu. Vermutlich wurde auch ihr Telefon abgehört.

„Ruf bitte einen Makler an, ich will umziehen," bat Katja, die von Platzangst ergriffen wurde, so oft sie auf die Rückseite des gegenüberliegenden Reihenhauses blickte.

Nun auch noch von Polizeiwagen eingeengt zu werden überstieg ihre Toleranzgrenze. Immer noch träumte sie vom Sophienhof, auf dem sie alle so glücklich gewesen waren. Dort hatte sie sich frei gefühlt. Sie war über eigene Felder geritten. Der Himmel öffnete sich über einem, wenn man aus der Haustür trat. Da gab es keine Nachbarn, die einem vorschrieben, wann der Rasen zu mähen sei.

Hier in dieser Siedlung mit den kleinen Minigärten, der im Dunkeln ihrer Küche zigarettenrauchenden, neugierigen Nachbarin, die sie gleich nach dem Einzug beschimpft hatte, ihr Hund hätte seinen Haufen auf ihr Grundstück gesetzt, nein, hier würde sie niemals glücklich werden.

Als Horrorvision hatte sie die Suche nach Hannah empfunden, die eines Tages unauffindbar zu sein schien. Bei sämtlichen Nachbarn hatte sie geklingelt, bis sie das Kind schließlich zusammengerollt in der Ecke hinter ihrem Kinderbett fand. Hannah, die seit dem plötzlichen Umzug vom Sophienhof nach Hamburg nicht mehr essen wollte und erschreckend abmagerte, litt an Heimweh und einer Depression, die durch den Verlust ihrer geliebten Omi entstanden war.

Bei der Kinderärztin erhielt Katja einen appetitanregenden Saft für ihre Tochter, der schließlich Wirkung zeigte. Da war Katja eigentlich schon klar, dass sie mit den Kindern wieder aufs Land ziehen mussten.

Dort würde sich auch Alex besser zurechtfinden. Einmal war er, weil er sich verlaufen hatte, von der Polizei nach Hause gebracht worden.

„Morgen rufst du bitte einen Makler an. Ich halte es hier nicht mehr aus. Du gehst auch kaum noch in den Garten. Ein Reihenhaus ist nichts für uns", versuchte Katja Robert zu überzeugen.

Sie dachte daran, dass er früher gern rausgegangen war an die Teiche oder zum Feuerplatz um dort ein Feuer mit alten Ästen zu entfachen. Auf dem Sophienhof hatte es Spaß gemacht sich im Freien aufzuhalten. Da gab es auch immer etwas zu tun. Oft half er seinem Schwiegervater in der Heuerntezeit. An den Pferdeweiden war an den Zäunen auch immer etwas zu flicken.

Sie hat Recht, hier ist man im Haus eingesperrt. Auf der Terrasse kann man nicht sitzen, ohne dass einen alle Anwohner der Straße beobachten. Uns fehlt die Weite des Himmels. Wir vermissen die Wälder, durch die wir reiten konnten. Zu Pferd konnte man Wild beobachten, Hirsche, Rehe und Hasen nahmen nur die Witterung der Pferde auf, nicht die der Menschen. Wenn wir durch die Landschaft galoppierten, lag die Freiheit vor uns.

Hier ist die Luft schwer vom Asphalt, von den erdrückenden Häuserwänden, vom Geschrei der vielen fremden Kinder. Ich ertrage es auch nur, weil ich meinen Computer vor mir habe, mich in meiner Arbeit versenken kann. Aber was hat sie? Nichts von Bedeutung. Sie braucht mehr als nur ihre Kinder.

Am nächsten Tag rief er gleich fünf Makler an. Ab dieser Zeit waren die Svensons auf der Suche nach einer neuen Unterkunft im Umkreis von fünfzig Kilometern um Hamburg herum.

Flug nach Panamà

Katja presste ihre rechte Wange gegen die eisige Scheibe des Taxis. In Flensburg hatte sie es gemietet. Es sollte sie problemlos über die Grenze bringen. Sie würde dann in einen Zug nach Kopenhagen steigen. In einigen Stunden suchte sie sich in der Nähe des Flughafens ein Hotel. Am nächsten Morgen stiege sie in die Maschine nach New York.

Robert war bei den Kindern geblieben. Katja fühlte sich sehr allein. Sie bedauerte, dass sie keine Geschwister hatte, die diesen Flug übernehmen oder mit ihr fliegen konnten. Wie immer stehe ich allein da, dachte sie. Sie war unsicher, was sie auf dieser Reise erwartete.

Ihre größte Angst war von Bekannten gesehen zu werden oder im Kopenhagener Hotel ihren Abflug zu verschlafen, sich in einem der Gates zu verirren und nicht das richtige Flugzeug zu erwischen. Was mache ich bloß hier, dachte sie, während sie in den immer dunkler werdenden Abendhimmel von Dänemark blickte. Warum bin ich nicht zu Hause bei meiner Familie?

Als sie den kleinen Bahnhof erreichten, rückte sie vor dem Aussteigen noch einmal ihre Perücke zurecht, zahlte den Fahrpreis und betrat den hell erleuchteten Bahnsteig, an dem ihr Zug schon wartete. Auf dem Weg zum Zug schienen ihre beiden Koffer immer schwerer zu werden. Sie waren vollgepackt mit Kleidung ihrer Eltern. Außer ihrer Handtasche trug Katja noch eine sehr schwere Handgepäcktasche über der Schulter.

Der Riemen dieser Tasche schnitt in ihre Schulter so tief ein, als wollte er ihr den Arm abtrennen. Sie wuchtete ihre Gepäckstücke ohne Hilfe in den Zug und wäre vor lauter Anstrengung fast ohnmächtig geworden. Nicht ein Kleidungsstück gehörte ihr und sie fragte sich, warum mache ich dies alles? Die Antwort war aber schon in ihrem Kopf. Sie schleppte sich mit den Sachen ihrer Eltern ab, damit sie in Panamà leben konnten. Oder, kam ihr der spontane Gedanke, damit sie nicht zu schnell zurückkamen.

Die eintönigen Fahrtgeräusche des Zuges wirkten auf Katja tröstlich. Der Zug glich den Zügen, mit denen sie und Josie von Flensburg nach Hamburg gefahren waren. Der abgestandene Geruch von feuchtgewordenem Skyleder, die flackernde Abteilbeleuchtung, in der jedes Gesicht in einem faden Weiß leuchtete, das gedämpfte Gemurmel der unbekannten Mitreisenden, umgab Katja wie eine schützende Hülle, hinter der man verborgen und unsichtbar war, sich aber trotzdem noch in einer menschlichen Gemeinschaft befand.

Erst in dem kargen Hotelzimmer traf Katja die Wucht des Alleinseins. Verzweifelt blickte sie immer wieder zu ihren Koffern, von denen nur die Lederhüllen ihr gehörten. Sie durfte Robert nicht anrufen, da sein Telefon vermutlich abgehört wurde. So rief sie den Portier an und bat darum um sieben Uhr geweckt zu werden. Würde sie das Telefon läuten hören?

Aus Angst etwas in dem Zimmer vergessen zu können legte sie sich angezogen in das frisch bezogene Bett. Sie schlief schnell ein, erwachte aber mehrmals während der Nacht. Die ungewohnten Geräusche auf den Hotelfluren ließen sie nicht in einen Tiefschlaf geraten. Als es endlich klingelte, glaubte sie die ganze Nacht wachgeblieben zu sein.

An der Rezeption bezahlte Katja die Nacht in bar, wie ihr Vater es ihr geraten hatte. Es sollten keine Spuren durch Kreditkarten gelegt werden. Vom Hotel aus nahm sich Katja einen Gepäckwagen, mit dem sie zum Flughafen fuhr. Immer wieder beschlich sie die Angst erkannt zu werden. Sie zog sich die Haare der Perücke weit ins Gesicht bis zur Passkontrolle, bei der sie die Haare zurückstrich, damit man ihr linkes Ohr sehen konnte.

Aufmerksam blickte sie sich um, wurde sie von irgendjemand beobachtet? Vielleicht von dem Mann mit der Zeitung vor dem Gesicht, der in der Abflughalle wartete. Oder schaute nicht immer wieder der Typ mit der eleganten Aktentasche zu ihr hinüber? Wo war denn sein Handgepäck? Man reise doch nicht nur mit so einer schlanken Aktentasche!

Und der kleine Graubart in seinem spießigen Anzug, musterte er sie nicht schon die ganze Zeit, seit sie sich auf einem der Wartesessel niedergelassen hatte?

Katjas Magen krampfte sich zusammen. Du musst lockerer wirken, einen entspannten Gesichtsausdruck zeigen, sagte sie sich und stellte ihre schwere Handgepäcktasche vor sich auf den Boden. Gleich gibt es Frühstück an Bord, da bestellst du dir ein Glas Champagner dazu, dann geht es dir gleich besser. Aber der Kurze kuckte doch immer noch. Sie drehte ihm, entschlossen ihn zu ignorieren, den Rücken zu. Als sie wieder hinschaute, war er verschwunden.

Sie blickte sich suchend um. Er konnte sich doch nicht in Luft aufgelöst haben. Ihr ungutes Gefühl im Magen flaute nicht ab, sondern nahm zu. Wo war er hingegangen? Als ihr Flug aufgerufen wurde, entdeckte sie ihn. Er stand mit einem anderen Mann zusammen. Sie tranken etwas aus Plastikbechern.

Als sie damit fertig waren, zerknüllten sie die Becher und warfen sie in den Abfallbehälter. Beide blickten zu ihr, es war, als würden sie sich über sie unterhalten. Katja beeilte sich und reihte sich in die Schlange der Wartenden ein, die jetzt dem Ausgang zustrebten, dort ihre Bordkarte vorzeigten und ins Flugzeug gelassen wurden.

Aufatmend glitt Katja in ihren Sitz in der Buisinessklasse. Die beiden Männer tauchten nicht in dieser Klasse auf. Endlich startete das Flugzeug. Die Triebwerke heulten auf und Katja wurde während der Beschleunigungsphase tief in ihren Sitz gedrückt. Plötzlich spürte sie eine Hand, die sich auf ihre legte.

Sie blickte ihren Nachbarn an und entdeckte eine südländische, männliche Schönheit neben sich, dessen Gesicht unter seiner olivfarbenen Haut sehr blass zu sein schien. Er hatte die Augenlider fest zusammengepresst und schien ein lautloses Gebet zu sprechen. Sie wagte ihn nicht zu stören, indem sie ihre Hand wegzog, darum ließ sie ihre Finger ruhig liegen.

Der Mann war vielleicht dreißig oder älter. Seine fast weiblichen vollen Lippen zitterten ein wenig, entweder von der Erschütterung durch das Flugzeug oder durch die körperliche Anspannung, mit der sich der Mann in seinem Sitz verkrampfte. Kein Zweifel, er hatte Flugangst.

Erst als das Flugzeug aus der steigenden Haltung in die waagerechte Flugbahn glitt, ließ der Druck seiner Hand nach. Katja zog nun ihre Hand fort. Sie spürte seinen Blick, sah ihn aber nicht an, sondern blickte aus dem Fenster. Das atemberaubende Blau des Morgenhimmels war fast wolkenlos. In dieser sonnigen Höhe konnte sie sich nur noch schwer an das triste dänische Grau erinnern, in dem Schnee und Eis lag und das sich vermutlich bis nach Norddeutschland hinzog.

Katja fühlte sich federleicht, als könnte sie jederzeit auf den weichen Wattewölkchen spazieren gehen. Sie lächelte, bisher war alles doch sehr gut gegangen, die Reise fing an Spaß zu machen.

Sie drehte den Kopf ihrem Nachbarn zu, der sie dankbar anlächelte. Sie lächelte zurück. War er taubstumm? Oder warum sagte er nichts? Aber da fiel ihr ein, dass er wohl kein Deutscher war und wahrscheinlich auch kein Däne. Sie rätselte, ob er Italiener, Franzose oder Spanier war, kramte in ihrem Gedächtnis nach französischen Vokabeln, suchte nach spanischen Brocken wie ein Hund seinen zersplitterten Knochen sucht, als sie doch nach einer halben Stunde von ihm angesprochen wurde.

Spanisch, sie bedauerte im Spanischkurs nicht fleißiger gewesen zu sein. Aber sie bemühte sich ihm zu antworten: „Muchas gracias, quiero algo a beber con mucho gusto." Er stand sofort auf und brachte zwei Gläser mit Orangensaft.

Noch während sie frühstückten, wusste sie, dass er aus Barcelona kam, Zahnarzt und auf der Reise nach Miami war. Zusammen tranken sie Champagner und sie genoss das Kauderwelsch, in dem sie sich unterhielten.

Sie lachten viel und die Zeit verging so schnell, als würde das Flugzeug vom Sonnenwind angetrieben. Ebenso schnell war Katjas traurige Stimmung, mit der sie Europa verlassen hatte, verflogen. Wieder war es ein Spanier, erinnerte sie sich an ihren Ausflug nach Granada, der sie aus trübem Weltschmerz errettete.

Auch in Grenoble hatte sie diese Erfahrung gemacht, dort hatte sie sich in einen Spanier verliebt, der wie sie die französische Sprache lernen wollte.

Sie hatte sich unter den vielen Studenten anfangs sehr einsam gefühlt, sogar ein Gedicht darüber geschrieben.Sie versuchte den Text in ihrem Gedächtnis wiederzufinden.

In die dunklen Berge
sinkt die fahle Sonne
und strahlt ihr letztes Licht
auf die heißen Dächer der Stadt,
die Versteck und Schutz
für Elend und Armut,
Reichtum und Glück
bedeuten.
Ich stehe am Fenster
und blicke hinunter
auf das Menschengewühl,
vom Sehen werden die Augen matt,
unterscheiden nicht Schmutz
von sauberem Gut,
ich wünsch mich zurück
zu meinen Leuten.

Sie fragte den Zahnarzt, ob er auch französisch spräche, aber er verneinte, so blieb es beim lustigen Kauderwelsch, in dem sie versuchte ihm von dem anderen Katalanen zu erzählen, seinen Namen konnte sie noch fließend sagen: Pedro Mas de Xarxas Gasso, aber der Zahnarzt, der Ramon de Morino hieß, kannte ihn nicht.

Katja dachte, Ramon ist ein schöner Name, so hätte auch ein Kind von mir heißen können. Sie musste gelächelt haben, denn Ramon fragte sie, warum sie lächelte. Sie erzählte von ihren vier Kindern und sah seine Augen staunend aufleuchten. Das lange unvollkommene Gespräch, das aufrichtige Interesse an ihr und ihrem Leben tat Katja gut.

Sie fragte sich, wann sie mit Robert so intensiv gesprochen hatte. Mit ihm sprach sie meistens über Alltägliches. Vieles bewegte sich um das Verschwinden ihrer Eltern. Posteingänge hatten fast immer damit zu tun und darum kreisten ihre Gespräche.

Wann zuletzt hatten sie über Persönliches gesprochen? Wo waren die Illusionen und Wünsche geblieben? Es gab keine Entspannung mehr in ihrem Leben. Wann hatten sie zusammen so gelacht, wie sie es gerade mit diesem Fremden tat? Die Sehnsucht nach Unbeschwertheit zerfraß ihre Seele, Stück für Stück.

In Miami stieg Ramon aus. Er gab ihr seine Adresse und Telefonnummer und küsste sie zum Abschied direkt auf den Mund. Katja wurde wieder an Granada erinnert. Waren alle Spanier so? Ramon hatte sie verzaubert und ließ ihr den Zauber, obwohl er ausstieg.

Er winkte ihr am Ausgang noch einmal zu und verschwand. Sie musste auch aussteigen, war aber Transitreisende, die nur ihren Pass zeigen musste und dann wieder in die Maschine stieg. Sie wusste, dass sie Ramon nicht wiedersehen würde, steckte sein Adresse aber sorgfältig weg, wie einen Schatz bewahrte sie seine Karte jahrelang auf.

Während des Fluges von Miami nach Panamà City schaute Katja unentwegt aus dem Fenster. Draußen waren keine Wolken zu sehen nur Sterne, Millionen von Sternen, viel mehr als zu Hause. Sie funkelten wie hingeworfene, zufällig ausgestreute Edelsteine. Überwältigt von ihrer Pracht beobachtete sie den Nachthimmel, bis ihr die Augen tränten. Als sie sich Panamà näherten, sah sie den Mond, seine liegende Sichel schien dem Flugzeug den Weg zu weisen, denn kurz darauf setzten sie zur Landung an.

Katja war sich nicht sicher, ob sie abgeholt würde. Das Gefühl der Spannung setzte ein. Ihr Magen rotierte. Würde sie gleich erkannt werden? Vorsichtshalber nahm sie nun ihre Perücke ab. Sie verstaute die rötliche Lockenpracht im Handgepäck und schüttelte ihre verschwitzten dunklen Haare. Sie brauchte nach dieser Reise als erstes eine lange Dusche.

Als sie mit den anderen Passagieren den langen Gang bis zur Passkontrolle hinuntergetrieben wurde, erblickte sie dicht neben dem

Passkontrollschalter ihren Vater. Sie erschrak, er hatte weiße Haare bekommen und sah viel älter aus, als sie ihn in Erinnerung hatte. Als ihr Pass kontrolliert war und sie ihr Visum abgegeben hatte, schloss er sie in seine kräftigen Arme. Sie brauchte dank seiner mit ihrem Gepäck durch keine Zollkontrolle. Er hatte die Beamten mit zwanzig Dollar bestochen und ihnen erklärt, er würde eine deutsche Botschaftsangehörige abholen.

„Lass dich anschauen", sagte Georg im Taxi zu ihr, „du siehst zwar ein bisschen übernächtigt aus, aber du bist sehr hübsch geworden."

Sie hätte fast erwidert, dass sie sich über sein Aussehen erschrocken hatte, sagte aber dann:

„Du siehst auch gut aus. Das Klima scheint dir zu bekommen."

Schwer drückte sie ihre Pelzjacke. Sie hatte das Gefühl ein Klecks Butter in der heißen Sonne zu sein, obwohl es Nacht war, empfand sie die Hitze des Landes als unerträglich. Ihre langen Hosen klebten ihr an den Beinen. Im Rückspiegel beobachtete sie Senior Himenez.

Er bewunderte die blasse Haut ihres Gesichts, das von dem Nerzkragen ihrer Jacke umschmeichelt wurde. Ein Anblick, dachte er, den man nur aus dem Fernsehen kennt. Er nahm sich vor den Pelz zu berühren, wenn sie ausstiegen. Einmal im Leben hatte er die Chance ein echtes Tierfell anzufassen. Es sah wunderbar weich aus, er würde seiner Frau davon erzählen.

Katja machten seine Blicke nervös. Gerade erzählte er ihrem Vater etwas auf Spanisch, der lachte und erwiderte etwas, als wäre sie gar nicht vorhanden. Dann übersetzte Georg, dass Senior Himenez ihr Komplimente machte über ihre Schönheit.

Das besänftigte sie und sie dachte an Ramon und Robert. Machte er ihr noch Komplimente? Hatte Robert ihr je welche gemacht? Sie konnte sich nicht erinnern. Ihr war so heiß. Ihr Zuhause war unendlich weit weg.

Sie war gerade nach Hause gekommen, in ein anderes Leben, das fand hier in Panamà statt. Sie konnte sich plötzlich das Leben in Europa nicht mehr vorstellen. Sie konnte sich an nichts mehr erinnern und schlief während der Fahrt ein. Als sie aufwachte, ärgerte sie sich ein bisschen, dass sie erste Eindrücke vom Land durch ihren Schlaf verpasst hatte.

Sie wunderte sich, dass es immer noch so heiß war und Senior Himenez überhaupt nicht zu schwitzen schien. Er wirkte so sauber in seinem blütenweißen Hemd, das einen scharfen Kontrast zu seiner dunklen Haut bildete. Auch Georg sah frisch gebügelt aus. Sie hingegen fühlte sich völlig zerknittert, schmutzig und gealtert.

Als Senior Himenez bewundernd über das Fell ihrer Jacke strich, hätte sie ihm die Jacke am liebsten geschenkt, doch Georg zog sie energisch fort und sagte:

„Jetzt musst du erst mal deine Mutter begrüßen. Da kommt sie schon. Sie ist nicht mitgekommen, weil es ihr zu warm war und im Wagen vielleicht nicht genug Platz gewesen wäre."

Manuela hatte Tränen in den Augen, als sie ihre Tochter umarmte. Katja wunderte sich, dass Manuelas Arme wie immer glatt und kühl waren. Ihre eigenen waren heiß wie frisch gekochte Hummer.

„Ich fühle mich wie zerschlagen", sagte sie.

„Komm, mein Schatz, wir gehen nach oben, da kannst du eine Dusche nehmen und fühlst dich anschließend wie neu geboren", sagte Manuela mit verlockender Stimme.

Sie wusste genau, wie Katja sich fühlen musste, als ob sie in der Hölle gelandet war.

Nach der sanften Berieselung mit lauwarmem Wasser, das in unveränderter Temperatur aus dem Hahn floss, war Katja erfrischt und erholt, gewappnet für eine lange schlaflose Nacht, in der ihre Eltern alles von den Kindern, von Robert und den neuesten Entwicklungen in Deutschland wissen wollten.

Als plötzlich die Sonne aufging, war die Nacht mit einem Schlag vorbei, draußen wurden die Geräusche der Stadt immer lauter. Georg kochte einen starken Kaffee, aber selbst nach dem Kaffee schlief Katja erschöpft ein.

Ihre Eltern bewegten sich lautlos um sie herum, bis sie wieder aufwachte. Georg hatte ein fabelhaftes Menü zusammengestellt und sie stärkten sich für weitere Gespräche. Manuela schaute ihre Tochter immer wieder an, als wäre sie ein Wunder, ihr persönliches Wunder, ihr wurde klar, wie sehr sie Katja vermisst hatte.

In ihrer Gegenwart fühlte sie sich zehn Jahre jünger. Sie packten nach dem Essen lachend die Koffer aus und Katja erzählte von ihrem Missgeschick, als in Miami einer der Koffer, der Manuelas Dessous enthielt, aufgeplatzt war und plötzlich die Büstenhalter in Größe neunzig auf dem Laufband verstreut lagen. Einige hilfsbereite, männliche Passagiere hatten ihr geholfen die Teile einzusammeln und dabei verstohlen auf ihre Brüste geschaut.

Glücklich packte Manuela ihre Kleidungsstücke aus und ordnete sie in ihren begehbaren Kleiderschrank ein. Sie erklärte, dass die Kleiderschränke hier immer so aussahen, weil sie dann am leichtesten ungezieferfrei zu halten waren.

Als alles verpackt und die Koffer leer wie gähnende Mäuler von Ungeheuern herumlagen, machte sich Georg daran sie wegzupacken. „Ich habe meinen Badeanzug vergessen", bedauerte Katja. „Das macht doch nichts. Ich habe vier Stück zur Auswahl, einer wird dir schon passen", beruhigte sie Manuela.

Sie holte die Anzüge und Katja entschied sich schließlich noch immer zweifelnd, ob er ihr passen würde, für einen der unmodernen Anzüge. Manuela zeigte ihr „la piscina" im Dachgeschoss, das vom Kühlwasser der Klimaanlagen gespeist wurde. Dementsprechend kühl war das Wasser, ein absoluter Luxus in Panamà, denn die meisten Pools waren nach einigen Stunden warm wie Hundepisse.

Dieser Pool bedeutete eine echte Abkühlung und die hatte Manuela nötig. Außer ihr und Manuela war niemand auf dem Dach. Nur einige eindrucksvolle majestätisch blickende Geier standen in gebührendem Abstand am Dachrand auf dem Geländer, das den Dachbereich schützend umgab.

„Die verfluchten Vögel machen hier viel Dreck und jeden Morgen muss ein muchacho den Vogelabfall beseitigen, obwohl die Hausbewohner hier nur selten baden. Ich nehme an, das Wasser ist ihnen zu kalt", erzählte Manuela Katja, die begeistert im blauen Wasser schwamm.

Ritt durch den Urwald

Als schon die Nacht hereingebrochen war, öffneten Georg und Manu die Fenster und Georg fing an von seiner Expedition durch den Urwald zu erzählen.

„Du erinnerst dich sicher noch an Hinnerk Petersen. Er verkauft hier Grundstücke. Mit seinen Investoren reitet er durch das Darien, wo reiner Urwald ist. Dort hat er von der Regierung Parzellen gekauft, die er dann weiterverkauft an Anleger aus dem Ausland. Bei unserem Ritt waren drei Deutsche, Industrielle aus Dortmund und Essen, sowie ein Österreicher und ein Schweizer dabei. Und ich. Das war richtig abenteuerlich.

Die Pferde waren klein und drahtig. Meine Füße hingen zwanzig Zentimeter über dem Boden. Meine Hosen waren nach fünf Tagen durchgescheuert. An den Knien hatte ich Blasen, an den Händen auch. Die Haut hing mir in Fetzen vom Leib."

Er zeigte Katja die Narben von seinen Blasen und sie staunte:

„Ich kann mir dich gar nicht zu Pferd vorstellen. Kamst du nicht ins Rutschen?"

Er lachte: „Na, ab und zu schon, aber runtergefallen bin ich nicht."

Er nahm einen Schluck Whisky und fuhr fort:

„ Am ersten Tag war mein Muskelkater schlimm, am zweiten noch schlimmer, aber am dritten Tag fühlte ich mich auf meinem Gaul schon wie zu Hause. Ich hätte auch nicht zu Fuß durch diese unwegsame Gegend gehen mögen. Die Pferde fürchten sich vor nichts, sind trittsicher, eine wahre Lebensversicherung."

Katja schaute ihn bewundernd an. „Welche Tiere hast du im Urwald gesehen?"

„Ich habe viele Tiere gesehen. Die Brüllaffen schienen uns sogar zu begleiten. Sie schwangen über unseren Köpfen von Baum zu Baum. Aber mein aufregendstes Erlebnis war, als wir einen Pfad entlang ritten, der fast zugewachsen war mit Schlingpflanzen und Palmen. Unser Führer ging, stell dir vor, barfuß vor uns und schlug uns mit seiner scharfen Machete Äste aus dem Weg.

Da ich ja nun recht groß bin, saß ich etwas höher, weil auch mein Pferd das Größte war, und plötzlich hing so ein Ast, den der muchacho nicht erwischt hatte, mir genau vor dem Gesicht. Ich drückte den Ast beiseite und wunderte mich, wie warm er war, merkte aber im gleichen Augenblick, dass es sich bei dem Ast um eine ausgewachsene zweieinhalb Meter lange Barba amarilla handelte. Die ist hochgiftig auch für Menschen und sie schnellte plötzlich von einem Ast herab und ich schlug meine Hacken dem Zossen in die Flanken, sodass er völlig überrascht einen gewaltigen Satz nach vorne machte und die Schlange mich um Haaresbreite verfehlte und in die Luft biss."

Georg machte eine Pause, trank wieder einen Schluck und dehnte sich in seinem Sessel. Sie schwiegen, noch beeindruckt von seinem Erlebnis.

„Erzähl Katja mal von dem Baum, wo ihr Picknick machen wolltet", forderte ihn Manuela auf, die seine Geschichten zwar alle schon kannte und wusste, dass die Schlange jedes Mal länger wurde, die aber immer wieder davon hören wollte, weil sie sich daran berauschte, dass Georg in Lebensgefahr geschwebt hatte und es doch geschafft hatte heil aus diesem Abenteuer zu ihr zurückzukommen.

Sie war sehr stolz auf ihren Mann, der mit seiner Besonnenheit aus allen Abenteuern wiederkehrte. War nicht ihr Leben auch ein Abenteuer, das es zu bestehen galt? Auch in diesem Leben behielt er die Übersicht, führte sie behutsam hindurch. Sie hätte nicht ohne ihn leben mögen. Er bildete ihren Halt im Leben. Besonders in Panamà würde sie nie ohne ihn leben können, obwohl sie besser spanisch sprach als er.

Er fuhr fort zu erzählen: „Von Majagual Gold Hill ritten wir in die Richtung Puerto Pilon, eine kleine Indianersiedlung. Ich zeige es dir gleich auf der Karte."

Dabei wies er auf die große Landkarte, die an der Wand hing. Katjas Blicke wanderten zur Karte, die fremden Namen schwirrten in ihrem Kopf und sie musste an die große Landkarte von Ostpreußen denken, die früher auch immer an der Wand des Wohnzimmers bei ihren Eltern gehangen hatte. Es war so, als tauschten sie in ihrem Leben immer nur die Wandkarten aus. Auf dem Sophienhof waren es die Karten der umliegenden Gegend gewesen.

„Nach etwa zehn Kilometern kam ein kleiner Bach, der in den Gatunsee mündet. Dort war eine einladende Lichtung, wo unser Führer uns eine Rast gewährte, während wir mühsam von unseren Zossen stiegen, mehr oder minder wundgeritten, denn außer dem Schweizer war keiner von den Herren ein passionierter Reiter. Wir lockerten den Pferden nur die Sattelgurte und suchten ein Plätzchen, auf dem wir unser Picknick machen konnten.

Der Österreicher, übrigens ein ausgesprochen netter Kerl, Amtsrat Wildeck, fand einen riesigen Baum, um den noch die Reste einer Holzbank standen. Ein urgemütlicher Platz, an den wir unsere Lebensmittel schafften.

Als wir gerade Platz genommen hatten, fiel uns auf, dass unser Führer verschwunden war. „Na," sagte Hinnerk, „der wird sich doch nicht aus dem Staub machen, wenn er noch seine Bezahlung bekommen muss. Die wird er sich doch nicht entgehen lassen."

„Ich hatte kein gutes Gefühl. Immer wieder blickte ich mich unauffällig in der Gegend um, aber hinter der kleinen Lichtung war wieder dichter Urwald, Palmen jeder Gattung, Grün in allen Schattierungen. Ich fragte Hinnerk, wie lange er auf dem Rastplatz bleiben wollte. Er zuckte nur mit den Schultern und meinte, es sei Wahnsinn ohne Führer weiter zu reiten.

Er wollte noch ein wenig warten. Mittlerweile setzten uns die Mücken ziemlich heftig zu. Der eine Deutsche namens Otto war schon rot aufgequollen im Gesicht. Er wurde geradezu überfallartig von den Mosquitos angegriffen. Ich hatte nicht einen einzigen Stich. Mich verschonten sie."

Katja wunderte sich, denn in Hamburg war er es immer gewesen, der am meisten in der Sommerzeit von Mücken gestochen wurde. Sie erinnerte sich an seine von Quaddeln übersäten Beine. Normalerweise half bei ihm kein Anti-Mückenmittel. Sie hörte ihn weitersprechen und beobachtete Manuela, wie sie gebannt an seinen Lippen hing, als könnte sie die Geschichte dadurch noch spannender gestalten.

„Nach zwei Stunden war der Indio plötzlich wieder da. Wie aus dem Nichts tauchte er zwischen den Palmen auf und fing an zu schreien und zu gestikulieren. Hinnerk ging zu ihm und kam, nachdem er begriffen hatte, warum sich der Indio so aufregte, wieder zu uns und sagte, wir sollten schleunigst diesen Platz räumen. Ohne eine weitere Erklärung fing er an das Blechgeschirr einzusammeln. Seine hastigen Bewegungen spornten uns ebenso zur Eile an. Gerade als alles wieder in den Satteltaschen verstaut war, fing es an zu tröpfeln.

Der eine Deutsche, er hieß Manfred, rannte noch einmal zum Baum, er hatte seinen Fotoapparat dort vergessen. Er fand ihn nicht gleich und der Himmel brach auf und ließ einen Wolkenbruch los. Hinnerk brüllte ihm zu, dass er sofort zu uns kommen sollte. Er kam auch, aber er schleppte sich zu uns. Wir bemerkten, dass er am linken Arm völlig verbrannt war. Der Indio heulte etwas von Entweihung del loco oder so ähnlich.

Hinnerk erzählte uns, nachdem er bei Manfred Erste Hilfe geleistet hatte, dass wir an einem heiligen Ort der Indios gelagert hatten, an dem, wenn der Gott zornig wurde, einen brennender Regen herunterstürzte.

Die Indios kannten diesen Platz gut und mieden ihn, deshalb war unser Führer auch verschwunden und kam erst wieder um uns zu warnen, als er die Regenwolke entdeckte. Vor Jahren saß ein Mann, der ebenfalls nichts von diesem Ort wusste, unter dem Baum und wurde bis zur Unkenntlichkeit verbrannt. Nur an seinen Zähnen hätte man ihn identifizieren können."

Georg schüttelte sich und trank sein Glas aus. Katja fragte sich, wie viel ihr Vater zu der Geschichte dazu erfunden hatte. Er neigte zu sinnlosen Übertreibungen, aber sie musste zugeben, dass die Geschichte sie gefesselt hatte.

So ging es den meisten seiner Zuhörer, wenn er seine Geschichten erzählte. Beim Erzählen merkte man ihm an, dass er sich selbst auch immer wieder an seinen Geschichten begeisterte, darum brauchte man ihn auch nicht lange zu bitten weiterzuerzählen.

„Das Gebiet durch das wir dann ritten, war recht sumpfig und ich war wirklich froh, auf einem unerschrockenen Pferd zu sein. Das, was anfangs wie Baumstämme aussah, entpuppte sich plötzlich als eine Horde von Krokodilkaimanen, gefährliche Biester von zwei bis drei Meter Länge. Dazwischen lagen einige Kleinere, vermutlich ihre Jungen. Kannst du dich noch an die kleinen Krokodile in unserer Badewanne erinnern?"

Natürlich konnte sich Katja an den Schreck entsinnen, als sie ins Badezimmer kam und in der Wanne die kleinen Exoten entdeckte, die ihre Mäuler weit aufsperrten, sodass man eine große Orange hätte hineintun können.

Die jungen Krokodile waren für den ältesten Sohn ihrer Tante Janne gewesen, ein Geburtstagsgeschenk von seinem Patenonkel. Marvin sammelte solche Tiere, er hatte zu Hause einen kleinen Zoo. Wie hatte sie sich gefürchtet vor seinen Riesenspinnen und den Schlangen.

„Auf jeden Fall," fuhr Georg fort, „sahen sie allesamt Marvins Viechern sehr ähnlich. Die fressen sogar Hunde, die ihnen zu nahe kommen und ein Loch in eine menschliche Wade können sie auch reißen. Sie könnten einem sogar das ganze Bein abbeißen. Aber die Pferde ließen sie unbehelligt durch.

Aber glaube mir, wohl war mir nicht. Die ganze Zeit über begleiteten uns die Affen. Sie schwangen brüllend und keifend über uns von Ast zu Ast. Sie waren überhaupt nicht scheu, ein Zeichen dafür, dass auf diesen kaum erkennbaren Pfaden kein großer Publikumsverkehr herrscht."

Er lachte: „Vielleicht ist jetzt zur Weihnachtszeit mehr los."

Katja sah zu ihrer Mutter, die etwas unruhig auf ihrem Platz hin und her rutschte. Manuela wusste, dass sie nun nicht weiter zuhören wollte, denn sie hatte erkannt, dass Georg mittlerweile betrunken war. Sie sagte darum:

„Katja, es ist spät. Du musst jetzt schlafen gehen", als sei sie noch ein Kind, das zum Schlafengehen gedrängt werden musste, und als sei sie schuld daran, dass sie ihre Eltern wach hielt.

Aber ein Blick auf Georgs gerötete Wangen und seine glänzende Nase sowie seine verschwommenen Augen ließ sie ahnen, warum Manuela sie ins Bett schickte. Sie erhob sich und tat, als gähnte sie.

Dabei wurde ihr bewusst, dass sie wirklich müde war. Sie verabschiedete sich, wünschte eine Gute Nacht und suchte ihr Bett auf. Ein Weilchen hörte sie noch den Stimmen ihrer Eltern zu, die aber irgendwann für sie verstummten, weil sie eingeschlafen war.

Panamà City

Am nächsten Morgen erwachte Katja durch die vielen fremden Geräusche der Großstadt, Sirenengeheul von Polizeiwagen unterschied sie von Autoalarmanlagen und normalen Hupen, durchdringend schrien die typischen Quetzalvögel, die zu Hunderten in den Bäumen saßen, und in der Küche hörte sie Manuela und Georg angeregt miteinander sprechen. Im Wohnzimmer lief der Fernseher und brachte in schnellem Spanisch die neuesten Nachrichten.

Katja fiel das Brummen der Klimaanlage auf und sie wunderte sich, dass sie trotz der Anlage nassgeschwitzt war. Sie würde noch vor dem Frühstück schwimmen gehen, beschloss sie.

„Süße, geh erst mal schwimmen, dann essen wir gemeinsam und anschließend holen wir Franz Mey vom Flughafen ab. Du brauchst dann aber nicht mitzukommen, Manuela und du, ihr geht in die Stadt. Wir rufen gleich Himenez an, der kann euch fahren. Sein Sohn Alonso kann mich dann allein zum aeropuerte bringen."

Georg hatte den Tag schon im Griff. Nichts war ihm von seinem Alkoholgenuss am Abend vorher anzumerken.

Manuela und Katja machten mit Himenez eine Stadtrundfahrt. Im alten Stadtviertel stiegen sie aus und liefen zwischen den Ruinen herum. Bei einem Überfall um 1666 wurde das alte Panamà von Henry Morgan geplündert und in Brand gesetzt.

Trotz der Hitze fröstelte Katja, als ihr Manuela die Geschichte erzählte. Nicht einmal Pizarro war im 15. Jahrhundert so grausam wie dieser englische Eroberer, der Frauen und Kinder ermordete und 1672 von seinem König in den Adelsstand erhoben wurde.

Danach fuhr sie Himenez zu den Schleusen des Kanals. Nun würde sie das phantastische Bauwerk mit eigenen Augen sehen, von dessen Bau sie schon gelesen hatte. Das Buch „Panamà" hatte jahrzehntelang bei Robert unbeachtet in einer Ecke seines Bücherschranks gestanden. Über Nacht erhielt es Aktualität für die Familie und

Katja verschlang die dreihundertsechsundvierzig Seiten innerhalb von drei Tagen.

Der Königsberger Autor erzählt die fast hundertjährige Geschichte des Kanals, einer noch bis in die Gegenwart gültigen verkehrstechnischen Sensation, die geprägt war von menschlichem Versagen und Triumphen, technischen Fehlleistungen und Großtaten auf der anderen Seite, von finanziellen Spekulationen und Skandalen.

Das Interesse an einer kurzen Verbindung vom Atlantik zum Pazifik entstand am Anfang des 16. Jahrhunderts mit der Erforschung Zentralamerikas. Der spanische Eroberer Hernán Cortéz schlug eine Kanaltrasse durch den Isthmus von Tehuantepec vor, die sich schließlich zu damaliger Zeit als nicht durchführbar erwies. Andere Forscher sahen in einem Kanalbau durch Nicaragua oder Panamà die Verkehrslösung.

Der erste, der im Jahre 1523 eine Vermessung Panamàs in Auftrag gab, war Karl V., Kaiser des Heiligen Römischen Reiches Deutscher Nation. Es gab weitere Vorschläge von Kanaltrassen um 1529 und 1534. Auch die Bemühungen Alexander von Humboldts, die dazu führten, dass 1819 die spanische Regierung mit der Konstruktion des Kanals und der Gründung einer Gesellschaft, die ihn bauen sollte, offiziell bevollmächtigt wurde, führten zu keinem Ziel.

Die mittelamerikanischen Republiken versuchten daraufhin England und Amerika für den Kanalbau zu interessieren. So wurde zu Anfang des 19. Jahrhunderts französischen, englischen und amerikanischen Politikern klar, dass ein Kanal zur Überquerung des Isthmus notwendig wurde. Anfangs war Nicaragua im Gespräch. Sogar Costarica gab einen Kanalentwurf in Auftrag.

1880 wurde von Ferdinand Marie de Lesseps, dem Erbauer des Suezkanals, eine französische Gesellschaft gegründet. Mit 78 zu 8 Stimmen entschied man sich für Panamà als Standort für einen Kanal. Lesseps ahnte nicht im Entferntesten, welche großen Schwierigkeiten beim Bau des Kanals zu bewältigen waren.

Er ging von seinen Erfahrungen beim Bau des Suezkanals aus und ignorierte die Stimmen von Skeptikern, die wussten, dass der Bau der

Panamàbahn allein bis zu dreißigtausend Todesopfer gefordert hatte. Das Klima, der Urwald, das Gebirge, welches überwunden werden musste, und nicht zuletzt die hygienischen Verhältnisse im Land, die Seuchen wie Malaria und das Denguefieber hervorriefen, waren schließlich unüberwindliche Hindernisse, die auch Graf Lesseps keinen Erfolg gönnten. 1989 ging die von ihm gegründete Gesellschaft bankrott.

Erst 1902 entschieden sich die Amerikaner den Bau zu vollenden. Durch den Hay-Paunceforte-Vertrag erhielten die Vereinigten Staaten die alleinigen Rechte auf den Panamà-Kanal. Doch Kolumbien, zu dem Panamà damals gehörte, verweigerte eine Ratifizierung, durch die Amerika in den Besitz von einem 9,5 Kilometer breiten Landstreifen entlang des Isthmus gekommen wäre.

Ein neuer Vertrag war erst möglich, als Panamà sich von Kolumbien löste und von Amerika eine Garantie für seine Unabhängigkeit erhielt. Für eine ständige Verpachtung von einem 16 Kilometer breiten Landstreifen wurde Panamà mit einer einmaligen Abfindung von 10 Millionen US-Dollar entschädigt, außerdem erhielt das kleine Land eine jährliche Zahlung von 250000 US- Dollar, die im Jahr 1913 anfing.

Bei den Schleusen von Miraflores stiegen sie aus. Die Vormittagssonne brannte vom unbewölkten Himmel. Katja fühlte sich augenblicklich wie in Schweiß gebadet. Sie warf einen prüfenden Blick zu ihrer Mutter hinüber, die sich angeregt mit Senior Himenez unterhielt. Sie lachten und schienen Katja vergessen zu haben. Wie frisch und verjüngt Manuela wirkte, wenn sie so lachte.

Katja empfand ganz plötzlich die Ähnlichkeit zwischen ihrer Mutter und sich selbst. Nur ihre ausgelassene Stimmung konnte sie nicht teilen, denn sie verstand kaum ein Wort von dem, was von den beiden geredet wurde. Senior Himenez Augen blitzten und er zeigte sein fabelhaftes, strahlendes Gebiss beim Lachen. Er hätte für Zahnpasta Reklame machen können oder für die dritten Zähne, dachte Katja, während sie die Treppe zu den Schleusen hinter Manuela hinaufstieg.

Ein riesiges Containerschiff lag in der Schleuse. Es wurde von den kleinen Lokomotiven, die auf beiden Seiten des Schiffes an Land rangierten, sehr langsam hindurchgezogen. Der Abstand zwischen Schiffs- und der Schleusenwand betrug vielleicht dreißig bis vierzig Zentimeter. Eine Meisterleistung fand hier direkt vor ihren Augen statt.

„Hier gehen auch noch größere Schiffe durch," erläuterte ihr Manuela und Katja hörte mit Verwunderung den Stolz aus Manuelas Stimme heraus, als wäre Manuela eine Panamenin, die einer Ausländerin die Schönheiten und Sehenswürdigkeiten ihres Landes erklärte.

Auch Himenez versuchte ihr die Funktion der Lokomotiven zu erklären, aber sie verstand kein Wort. Wie alle Mittelamerikaner verschluckte er sämtliche s-Laute und Endsilben. Katja tat so, als bemühe sie sich ihn zu verstehen, aber ihre wenigen Spanischkenntnisse reichten dazu wirklich nicht aus und sie wünschte, Georg wäre da und könnte ihr alles erklären. Warum hatte er sie nicht zum Flughafen mitgenommen?

Sie schaute an der hohen Schiffswand hoch, die in tadellosem Zustand war und erinnerte sich an ihre Reise auf einem Frachter über den Atlantik und durch die Großen Seen von Amerika. Gern wäre sie an Bord dieses Schiffes gegangen, um es sich anzusehen oder mit ihm seine Fahrt durch den Pazifik fortzusetzen.

Wie immer, wenn sie große Schiffe sah, war es nun in Schulau an der Elbe, wo die Schiffe aus allen Nationen begrüßt wurden, oder hier in Panamà, durchfuhr sie schmerzhaft eine unbestimmte Sehnsucht nach Ferne und fremden Ländern.

„Du würdest am liebsten mitfahren", unterbrach Manuela ihre Gedanken.

„Du hast recht, es war schön auf dem Schiff, damals", sagte Katja und lächelte, weil sie sich freute, dass Manuela ihre Gedanken erraten hatte.

Manuela nahm Katjas Arm und sagte: „Ich würde am liebsten in ein Schiff einsteigen, das in die andere Richtung fährt, aber ich glaube, dass mir das in meinem Leben nicht mehr vergönnt sein wird."

Heimweh und Fernweh, wie dicht liegen sie beieinander, dachte Katja, es kommt nur auf den Standpunkt an.

Dann flohen sie vor der anbrechenden Mittagshitze in das Taxi. Himenez schaltete die Klimaanlage seines Wagens auf volle Kraft und kurze Zeit später wurde es für die beiden Frauen erträglich, aber Himenez bekam fast blaue Lippen, mit denen er immer wieder stammelte: „Mucho frío.", was Manuela zum Lachen brachte.

Als sie wieder im „casa roja" ankamen, war Georg schon wieder da. Mey war gekommen und nun in seinem Hotel, wo er sich ein wenig ausruhte. Für den heutigen Sylvesterabend war ein Tisch reserviert und man würde zusammen im Top des Holiday Inns eine rauschende Sylvesternacht mit Abendessen und Ball feiern.

Katja dachte entsetzt daran, dass sie gar keine passende Garderobe für einen Ball hatte, was sollte sie anziehen? Sie fühlte sich schrecklich. „Wir suchen etwas für dich heraus," versprach Manuela ihr, die sich selbst wunderte darüber, dass sie die Gedanken ihrer Tochter lesen konnte. Warum war das früher nie so gewesen?

Erst die reale Distanz schien ihr dazu verholfen zu haben ihre Tochter besser zu verstehen. Die Kleiderfrage war dann auch schnell geklärt und Georg atmete erleichtert auf. Gegen acht Uhr machten sie sich auf den Weg zum Hotel. Himenez fuhr sie wieder.

Katja wunderte sich, dass er immer Dienst hatte und bat Georg ihm einen guten Rutsch ins Neue Jahr zu wünschen. Himenez strahlte sie an. Das nächste Mal, wenn sie zu Besuch kam, wollte er ihr zur Begrüßung eine seiner Meistertorten backen.

Manuela schritt glücklich mit ihrer Familie durch das Foyer des Hotels, wo Franz Mey schon auf sie wartete. Galant gab er beiden Damen einen Handkuss. Schon hatte er Manuela seinen Arm gereicht und sie hakte sich bei ihm unter, als seien sie seit langem Freunde. Sie betrachtete ihn fast als einen solchen, denn bisher hatte er ihr Geld recht gewinnbringend angelegt. Außerdem war er in ihren Augen ein kultivierter, gebildeter Mann, der sich in jeder Gesellschaft tadellos zu benehmen wusste. Ihre Schritte gewannen neben ihm an Raum und wirkten schwingend, fand Katja, die am Arm ihres Vaters das Restaurant hinter Manuela betrat.

Sofort eilten einige Kellner herbei um die kleine Gesellschaft an ihren Tisch zu führen. Der Hotelmanager erschien und begrüßte sie mit etlichen Verbeugungen. Katja wünschte sich, Robert könnte sie so sehen, im langen bunten Seidenkleid ihrer Mutter mit einem Schweizer Bankier am Tisch. Sie bewunderte die ausgefallene Tischdekoration. In exotische Blumengestecke waren simple Tröten wie Blumen hineingesteckt worden, erst beim zweiten Hinsehen konnte man sie entdecken.

Um zwölf Uhr wurden sie herausgezogen und ein Höllenlärm damit gemacht, sodass Katja und vermutlich vielen anderen die Ohren schmerzten. Bis zu diesem Zeitpunkt wurde ein Fünf-Gänge-Menü gereicht, dazu ein milder, aber trotzdem hochprozentiger, vollmundiger Kalifornischer Rotwein. Als Vorspeise gab es Austern und Katja empfand Ekel, als sie sah und hörte, wie die Gäste die Austern in sich hinein schlürften, so als inhalierten sie einen Schleimbeutel.

Katja schob ihren Teller Georg zu, da sie sich erinnern konnte, dass er Austern liebte. Um so mehr genoss sie das argentinische Filet, das es als Hauptgang gab. Von dem Wein war sie fasziniert. Er schien ihr köstlicher zu sein, als der, den sie einmal auf Mallorca kennengelernt hatte, als sie zum bestandenen Abitur von Georg und Manuela eine Reise mit ihrem damaligen Freund spendiert bekommen hatte.

So lässt es sich doch leben, dachte Katja schon leicht beschwipst. Sie ließ ihre Blicke durch den kleinen Saal wandern, da sie die Gespräche ihrer Eltern mit dem Herrn Mey langweilten. Die ganze Zeit wurde über Aktien, Geld, Zinsen und dergleichen geredet. Das war eine Welt, die Katja verschlossen war. Schon bevor es zwölf Uhr schlug, musste sie mit knirschenden Zähnen mühsam ihr Gähnen unterdrücken.

Sie beobachtete ihre Mutter, da sie keine ansprechenden Männer entdecken konnte, sie fand die Panamenen klein, hässlich und unattraktiv. Etwas füllig thronte Manuela auf ihrem Korbsessel und neigte sich weit zur Seite um kein Wort von Franz, mittlerweile hatten sie Brüderschaft miteinander getrunken, zu verpassen.

Sie saugte seine Worte in sich hinein, wie ein Gläubiger den Messwein zu sich nimmt. Wenn sie eine Antwort geben wollte, wurde sie meistens von Georg unterbrochen, doch sie schaute ihn nie böse oder beleidigt an, wie Robert Katja anzuschauen pflegte, wenn sie ihn unterbrach, nein, sie pflichtete ihm kopfnickend bei. Ein eingespieltes Team, ob Robert und sie auch einmal so wirken würden?

Plötzlich sehnte Katja sich nach ihm und sie stand auf und verließ den Saal. Auf dem Weg zu den Toiletten befand sich ein Telefon. Sie nahm den Hörer ab und meldete auf englisch ein Gespräch nach Deutschland an. Als sie gefragt wurde, welches Zimmer sie habe, antwortete sie, das Gespräch ginge auf die Rechnung von Senior Franz Mey.

„Okay!" meldete die weibliche Stimme freundlich zurück.

Katja legte auf und wartete. Ihr war heiß und sie spürte, wie ihr der Schweiß zwischen den Schenkeln herunterlief.

Als es klingelte, nahm sie fast atemlos den Hörer ab.

„Liebster, warum konntest du nicht mitkommen?", heulte sie ins Telefon.

„Katja?", fragte Robert so weit weg.

„Ich wünsche dir ein frohes Neues Jahr", schrie sie fast in die Muschel.

„Ja, Liebling, danke ich dir auch. Ich hab dich lieb."

„ Ich dich auch." Katja schossen die Tränen in die Augen. „Ich vermisse euch so sehr."

„Wir dich auch", antwortete Robert. Dann nahm ihm Alex den Hörer weg und rief:

„Mama, Mama, schade, dass du nicht gesehen hast, wie ich geknallt habe."

Als Katja nicht gleich antwortete, rief er noch einmal
„Mama!",
   dann hatte Robert wieder den Hörer.

„Was ist los?", fragte er besorgt.

„Nichts, ich habe nur Sehnsucht nach dir und den Kindern."

Robert sagte: „Wir schaffen das schon. Komm nur heil wieder. Alles alles Gute wünsche ich dir, mein Schatz, und grüß deine Eltern von uns allen. Sie sollen gesund bleiben. Es tut ihnen bestimmt sehr gut, dass du da bist. Grüße auch von Tante Janne."

Katja konnte ihre tiefe Stimme im Hintergrund hören. „Danke, Schatz, ich liebe dich. Grüß Tante Janne wieder und sag ihr, wie dankbar ich bin, dass sie einhütet und dir so großartig hilft."

Dann beendete sie das Gespräch. In der Toilette puderte sie ihr Gesicht und zog sich die Lippen nach. Die verlaufenen Kajalspuren beseitigte sie, und als ihr Spiegelbild ihr zufrieden zurücklächelte, ging sie in den Saal zurück, wo heiße Samba und Salsa-Rhythmen das Tempo der Tanzenden bestimmte.

Die Musik war nun so laut, dass man sich kaum noch unterhalten konnte. Auch an ihrem Tisch war die Musik zu laut und Katja bemerkte, dass Manuela in dem Maße, in dem sie sich auf der Toilette wieder hergerichtet hatte, gealtert zu sein schien. Von ihrem Lippenstift war nichts mehr zu sehen, ihre Nase glänzte und ihre Augenbrauen hatten sich zusammengezogen. Sie war entweder von der lauten Musik genervt oder sie hatte Kopfschmerzen, eins von beidem, dachte Katja, als sie sich setzte.

Überraschenderweise drehte sich Franz Mey zu ihr und fragte sie, ob sie tanzen wollte. Ja, sie wollte. Katja sprang auf und reichte Franz ihre Hand. Sie zog ihn förmlich zur Tanzfläche. Aber er war auch auf diesem Gebiet für sie eine Enttäuschung.

Sie ließ es sich nicht anmerken, doch nach den drei Pflichttänzen hatte er zum Glück auch keine Lust mehr zum Tanzen. Sie fand ihn steif, unmusikalisch und uncharmant, denn außer über Geld hatte er anscheinend keine anderen Gesprächsthemen.

Nach dem Tanz wirkte er noch stiller und blasser, als sie ihn vorher beim Kennenlernen gefunden hatte. Plötzlich sprang er wie von der Tarantel gestochen hoch und stürzte zum Ausgang.

Ratlos schauten sie sich an. Manuela stellte die Vermutung an, dass ihm schlecht geworden war, vielleicht eine Fischvergiftung.

„Eine schlechte Auster."

Sie bestand darauf, dass Georg ihm folgte, was er sofort tat. Still blieben die Frauen zurück. Als Georg zurückkam, entschied er, dass sie nun in die Wohnung zurückfahren würden um Franz eine Medizin herauszusuchen. Er würde sie ihm bringen.

Franz lässt sich entschuldigen, ihm war zu übel um wieder zu uns an den Tisch zu kommen. Gleich, als Manuela das passende Medikament gegen Diarrhöe in ihrer großen Medikamentenschublade gefunden hatte, lief Georg los. Er hatte Himenez extra warten lassen.

Es dauerte lange, bis er zurückkam und Katja war schon eingeschlafen. Sie ließ das vertraute Gemurmel ihrer Eltern nur noch in ihr Unterbewusstsein eindringen. Gefiltert gelangte es in ihre Träume, wo es umgewandelt wurde in Meeresrauschen und Wellenplätschern, das sie beim Segeln begleitete.

Am nächsten Morgen fuhren sie gemeinsam ins „La ronda", ein weiteres Restaurant des Hotels, in dem man vorzüglich frühstücken konnte. Bei dem Buffet, das beherrscht wurde von reifen Mangos und riesigen Ananasfrüchten sowie kleinen, süßen Bananen, die es in Europa nicht zu kaufen gab, von Säften in den schönsten Farben, die eisgekühlt den heftigsten Kater vertrieben, den herrlich arrangierten Speisen, warm und kalt, bei deren Gerüchen einem das Wasser im Mund zusammenlief, schaffte es Franz ohne etwas von den Genüssen zu sich zu nehmen, bei ihnen zu sitzen und ihnen beim Schmausen zuzusehen. Man konnte sehen, wie er litt. Er war noch bleicher als in der vergangenen Nacht. Er erzählte, dass er von Panamà aus nach Kolumbien wollte, wo er sich mit Geschäftspartnern zum Lunch verabredet hatte.

„Franz, nehmen Sie die Tabletten mit und nehmen Sie alle Stunde zwei Stück, dann überstehen Sie die Tortur", riet Georg ihm.

Dankbar lächelte Franz und meinte: „Es muss eine Auster gewesen sein. So schlecht war mir schon lange nicht. Aber dank Ihnen, Manuela und Georg, fühle ich mich heute morgen schon wieder wie ein Mensch."

Er nippte an seinem Kaffee.

„Und noch eins," fügte Georg hinzu, „seien Sie sehr vorsichtig in Bogotá. Ein Menschenleben ist dort nicht all zu viel wert. Erst vor vier Wochen ist ein Mitarbeiter von Merry Lynch in Bogotá verschwunden.

Er ist bisher nicht wieder aufgetaucht. Man vermutet, dass er ermordet worden ist."

Franz schluckte, als er diese Warnung hörte. „Soll ich besser nicht fahren?", fragte er mehr sich selbst.

„Natürlich fahren Sie, Franz. Das ist wichtig für Ihre Kunden. Für uns war ihr Besuch auch sehr wichtig."

„Ich möchte Ihnen danken, dass Sie mich eingeladen haben. Ich versichere Ihnen, Georg, ich werde gut auf ihr Vermögen acht geben."

Georg lachte: „Wenn nicht, mein Junge, kriegst von mir noch so eine Auster geschickt."

Franz lachte auch. Ihm ging es wirklich wieder besser.

Zum Abschluss versprach er Katja bei ihrem geplanten Besuch in der Schweiz abzuholen. Georg erläuterte:

„Du wirst auf deiner Rückreise nach Deutschland etwas für Meys mitnehmen."

Irritiert schaute Katja ihn an. Davon war nie die Rede gewesen. Was sollte sie mitnehmen? Aber Georg war nicht gewillt ihr mehr zu sagen. Er aß schmatzend seine fetttriefende Tortilla, die ihm der Koch gerade zubereitet hatte.

„Du musst unbedingt „chicha", das Nationalgetränk der Panamenen, probieren", wechselte Manuela das Thema.

Dann brachte Georg Franz zum Flugplatz, der dort in die Maschine nach Bogotá stieg. Zufrieden mit sich kehrte Georg wieder zurück. Er und Manuela hatten den jungen Bankier mit ihrer Einladung nach Panamà beeindrucken können und sie hatten ihn instruiert, auf welche Weise er ihr Geld anlegen sollte.

Für die nächsten Jahre konnten sie von den Zinsen der Bank leben ohne sich Sorgen machen zu müssen. Vielleicht konnten sie sogar in einigen Jahren, wenn der Haftbefehl aufgehoben würde, nach Europa reisen um die Familie wiederzusehen.

Auf dem Heimweg hatte er sich seinen nächsten Plan ausgedacht. „Wir machen zu dritt, beziehungsweise zu viert mit dem Fahrer, eine Reise durch Panamà. Wir werden der Süßen das Land zeigen, mit ihr in den Dschungel gehen, vielleicht sogar einen Jaguar hören oder sehen. Das wird für Sie unvergesslich werden."

Manuela war der Gedanke an stundenlange Autofahrten in der Hitze des Winters ein Graus. Sie bestand darauf sofort mit Himenez zu sprechen, damit er sie fahren konnte und keine anderen Termine hatte.

Georg tat, wie ihm geheißen, er rief ihn sofort an und besprach die Reiseroute mit ihm gleich am Telefon. Dann schritt er zu seiner Landkarte und winkte Katja zu sich.

Chiriquí

Sie starteten schon am nächsten Tag am frühen Morgen, als die Sonne noch hinter dicken Gewitterwolken verborgen war. Das Auto war angenehm kühl und gute Laune war spürbar bei allen Mitfahrern. Sie überquerten den Kanal. Mitten auf der Brücke hielt Himenez an und sie stiegen aus um von oben die Schiffe zu beobachten, die nun in den Pazifik einliefen.

Als sie fünf Minuten das grandiose Panorama bewunderten, merkte Katja an ihrem linken Fuß Stiche. Sie erschrak, als sie sich ihren Fuß ansah. Etliche Moskitos hatten sich auf dem nackten Spann des Fußes niedergelassen und stachen munter darauf los. Sie schlug nach ihnen und rannte zum Auto.

Georg, der sie beobachtet hatte, holte aus dem Koffer, den er in den Kofferraum des Wagens gepackt hatte, eine Flasche mit einer dunklen Flüssigkeit hervor. Mit dieser Tinktur betupfte er die betroffenen Hautstellen des Fußes. Sofort ließ das Jucken nach und Katja lehnte sich entspannt zurück.

„Die wollten mich auffressen. Auf dem anderen Fuß war auch schon einer gelandet."

„Nicht wenn dein Vater dabei ist, Süße", antwortete Georg.

Er war schon ein paar Tage zuvor in die Apotheke gegangen und hatte nach einer Desinfektionslösung gefragt. Dort hatte man ihm dieses Mittel gegen Insektenstiche empfohlen, das er sofort vorausschauend für den Eventualfall mit nach Hause genommen hatte. Ich liebe diesen Mann, sagte der Blick von Manuela, den er nun ernten durfte.

„Hoffentlich bekommst du nun keine Malaria", sagte sie zu Katja.

„In den Tropen muss man feste Schuhe, lange Hosen und Strümpfe tragen. Es empfiehlt sich auch die Schuhe auszuschütteln, es könnte sich nämlich ein Skorpion darin verstecken", meinte Georg, als hätte er schon Jahrzehnte in den Tropen zugebracht.

„Ich gehe einfach nicht mehr raus", sagte Katja ernsthaft.

„Für den Dschungel bist du wohl nicht unbedingt geeignet", stellte Manuela fest. „Aber ich auch nicht."

„Wir werden auch nur einen kleinen Abstecher in den Dschungel machen. Du siehst ja zu beiden Seiten der Straße ist dichtes Grün. Wenn niemand mehr etwas tun würde und nicht jeden Tag die Straßenarbeiter ihre Machete schwingen würden, wüchsen die Straßen in null Komma nichts zu. Der Dschungel breitet sich in Windeseile aus, überwuchert alles sehr schnell, wenn man ihn lässt. Das feuchte, warme Klima begünstigt sein Wachstum enorm."

Georg wusste wovon er sprach, schließlich war er tagelang im Dschungel gewesen. Nach einem Regenguss konnte man manchmal den Weg oder Pfad, den man gekommen war, auf dem Rückweg nicht mehr wiederfinden.

In Santiago wollte Himenez die „carretera amerikana" verlassen. Er wollte tanken und die Klimaanlage nachsehen lassen. Sie kühlte das Autoinnere nicht mehr so, wie sie es tun sollte, und die Temperaturen im Wageninneren waren höher, als seine europäischen Insassen es vertrugen.

Georg wischte sich schon seit geraumer Zeit mit seinem großen Stofftaschentuch wie mit einem Handtuch den Schweißstrom im Nacken weg. Manuela war sehr still geworden und ihre Gesichtsfarbe war rot angelaufen. Katja, die mit ihr auf der Rückbank auch der Sonne durch das hintere Fenster ausgesetzt war, spürte im Nacken die ersten unangenehmen Hitzepickel.

Wenn sie vorher noch überlegt hatte, dass sie mit festen Schuhen und Strümpfen sicher nicht gestochen worden wäre, so war sie jetzt froh nur mit einem leichten Rock bekleidet zu sein. Sie schob ihn weit hoch, so dass an ihre Schenkel ein wenig von der Luft kam, die durch ein geöffnetes Fenster zog.

In dieser Mittagsglut wurde es selbst Himenez langsam zu heiß. Er kurbelte hektisch an seinem Lenkrad um dem Verkehr auf den Straßen Santiagos auszuweichen. Er verfuhr sich einige Male auf der Suche nach der Autowerkstatt, die er kannte. Endlich hatte er sie gefunden. Zwei Stunden sollte sein Wagen in der Werkstatt bleiben.

„Also gehen wir doch solange Mittag essen," entschied Georg.

Sie kehrten in einem Gasthaus ein, das von außen einigermaßen einladend ausgesehen hatte. Es besaß keine Klimaanlage, war aber überraschend kühl in seinem Inneren. Aus dem grellen Mittagslicht kam ihnen das Innere des Hauses wie eine dunkle Kaschemme vor.

Die Farben der Wände waren ein dunkles Mauve. Die Fensteröffnungen waren klein, unverglast und mit dünnen Holzstreben vergittert. Der Fußboden bestand aus dunklen, abgetretenen Holzdielen. Zwischen den Dielen waren ein Zentimeter breite Spalten, durch die der Wirt Staub und Sand direkt unter das Haus fegen konnte.

Es schien auf Pfählen zu stehen. Luft zirkulierte angenehm durch den Raum, an dessen Dunkelheit sich die Augen langsam gewöhnten. Der Wirt zündete eine Kerze auf dem Tisch an und nahm ihre Bestellung auf. Nach einer halben Stunde brachte er eine Sancocho, eine heiße Hühnersuppe, auf den Tisch, der ein Guisado folgte, ein dicker zusammengekochter Fleischeintopf mit Tomaten und scharfen Gewürzen.

Dazu stand chicha auf dem Tisch, eine eisgekühlte Limonade aus Früchten, Wasser und Zucker. Nach dem Essen tranken sie café con lèche, einen gesüßten Kaffee aus Eigenanbau mit aufgeschäumter Milch. Manuela musste den Knopf ihres Rocks öffnen, so ein Völlegefühl herrschte in ihrem Magen.

„Puh," stöhnte Katja, „so viel wollte ich gar nicht essen. Der Wirt hat es wirklich gut mit uns gemeint."

„Exellente," stellte Georg in Richtung Himenez fest, dem man die Freude darüber ansah, dass seine Kunden seinem Vorschlag dieses Restaurant aufzusuchen gefolgt waren und er sie nicht enttäuscht hatte.

Die Enttäuschung kam, als sie zur Werkstatt zurückkehrten und der Wagen nicht repariert war. Die Mechaniker hatten den Fehler nicht finden können. Sie setzten sich in den Wagen und öffneten alle vier Fenster so weit, dass man die Zugluft noch gerade ertragen konnte, und setzten ihre Reise auf der Panamerikana fort.

Die nächste Station war David, eine Großstadt, in der es ähnlich wie in Panamà City aussah. In David kannte sich Himenez einigermaßen gut aus. Er fand recht schnell den Weg in die Berge. Nach circa dreißig Kilometern an Corregimiento La Conceptión vorbei stieg die Straße in leichten Serpentinen an.

Katja, die ihre rechte Hand aus dem Fenster hatte hängen lassen, spürte deutlich, wie der Luftzug ihr plötzlich die Hand kühlte.

Sie rief: „Lasst Himenez anhalten!"

„Alto!", rief Georg erstaunt.

„Steigt aus, hier ist es viel kälter als in David", erklärte Katja. Himenez hielt vor einer Kurve. Als sie ausgestiegen waren, merkten sie erst, welche Steigung die Straße hatte.

„Das ist ja fantastisch! Angenehm kühl, höchsten fünfundzwanzig Grad!", rief Manuela mit überschwänglicher Begeisterung in der Stimme. Georg nahm sie und Katja in die Arme und sie genossen den Weg bis zur Kurve. Hinter die Felswand wollten sie schauen, die ihnen die Sicht versperrte.

Als sie angelangt waren, erwartete sie eine Überraschung, von der Manuela später noch träumte, als sie schon längst wieder im heißen Panamà City war und sich nach der Reise mit Katja ins Chiriquí zurück sehnte.

Direkt vor ihnen lag ein Orangenhain, in dem Holsteiner Schwarzbunte weideten, ihnen ein einerseits so vertrauter Anblick, anderseits war es so, als betrachte man ein von surrealistischen Stilmerkmalen beeinflusstes und verfremdetes Bild.

Die drei lagen sich plötzlich von Rührung übermannt, weinend in den Armen. Katja war froh, dass Himenez im Auto geblieben war, weil es ihm draußen zu kalt war. Er hätte ihre Tränen nicht verstehen können.

Ergriffen schauten sie zu den Kühen, die unbeeindruckt weiter grasten. Was für ein seltsames, wunderschönes Bild, dachte Manuela von Heimweh berührt, nicht unbedingt nach Deutschland, aber die Sehnsucht nach vertrauten Pflanzen, die sie kannte, die sie bestimmen konnte, lauerte immer hinter ihren Augenhöhlen.

Georg hatte die Bullen vom Sophienhof vor sich, auch ihn hatte Sehnsucht gepackt. Er war glücklich, dass er diese für alle unvergessliche Reise geplant hatte.

„Ist das nicht toll?", rief er den Kühen zu, von denen eine neugierig den Kopf hob und langsam auf den niedrigen Zaun zutrottete.

Manuela und Katja streckten die Hände aus und streichelten der Kuh über ihren Kopf. Sie ließen die Kuh mit ihren rauen Zunge an ihren Händen lecken und dachten beide, wie zu Hause, und meinten den Sophienhof.

Hinter sich hörten sie ein Auto kommen, erst da fiel ihnen Himenez wieder ein. Als sie sich wieder im Griff hatten, ihre Gedanken sich beruhigten, stiegen sie wieder ein und lachten, als Himenez seine Befürchtung äußerte, dass sie vielleicht zu Fuß zum Volcán Barú hinauf gestiegen wären.

Zum Fuße des Vulkans wollte Georg mit ihnen. Dort zwischen Aguacate und Volcán gab es ein Luxus-Hotel, in dem sie fast drei Wochen wohnten.

Das Erstaunlichste, das Katja noch nie erblickt hatte, während ihre Eltern diese Pracht schon von Teneriffa her kannten, waren die meterhohen, teilweise bis zu zwei Meter hohen rot blühenden Weihnachtssterne, die an den Hängen rund um das Hotel Bambito wuchsen. Das Bambito war ein gefälliger, fast europäisch anmutender zweistöckiger Bau mit großen luxuriös ausgestatteten Räumen.

Das Einzige, was fehlte, war in den kalten Zimmern, die bei Nachttemperaturen von höchstens zehn Grad, empfindlich abkühlten, eine Heizung. Die Decken waren dünn und Georg verlangte sofort in derselben Nacht noch zusätzliche Wolldecken.

Am Tag kletterte das Thermometer wieder auf gemäßigte sommerliche fünfundzwanzig bis sechsundzwanzig Grad. Georg fragte an der Rezeption, was man in dieser Gegend unternehmen konnte. Die Auskunft war, dass man sich ein Pferd mieten konnte und mit einem Führer eine Bergwelttour machen konnte. Er ließ sich die Beschreibung zu dem Reitstall geben. Für seine Katja würde dies genau das Richtige sein, wusste er.

Die Pferde waren klein und temperamentvoll. Sie waren nicht gewöhnt im Schritt zu gehen. Der Gauchosattel hatte vorne einen hohen Knauf, an dem ein Lasso hing. Auch hinten war der Sattel hoch geschnitten, sodass Katja ein sehr ungewohntes aber sicheres Gefühl beim Reiten hatte. Die Zügel wurden in einer Hand gehalten und sie kam sich wie ein Cowgirl vor.

In einer munteren Gangart, die weder Schritt noch Trab war, schritt ihr Pferd aus. Katja tätschelte dem Hengst den Hals und sprach beruhigend auf ihn ein, dazu gab sie leichte Paraden und schließlich verfiel der Hengst in den Schritt. Bewundernd schaute ihr Führer, ein untersetzter Indiotyp, zu ihr herüber. Er sagte, dass er sein Pferd noch nie so ruhig hatte gehen sehen.

Nach einer Weile fragte er, ob er die Gangart ändern könnte. Er galoppierte an und Katja gab ihrem Pferd die entsprechenden Hilfen und galoppierte hinter der Stute des Indios her. Überall lagen Felsblöcke herum und ein richtiger Weg war nicht zu erkennen.

Die Pferde setzten geschickt ihre Hufe und Katja dachte, dass die Stute, die sie zu Hause ritt, in diesem unwegsamen Gelände schon etliche Male ins Stolpern geraten wäre. Sicher hätte sie auch gescheut, als es über eine Bachbrücke im Galopp ging, die kein Geländer hatte und so schmal war, dass die Pferde nicht nebeneinander laufen konnten. Katja riskierte einen Blick über den Rand der Brücke, wo ein rauschender Gebirgsbach sich in zwanzig Meter Tiefe sein Bett durch die Ausläufer der Cordillera de Talamanca schnitt.

In der Ferne schimmerte bläulich der Vulkan Barú, auf den sie nun zuritten. Der Vulkan schlief in einem Wolkenbett. Seine Spitze war von dichten Wolken umgeben, die in dieser Höhe fast immer den Berg verhüllten. Die Täler um den Berg herum waren sehr fruchtbar, sodass sich Gemüsebauern hier angesiedelt hatten, die das Land mit frischen Tomaten, Erdbeeren und jeder Art von Gemüse versorgten.

Die Vegetation war dort üppig, denn es regnete im Gebirge auch zu dieser Jahreszeit hin und wieder, während das restliche Panamà unter der Hitze des Winter verdorrte. Nach zwei Stunden kehrten sie um und ritten im Schritt zum Stall. Die Pferde dampften und Katja war auch recht warm geworden.

Sie bedauerte, dass ihre Sprachkenntnisse nicht ausreichten um sich mit ihrem Führer, der sie oft anlächelte, zu unterhalten. Doch das herrliche Bergpanorama nahmen ihre Augen und ihr Herz auf, um so intensiver, als sie keinen Fotoapparat hatte um die eindrucksvollen Bilder festzuhalten.

Am Stall warteten ihre Eltern bereits auf sie. Sie fuhren um den Vulkan herum und besichtigten eine der zahlreichen Kaffeeplantagen. Karmesinrot wie reife Kirschen leuchteten die Früchte im satten Grün der Kaffeebüsche. Endlos schienen die Reihen der Pflanzen zu sein. In einigen Wochen war die Zeit der Kaffeeernte.

Georg hatte gelesen, dass es erst 1714 einem Franzosen gelungen war den Setzling eines Kaffeebaums aus Arabien erfolgreich auf der Insel Martinique anzupflanzen und dass diese einzelne Pflanze den Grundstock für die großen Plantagen in Lateinamerika gebildet hatte.

In Boquete, einem malerischen Ort am Fuße des Vulkans, durch dessen Mitte ein Gebirgsbach floss, machten sie Halt um einheimischen Kaffee zu trinken. Dazu gab es sehr süße, kleine Kuchen, von denen besonders Manuela begeistert war. Das Restaurant lag genau neben dem gurgelnden Bach. Die hölzerne Veranda überragte zum Teil das reißende Wasser. Ein herrlicher Platz zum Ausruhen, fanden alle und so blieben sie mindestens drei Stunden und genossen den aromatischen, duftenden Kaffee und ihre Gespräche, in denen es sich meistens um Erinnerungen drehte.

Einmal kam Manuela der Gedanke, dass sie ihre Gespräche an die erinnerten, die sie früher mit ihrer Mutter geführt hatte. Damals ging es immer um Ostpreußen und die geplante Rückkehr, heute ging es um ihre eventuelle Heimkehr nach Europa. Vielleicht war dieses eher möglich, als nach Ostpreußen zu reisen. Ihren Eltern war es nicht gelungen ihre Träume zu verwirklichen.

Sollte es ihr auch verwehrt bleiben ihren Traum zu erleben, zur Familie heimkehren zu können? Manuela wusste, dass Georg niemals den Gedanken hegte zurückzugehen, aber Manuela wollte zurück, in der Nähe ihrer Tochter sein. Als sich das Restaurant füllte, verließen sie es und fuhren zum Bambito zurück.

In dem Hotel hielten sie es fast zwei Wochen aus. Das Klima war so angenehm, dass Georg und Manuela es sich morgens schon, wenn Katja noch schlief, zur Angewohnheit gemacht hatten, einen ausgiebigen Spaziergang zu machen. Manchmal kamen sie mit frisch gepflückten Erdbeeren zurück, die köstlich schmeckten und ihr Frühstück bereicherten. Am Tag machten sie mit Himenez Ausflüge in die Umgebung, ließen sich Lunchpakete vom Hotel einpacken und machten Picknick in der wilden, herben Umgebung des Vulkans, in dessen Nähe die Temperatur höchstens gegen Mittag auf zwanzig Grad stieg. Abends aßen sie meistens im Hotel, wo es zu den Mahlzeiten manchmal Live-Musik von einheimischen Künstlern gab. Die panamenische Volksmusik hatte sich unter arabischen und südamerikanischen sowie kubanischen Einflüssen gebildet und wurde in temperamentvollen Salsarhythmen vorgetragen.

Himenez forderte Manuela zum Tanzen auf. Katja beobachtete ihre Mutter aus schläfrigen Augen. Sie war müde und traurig. Sie hätte sich gern Robert in diesem Moment an ihre Seite gewünscht, sich mit ihm in den schwungvollen Rhythmen gewiegt, anschließend sich ihm in dem geräumigen Bett ihres komfortablen Zimmers hingegeben, die stimulierende Musik noch im Ohr und im Blut spürend.

Plötzlich spielte die Musik „el condor pasa" und Katjas Traurigkeit ließ ihr ganz langsam die Tränen in die Augen steigen. Vier Tage noch und dann flog sie wieder nach Deutschland. Vier Tage voller sehnsüchtiger Gespräche, voller Nähe zu ihren Eltern, die sie früher nie empfunden hatte. Wie oft hatten die Eltern ihr auf dem Sophienhof beim Orgelspielen zugehört, wenn sie dieses Lied spielte. Nun hörte sie der Melodie am Ende der Welt zu.

Auch Georgs Augen glänzten. Manuela ergriff Katjas Hand und hielt sie fest, als wolle sie ihre Tochter nicht mehr loslassen.

„Es war wunderbar, dass du gekommen bist", sagte sie leise zu Katja, als fürchtete sie die Musik zu stören.

Katja schluckte nur und zwang sich zu einem Lächeln. Wie konnte sie dies alles Robert erzählen?, dachte sie. Wie kann man überhaupt eine innere Reise erzählen?, fragte sie sich. Sie hatten zwar eine reale Reise gemacht, doch sie war so mit Erinnerungen befrachtet und alles Neue, was dazu kam, diente vor allem der Bereicherung der gemeinsamen Eindrücke, die in der Seele gespeichert werden.

Diese Reise kann uns niemand nehmen, dachte Manuela. Wir haben sie gemeinsam unternommen um uns wiederzufinden. Georg und ich haben uns wiedergefunden. Für vierzehn kurze Tage waren wir so, wie wir wirklich sind und unsere Tochter war bei uns. Wir waren für vierzehn Tage, die ein Leben lang reichen müssen, wieder eine Familie.

Wir haben uns liebgehabt und niemand stand zwischen uns. Ich werde diese Zeit und Katja vermissen. Georg wird sie auch sehr fehlen. Dann ist niemand mehr da, dem er etwas erklären könnte, den er beschützen muss. El condor pasa klang leise aus. Wehmütig schauten die drei sich an. Himenez beobachtete sie und verstand das Leid der kleinen Familie.

Im Regenwald

Bedrückt machten sie sich auf den Weg nach Panamà Ciudad. Sie nahmen Abschied vom Bambito, als wüssten sie, dass sie es niemals in ihrem Leben wiedersehen würden, so als hätten sie dort ein Leben verbracht.

Es war still im Wagen, der in David repariert worden war, und jeder hing seinen Gedanken nach. Himenez gab seine Versuche zu einem Gespräch mit Georg schnell auf, als er nur einsilbige Antworten bekam. Schließlich bog er von der Hauptstraße in einen Nebenweg ein, der holprig mitten in den grünen Urwald führte.

„Ach, ja," erinnerte sich Georg daran, dass er Himenez um diesen Abstecher gebeten hatten, damit Katja einmal in ihrem Leben im Regenwald gewesen war, sich vorstellen konnte, was er auf seinem Ritt durch die immergrüne exotische Flora erlebt hatte.

Sie hielten an und stiegen aus. Manuela verzichtete auf einen Spaziergang, denn für sie fing hier die Hölle an, in der es unerträglich heiß war, Moskitos und Ameisen und was weiß Gott noch für ein Getier einen Menschen bedrohten.

Georg hatte Himenez gebeten mit Manuela im kühlen Auto zu bleiben und nach etwa zwanzig Minuten einen längeren Hupton abzugeben als Richtungsweiser, falls sie sich verirren sollten.

„Bleib dicht hinter mir," riet er Katja und genau das hatte sie vor.

„Pass auf," sagte er, „wir überqueren jetzt eine Ameisenstraße."

Er blieb stehen und deutete nach unten auf den braunroten Sandboden. Tatsächlich war dort ein feiner Weg zu erkennen, schon durch die leichte Vertiefung im Boden. Millionen von fleißigen, einen Zentimeter großen Blattschneideameisen liefen geordnet hin und her. Sie trugen hellgrüne, etwa zwei bis drei Zentimeter große Blattteile zu einem nicht sichtbaren Ziel und kamen auf derselben Straße ohne Blätter wieder zurück.

Katja und Georg schauten ihnen eine Weile gebannt zu und gingen dann weiter. Georg blickte oft nach oben, ob sich nicht eine giftige

Schlange an den Ästen herunterhangelte. Im schattigen Graugrün des Urwaldes empfand Katja die Hitze nicht mehr als so drückend wie am Rand des Waldes, als sie noch fast auf der Straße waren oder auf den asphaltierten Straßen in der Stadt.

Es roch nach feuchtem Holz und sie hörte fasziniert der urwaldeigenen Musik zu, um sie herum und in der Ferne war das Schrillen von Zikaden zu hören, das ständige Summen von tausend Bienen und Wespenarten, ein nimmermüdes Schwirren von Käfern und Fliegen erfüllte die Luft des Dschungels. Dazwischen zwitscherten Papageien und Drosselarten. Quetzalvögel ließen ihren durchdringenden Schrei ertönen und tausend andere Vögel sangen und kreischten in den luftigen Höhen der Bäume. Das Leben spannte vor Katja einen Fächer der Vielfalt auf, der sie sprachlos machte.

Als sie eine Viertelstunde gegangen waren, meldeten sich die Brüllaffen.

„Vielleicht entdecken wir einen, bleib stehen", flüsterte Georg ihr zu.

Sie rührten sich nicht, sahen aber doch nur einige braune Schatten durch die Bäume huschen, die sich in großer Geschwindigkeit von Ast zu Ast schwangen.

Gerade wollte Georg umdrehen, als sie das Fauchen eines Jaguars hörten, der den Affen zu folgen schien. Er bedeutete Katja mit einer Handbewegung stehen zu bleiben. Sie hielten beide den Atem an. Der Urwald schien verstummt zu sein.

Das Gezirpe und Gesumme schien viel leiser geworden zu sein, es war, als gäbe es plötzlich nur noch Georg, Katja und den Jaguar auf der Welt. Er hatte sie noch nicht gewittert. Im Blutrausch verfolgte er seine Beute und durch die Palmen konnten sie einen Blick auf sein schwarzes, glänzendes Fell werfen, als er sich von ihnen entfernte.

Die Geräusche des Regenwaldes flammten wieder auf und riesige bunte Schmetterlinge flatterten wie lautlose Vögel um sie herum. Ihre Flügel schimmerten in Regenbogenfarben und Katja nahm sich vor zu Hause diese farbenprächtigen Insekten zu malen, um ein wenig von ihrer Schönheit festzuhalten.

Von weitem drang das Hupen von Himenez zu ihnen und sie wussten, dass sie der richtigen Richtung folgten. Immer wieder mahnte die Hupe zur Eile und Georg schritt weiter aus, seine Hosenbeine blähten sich bei jedem seiner Schritte auf und sein Hintern schien zu wackeln, sodass für Katja keine Zeit mehr blieb um noch irgendetwas außer Georgs Hinterteil zu beobachten.

Auf dem Rückweg lief ihr der Schweiß in Strömen den Rücken hinunter und ihre Beine fingen an zu zittern. Als sie keuchend den Wagen erreicht hatten, brach Katja in hysterisches Lachen aus und Georg stimmte fröhlich mit ein.

Während sie weiter fuhren, erzählten sie atemlos von ihrem Erlebnis und Manuela schüttelte nur den Kopf.

„Georg, was hast du dir dabei bloß gedacht? Wenn das Raubtier euch entdeckt hätte!"

Sie sprach den Gedanken lieber nicht zu Ende aus. Aber die traurige Ruhe des ersten Fahrtabschnitts war vorbei. Alle sprachen erregt durcheinander und im Nu war Panamà City in Sicht. Sie tauchten in das Gewühl der Straßen ein und Manuela fühlte sich plötzlich wieder zu Hause. Wie konnte das sein?

Es war nun für sie schwer zu begreifen, warum sie sich im Chiriqui so sehr nach Deutschland gesehnt hatte. Wahrscheinlich, weil sie die ganze Zeit immer an den Abschied von Katja hatte denken müssen, der jetzt unmittelbar bevorstand.

Heimflug

Der letzte Tag verging mit Schwimmen, Einkaufen für die vier Kinder und Kofferpacken, was sehr schnell erledigt war, weil Katja mit fast leeren Koffern zurück reiste. Diesmal würde sie über Zürich fliegen, wo sie von Franz Mey eingeladen war. Seiner Frau sollte sie eine wunderschöne riesige Muschel aus dem Karibischen Meer mitbringen. Der Rand der Muschel glänzte in perlmutternem Rosa, voller Bedauern betrachtete Katja die Muschel während des Fluges, sie hätte das einmalige Exemplar gern selbst mit nach Hause genommen.

Ihre Kinder würden staunende Augen bekommen. Würde sich Frau Mey überhaupt darüber freuen? Katja bezweifelte es stark. Sie schwankte, aber sie hatte versprochen die Muschel abzuliefern und das Versprechen galt. Sie packte die Muschel seufzend wieder ein.

„Da haben Sie aber ein besonders schönes Stück gefunden", sprach sie ein Herr, der in der Mittelreihe allein saß, an.

Sie registrierte nicht gleich, dass er Deutsch gesprochen hatte. Nur sein Gesicht kam ihr irgendwie bekannt vor. Sie überlegte, wo sie den Mann schon einmal gesehen hatte, aber es fiel ihr nicht ein.

„Ich habe es eigentlich nicht selbst gefunden," gab sie zurück.

„Es handelt sich um eine seltene Riesenmuschel, die im Pazifik lebt", meinte der Mann.

Nun erhob er sich und rutschte einen Platz dichter.

„Ich bin Biologe, müssen sie wissen. Darf ich mich vorstellen. Ich heiße André Klein und komme aus Hamburg."

Das war unschwer an seiner Aussprache zu erkennen. Aus Hamburg, Katja erschrak, und was wäre, wenn er gar nicht Biologe war, überlegte sie. Herr Klein schien ihr Erschrecken nicht zu bemerken, sondern dozierte weiter:

„Diese Muschelart bildet die Familie Tridacnidae der Ordnung Eulamellibranchia. Übersetzt die Familie der Blattkiemenmuscheln. Nahe verwandt mit den bekannten Herzmuscheln."

Was sollte das? Wollte er sie beeindrucken? Oder langweilen mit seinen wie auswendig gelernten lateinischen Vokabeln. Katjas Nerven waren zum Zerreißen gespannt. Vielleicht war der Typ gar nicht so harmlos, wie er einen glauben machen wollte?

Sie schaute ihn interessiert an. So hatte sie es in der Schule auch immer gehalten, wenn sie ein Thema besonders langweilig fand. Während sie Interesse heuchelte, überlegte sie krampfhaft, wo sie den Mann schon einmal gesehen hatte. Es musste in Panamà gewesen sein, oder auf dem Flug dorthin, kam ihr die spontane Eingebung.

Fast hätte sie erleichtert „richtig, da war`s" ausgerufen.

Statt dessen sagte sie begeistert: „Das ist ja wirklich hochinteressant. Das wusste ich nicht.",

da Herr Klein gerade von der Symbiose von Muscheln und Algen sprach, und dass die Algen der Muschel den nötigen Sauerstoff lieferten. „Aus Mördermuscheln wurden früher häufig Taufbecken gemacht", beendete er seinen Vortrag.

Er war einer der Männer in der Abflughalle von Kopenhagen gewesen, wusste sie nun. Demnach dürfte er sie nicht wiedererkannt haben, da sie damals noch die rothaarige Lockenperücke getragen hatte. Und doch hatte er sie gleich auf deutsch angesprochen, obwohl sie kein deutsches Buch auf ihrem Schoß gehabt hatte, sondern eine Riesenmuschel.

Eine Filtriererin, hatte sie aus dem Vortrag erfahren. Ich muss meine Bilder im Kopf filtrieren. Ich habe ihn zwei Mal gesehen, sonst wüsste er nicht, dass ich eine Deutsche bin.

Noch nie hat mich jemand im Ausland für eine Deutsche gehalten. Wohl für eine Russin oder Südamerikanerin, sogar schwedisch aussehend fand mich jemand, aber nie deutsch. Nachdenklich blickte sie ihn an und dachte:

„Dann drehe ich den Spieß jetzt mal um und frage dich aus, wer du bist, woher du kommst und so weiter."

Seltsam fand sie auch, dass er nicht nach ihrem Namen fragte.

Sie bekam heraus, dass er achtunddreißig Jahre alt war und als Biologe angeblich für die Zeitung Geo Wissenschaft als freier Journalist arbeitete, Reiseberichte aus tropischen Ländern schrieb und auch Fachartikel über seltene Spezies verfasste, Single war und sein Singledasein gründlich hasste.

Er hatte einen Auftrag in Panamà gehabt, so drückte er sich aus und Katjas Misstrauen ihm gegenüber wuchs. Sie musterte ihn genau, während er ihr seinen Lebenslauf fast vorbetete. Für seine angeblichen Reisen, die er für die Zeitung unternahm, war er entschieden zu blasshäutig.

Sein Hawaiihemd wirkte gewollt freizeitmäßig, eben so, wie sich ein Deutscher Urlaubmachen in der Karibik vorstellt. Kein Mensch trug in Panamà solche ausgefallenen Hemden, außer einigen älteren Gringos, übernahm Katja wie selbstverständlich in ihren Gedanken die Wendung der Panamenen, wenn sie die Amerikaner meinten.

„Über was haben sie in Panamà gearbeitet?", fragte sie unhöflich, denn sie hatte erfahren, dass im Ausland niemand einen anderen ausfragt.

Zumindest in Panamà galt es als unhöflich.

„Über die Geldwäsche, die in Panamà im großen Stil abgewickelt wird", antwortete er und sie zog erstaunt die Augenbrauen hoch.

„Weicht das nicht ein bisschen von ihren bisherigen Themen ab?", fragte sie mit einem leicht spöttischen Unterton in ihrer Stimme.

„Wie man`s nimmt," entgegnete er, „oft werden gerade in solchen Souvenirs wie dem ihren erhebliche Summen in die Schweiz transferiert. Manchmal auch direkt Drogen. Dann ist es auch mein Thema, da ich mich für den Artenschutz aktiv einsetze."

Er lächelte sie an und sie bemerkte eine Reihe weißer regelmäßiger Zähne. Das hatte sie immer schon anziehend bei Männern gefunden und es machte ihn etwas sympathischer. Er fragte sie, ob sie bis nach Hamburg im Flieger wäre und sie verneinte.

„Ich steige in Zürich aus."

„Ach, Sie sind Schweizerin?"

„Nein, aber ich besuche Freunde dort."

Mehr war sie nicht gewillt zu sagen.

Er fragte sie nichts weiter, holte ihr aber einen Drink aus der Bordküche. Dann schnappte er sich mehrere Zeitungen und vergrub sich förmlich in ihnen und mindestens zwei Stunden sagte er nichts mehr zu ihr, bis der Film des Bordkinos anfing.

Katja hatte keine Lust den Film zu sehen und machte die Augen zu. Bis sie in Zürich landeten, schlief sie. André Klein sagte ihr:

„Auf Wiedersehen, vielleicht sieht man sich mal in Hamburg", was sie wieder komisch fand, denn sie hatte mit keinem Wort erwähnt, dass sie im Norden von Hamburg wohnte.

Wer war er wirklich? Ein verdeckter Ermittler? Oder hatte sie einfach zu viele Spionagefilme gesehen?

Erst viel später, als sie schon wieder im Kreis ihrer Familie saß und von Panamà erzählte, fiel ihr ein, wo auch sie den angeblichen Biologen ein zweites Mal gesehen hatte. Sie war im Schwimmbad gewesen, als sie von etwas geblendet worden war. Als sie hochschaute, entdeckte sie zwei Männer auf einem Balkon des nicht weit entfernten Hotels, die sie mit einem Fernglas beobachteten. Spanner, hatte sie im ersten Moment empört gedacht, aber es kam ihr später der beklemmende Gedanke, dass es Verfolger sein könnten.

Ihren Eltern hatte sie ihre Entdeckung verheimlicht. Bis sie André Klein im Flugzeug traf, hatte sie das Erlebnis mit Erfolg verdrängt. Doch nun war sie sich mittlerweile fast sicher, dass er einer der beiden Männer gewesen war. Auch Robert glaubte ihrer Vermutung.

Mit ihren leichten Koffern näherte sie sich dem Schweizer Zoll. Sie freute sich schon auf die verblüfften Gesichter der Beamten, wenn sie in die fast leeren Koffer schauten, das Kinderspielzeug und die Kinderkleidung sahen, die Rasseln und Tröten von Sylvester, die Georg zum Schluss als Überraschung für die Kinder in den Koffer geworfen hatte.

Sie rechnete damit in fünf Minuten durch den Zoll zu sein und winkte Franz Mey zu, der hinter einer großen Glasscheibe schon auf sie wartete.

Die Flüchtlingsfrau

Die Zollbeamten wurden schlagartig unfreundlich, als sie einen Blick in die Koffer geworfen hatten. Sie packten emsig alles aus und untersuchten ihre Koffer auf doppelte Böden und Geheimfächer.

Dann wurde sie zur Leibesvisitation gebeten, die eine muffelige Beamtin vornahm und sich dabei fast eine halbe Stunde Zeit nahm. Ihre prall gefüllte Handgepäcktasche, die Katja die ganze Zeit über der Schulter hängen hatte, vergaßen die pflichtbewussten Beamten.

Die vom Zollband dachten vermutlich, sie würde bei der körperlichen Durchsuchung inspiziert werden und die Dame, die für den Körper zuständig war, fühlte sich nicht für Gepäck verantwortlich und meinte daher höchstwahrscheinlich, dass die Tasche bereits untersucht worden war.

In dieser Tasche hätte sie alles schmuggeln können, dachte Katja belustigt. Franz Mey konnte ihre gute Laune nicht nachvollziehen. Er fand die Behandlung durch den Zoll unverschämt. Wahrscheinlich sagte er das nur, weil er so lange geduldig warten musste, argwöhnte sie.

Fortschritte

Als Katja die Geschichte vom Zoll ihrer Mutter erzählte, lachten sie beide fröhlich. Doch dann wurde ihre Mutter wieder ernst. Sie sagte nicht ohne Bitterkeit in der Stimme:
„Der Franz war unsere größte Enttäuschung. Georg hätte die Muschel wirklich lieber dir geben sollen, mein Schatz. Franz hat sich fürchterlich mit unserem Geld verspekuliert. Er hatte alles in Dänenkronen angelegt und die gingen 1990 beim Börsencrash in den Keller. Das meiste unseres Vermögens war weg. Den Rest haben wir dann nach Panamà geholt, wo uns Merry Lynch noch falsch beraten hat. Was dann noch übrig war, hat die Krankheit deines Vaters verschlungen."

Sie schwieg und bewegte nervös ihre Beine, die nicht mehr gehen wollten, wie sie immer betonte. Katja wusste, dass sie es war, die das Gehen blockierte, so wie sie ihr Gedächtnis auch lange blockiert hatte. Aber Stück für Stück meldete es sich wieder und pro Tag ließ ihre Mutter eine weitere Erinnerung zu. Ganz vorsichtig näherte sie sich ihrer eigenen Vergangenheit.

Katja bemerkte die verräterische senkrechte Falte auf Manuelas Stirn. Immer wenn sie erschien, dachte Manuela angestrengt nach. Lass dir Zeit, Mama. Katja streichelte Manuelas Hand. Manuelas Falte glättete sich augenblicklich und sie schaute mit einem weichen Gesichtsausdruck zu ihrer Tochter.

„Du hast so viel für mich getan. Ich bin so dankbar, dass ich dich habe."

„Ich bin auch froh, dass ich meine Mama wiederhabe und nicht an die bösen Dämonen verloren habe, die dich so lange beherrscht haben", sagte Katja.

„Nun musst du nur noch wieder gehen lernen, dann werden wir beide einen Osterspaziergang durch das Dorf machen."

Manuelas Augen leuchteten auf, Ostern, das war ein Ziel, das es zu erreichen galt. Weihnachten 2001 und seine nachträgliche Depression war gerade vorüber. Wie in ein tiefes Loch gefallen, so war sich Manuela nach den Festtagen vorgekommen.

Katja hatte sie für einige Stunden abgeholt und sie hatten sich erinnert. Auf Katjas Computer lief eine Bildserie mit Fotos aus Panamà und Manuela, die nicht mehr gewusst hatte, wo sie dort gewohnt hatte, fand durch die Fotos ihr Gedächtnis wieder. Ihr fiel sogar der Name des Hauses ein, in dem sie in den ersten Jahren eine Wohnung gemietet hatten.

Nun sagte Manuela:

„Janne hat heute Geburtstag."

Erstaunlich, was sie wieder alles weiß, freute sich Katja.

„Wollen wir sie mal anrufen? Willst du sie sprechen?"

Katja zog ihr Handy aus der Tasche, an das sie sich schon so gewöhnt hatte, dass sie selten ohne ihr Telefon aus dem Haus ging. Sie drückte Jannes Nummer und hielt Manuela den Hörer hin. Wie früher, erinnerte sich Katja, wenn Mama mit Janne sprach, klang ihre Stimme immer ein wenig distanziert. Ich hatte mich dann immer geärgert, aber heute freut es mich, weil ich die Veränderung meiner Mama zum Normalen hin erkenne.

Katja beobachtete ihre Mutter beim Telefonieren. Die neue Kurzhaarfrisur, welche die Frisörin bei ihr ausprobiert hatte, stand ihr gut. Das Haar saß viel besser mit einem guten Schnitt. Katja sah ihre Mutter zum ersten Mal mit so kurzen Haaren, früher meinte sie immer kurze Haare wegen ihrer abstehenden Ohren nicht tragen zu können.

Es veränderte den Typ, aber Katja war froh, denn der Wunsch sich die Haare abzuschneiden war schon bei trauernden Indianerfrauen Sitte, damit ging eine Persönlichkeitsveränderung vor sich. Die Frauen nahmen nach dem Tod ihres Lebenspartners ihr Leben allein in die Hand.

Auch ihre Mutter hatte diesen Schritt getan, sie würde nicht mehr vom Tod oder der letzten Reise sprechen, sie wollte leben, denn sie hatte etwas in ihrem Leben entdeckt, wofür es sich lohnte noch einige Jahre weiter zu existieren, sich selbst. Sie war auf Entdeckungsfahrt zu sich selbst, ihre eigene Seele wollte sie noch kennen lernen.

Erpressung

„Am schlimmsten war für mich in Panamà, dass wir so erpressbar waren", sagte Manuela zu Katja.
„Es ist vorbei, Mama. Du bist in Sicherheit."
Manuela blickte sich in dem kleinen Wohnzimmer des Pflegeheims um. Seit einigen Wochen war sie nun hier und sie war froh, dass Katja für sie einen Platz in diesem angenehmen kleinen Heim gefunden hatte. Sie bekam die nötige medizinische Pflege, die sie rund um die Uhr brauchte und der Heimleiter Herr Pfleger benahm sich nicht nur wie ein fachkundiger Pfleger, sondern eher wie ein lieber Verwandter oder guter Freund zu ihr.
Wie oft schon hatte er sich an ihr Bett gesetzt, als sie noch nicht mal eine Tasse allein halten konnte und hatte ihr geholfen sie zum Mund zu führen. Er achtete darauf, dass sie immer genügend Flüssigkeit zu sich nahm. Sie bekam regelmäßig Aufbaustoffe wie Vitamine und Herztabletten, er hatte es erreicht, dass sie zumindest im Rollstuhl sitzen konnte, ihre Träume nicht mehr so verwirrend und erschreckend waren. Katja hatte ihn Traumfänger genannt.
„Du hast Recht, es ist vorbei, aber ich möchte es dir erzählen. Mit dem Traumfänger möchte ich darüber lieber nicht sprechen",
    sagte Manuela,
„dir vertraue ich wirklich, ohne dich hätte ich das alles nicht geschafft."
„Ich habe Zeit, Mama, erzähl! Ich nähe dir derweil ein paar Namensschilder in deine neuen Winterröcke." Katja legte sich alles zurecht, was sie zum Nähen brauchte und Manuela erzählte.
„Wir waren zwei Jahre schon dort, lebten in unserer Wohnung. Normalerweise kannst du in Panamà nicht gefunden werden, wenn du es nicht willst. Es gibt zwar Straßennamen, aber keine Hausnummern. Die großen Hochhäuser haben seit neuestem Namen. Casa Madrid oder Possada del Rey. Jeder, der Post empfangen will, hat ein Postfach. Es

gibt keine Briefträger. An den Wohnungstüren stehen keine Namen. Du siehst, es ist außerordentlich anonym und sehr schwer jemanden zu finden."

Manuela machte eine kurze Pause und lächelte, denn sie hatte bemerkt, dass Katja sich in den Finger gestochen hatte. In Handarbeit hatte Katja früher eine Fünf, erinnerte sie sich, die Topflappen hatte sie zu Hause für Katja akkurat weiter gehäkelt, damit Katja wenigstens etwas abliefern konnte. Katja blickte hoch und sagte:

„Erzähl weiter, Mama. Hauptsache, die Namensschilder sind fest und fallen nicht bei der nächsten Wäsche raus."

„Eines Abends pochte es an unsere Wohnungstür, immer und immer wieder, obwohl wir niemand erwarteten. Hatte ich eine Angst! Dein Vater ging schließlich zur Tür, seinen Totschläger in der Hand, denn er glaubte, dass wir möglicherweise überfallen werden könnten. Er öffnete die Tür einen Spalt, ließ aber die Sicherheitskette eingerastet.

Vor der Tür stand ein panamenischer Polizist, der behauptete von Senior Petersen geschickt worden zu sein um das Geld zu holen, welches er noch bekomme.

„Quanto es?", hörte ich Georg fragen.

Mein Herz klopfte bis zum Hals und mir war übel vor Angst. „Un momento", sagte Georg und schloss die Tür. Mir erzählte er, dass der angebliche Polizist 15000 Dollar haben wollte. Fassungslos setzte er sich zu mir, als es wieder an der Tür rummste. Diesmal hatte der Mann mit dem Fuß zugetreten, geradeso, als wollte er die Tür eintreten.

Georg holte das Geld und steckte es durch den Türspalt mit den Worten, Petersen habe nun alles bekommen, mehr gäbe es in keinem Fall. Er würde sonst die policía rufen. Das machte dem Erpresser Beine, er kam nie wieder und Hinnerk Petersen haben wir auch nie wieder gesehen. Aber die ganzen Jahre, bis wir die Karte der Dauerresidenten bekamen, lebten wir in Angst vor Erpressern."

Erschöpft hielt Manuela inne. Sie schloss die Augen und seufzte:

„Fahr mich nun bitte in mein Zimmer, ich werde mich ein bisschen hinlegen."

Krieg in Panamà

Mit einiger Besorgnis registrierte Georg seit Tagen, dass die öffentlichen Reden von Presidente Manuel Antonio Noriega, die im Fernsehen übertragen wurden, immer provokanter wurden und sich massiv gegen die USA richteten. Noriegas Befürchtungen waren, dass Amerika den Kanal nicht an Panamà abgeben wollte, womit er die wahren Ziele der damaligen Bushregierung wohl recht klar erkannt haben mochte.

„Das hört sich aber gar nicht gut an, Noriega provoziert die Amis" meinte er zu Manuela.

Wenn Georg dann auf einen amerikanischen Sender umschaltete, hörte er genau gegenteilige Aussagen, dass Noriega ein Verbrecher, Geldwäscher und Drogenboss sei, der von den amerikanischen Behörden gesucht würde um verurteilt und inhaftiert zu werden. Gleichzeitig versicherten die USA den Kanal entsprechend den Vereinbarungen 1999 an Panamà zurückzugeben.

Aufmerksam verfolgten Georg und Manuela die Nachrichten. Ihr Fernsehprogramm bestand ausschließlich aus dem Wechsel zwischen den Nachrichtensendern und dem Börsenchannel.

Immer wieder betonten die Amerikaner, dass sie den Kanal Panamà überlassen würden, sobald es demokratisch regiert werden würde. Solange ein Diktator, der in ihrem Land wegen Drogendealerei verurteilt wäre, in Panamà an der Macht sei, würden die Rückgabeverhandlungen zum Scheitern verurteilt sein.

Einen von der Opposition inszenierten Putschversuch konnte Noriega vereiteln. Rechtzeitig erfuhr er von der Absicht ihn zu stürzen. Die Folge waren umfangreiche Säuberungsaktionen innerhalb der Armee.

Manuela fragte besorgt: „Georg, glaubst du, dass die Amerikaner sich Noriegas Großspurigkeit noch lange gefallen lassen?"

Georg zuckte die Achseln: „Ich weiß es auch nicht." Warum sollten die Amerikaner in ein so kleines Land einmarschieren? Unverständlich erschien Georg auch, dass der frühere Verbündete von den USA nun auf einmal ein erbitterter Gegner sein sollte. Ihm war bekannt, dass die CIA früher General Noriega gestützt und gefördert hatte. Das war schon sehr mysteriös, fand Georg.

In Manuela stieg manchmal eine unbestimmte Angst hoch, dass alles, was sie bisher geschafft hatten mit einem Schlag durch ein Einmarschieren der Amerikaner vernichtet werden könnte. Würde sie wieder einmal flüchten müssen? Sie konnte es sich nicht vorstellen, doch die Weichen schienen wieder einmal auf Krieg gestellt zu sein. Sie fühlte ein sich immer schärfer herauskristallisierendes Hassgefühl auf die Amerikaner, besonders deren Präsidenten George Bush, in sich wachsen.

Als sie wieder einmal einer der Reden von Bush zuhörten, in denen er Panamà ein Ultimatum stellte, Noriega bis zu einem bestimmten Zeitpunkt auszuliefern, und Bush unmissverständlich erklärte, dass die Folgen einer Missachtung seines Ultimatums Krieg mit den USA seien, durchfuhr Manuela siedend heiß der Gedanke, dass ihre Pässe ungültig geworden sein könnten. Unruhig fing sie an die Pässe zu suchen.

„Was suchst du eigentlich?" fragte Georg verstimmt, denn er hasste jegliche Hektik.

„Ich suche unsere Pässe," erklärte sie.

„Sie sind in der Kassette, du hast sie selbst da hineingelegt, Schubselchen," versuchte Georg sie zu beruhigen.

Doch ihre Unruhe nahm zu, mit zitternden Fingern öffnete sie die Kassette.

Als sie die Daten in den Pässen überprüfte, überkam sie Panik. Sie waren ungültig.

Sie fing an zu schreien: „Sie sind ungültig, abgelaufen! Ich wusste es, was machen wir nun, wenn es Krieg gibt? Wir können nicht einmal weg hier! Die Deutschen stellen uns doch nicht einfach neue Pässe aus! Wir sind rechtlich staatenlos! Verdammt, warum muss nur uns immer so was Schreckliches passieren? Ich hasse Bush! Ich hasse unser Leben!" Ihr Schreien ging in haltloses Schluchzen über.

Georg stand auf und umarmte sie. Er murmelte ihr beruhigende Worte ins Ohr und hielt sie einfach fest, bis ihr Schluchzen nachließ.

„Es wird nicht geschehen," versicherte er ihr, obwohl er eigentlich damit rechnete, dass der Einmarsch der Amerikaner bevorstand.

„Mich wundert nur, dass die amerikanischen Geheimdienste Noriega noch immer nicht aufgespürt haben," gab er zu.

Der Einmarsch der Amerikaner wurde seiner Meinung nach immer wahrscheinlicher.

Georg überlegte fieberhaft, wie sie sich aus der Gefahrenzone bringen konnten. Zum Schluss hielt er es für das Beste einfach im Haus zu bleiben.

Georg überlegte, wie er es angestellt hätte, Noriega zu finden. Im Dschungel von Panamà konnte man sich monatelang verstecken. Da hatten es auch Eliteeinheiten schwer. Zu unwirtlich war der Dschungel mit seinen giftigen Pflanzen und Tieren.

Außerdem gab es auch noch Gebiete, die für Noriega einen gewissen Schutz boten, denn der Diktator kannte sich im Dschungel hervorragend aus und wusste, wie man die Amerikaner in die Irre führen konnte. Bestimmt vermutete ihn niemand in den unzugänglichsten Regionen des Dschungels, in denen es außer Raubtieren und einigen alten Indios weder Straßen noch Wege gab.

Am liebsten wären Manuela und Georg geflohen, aber die abgelaufenen Pässe verhinderten, dass sie in ein Flugzeug steigen und das Land verlassen konnten.

Weiterhin bestand auch noch der Haftbefehl gegen sie. Sobald sie in einem anderen Land auftauchten, würden sie sehr schnell ausgeliefert werden.

Georg spürte deutlich seine Hilflosigkeit und mit ihr eine Bitterkeit in sich, die ungeahnte Ausmaße annahm. Rechtzeitig zum Krieg, dachte er zynisch, kehrt meine Aggressivität zurück, war sich aber gleichzeitig bewusst, dass er nur ein alter Mann war, der einfach Angst hatte. Er versuchte Manuela seine Angst nicht zu zeigen. Auch wollte er ihr den Halm der Hoffnung erhalten. Oft wiederholte er:

„Sie werden es nicht tun. Es ist ein so kleines Land, die müssen Noriega doch auch ohne Krieg finden können."

Er meinte das auch wirklich, als er es sagte.

„Was ist, wenn sie doch einmarschieren? Werden sie uns ausliefern?" fragte Manuela bohrend.

„Ich weiß es nicht, aber es wird nicht dazu kommen. Amerika hat den besten und mächtigsten Geheimdienst der Welt. Sie werden Noriega finden," wiederholte er zum x-ten Mal.

Manuela sagte: „Ich wünsche Noriega, dass er unauffindbar bleibt. Wir haben ihm unsere Sicherheit zu verdanken. Diktator hin oder her. Seinem Volk ging es doch nicht schlecht."

Dazu mochte Georg nichts sagen, doch insgeheim war er Manuelas Meinung. Trotzdem hoffte er, dass sie ihn endlich fänden, zu bedrohlich waren die letzten Aufrufe der Amerikaner gewesen, Noriega zu finden und an die USA auszuliefern.

„Ich will noch nicht sterben, womöglich noch in einem derartig sinnlosen Krieg!"

Bei diesen Worten schüttelte sich Manuela.

„Es ist doch verrückt, wir schaffen es bis Panamà, um dann getötet zu werden."

„Du hast wie immer Recht. Ich möchte auch noch ein wenig leben," pflichtete ihr Georg bei.

Am Abend, an dem das letzte Ultimatum Amerikas ablief, beobachteten sie, dass fast pausenlos Militärhubschrauber an der Paitilla vorbei flogen.

Plötzlich war der Krieg da. Es war kurz vor Weihnachten.

In der Nacht des 20. Dezembers 1989 begannen die Luftangriffe der Amerikaner.

Nach der ersten ohrenbetäubenden Detonation, die knapp hinter dem Viertel der Paitilla in dem Armenbarrio, hinter dem kleinen Stadtflugplatz erfolgte und die kleinen Hütten, die dort standen, in Schutt und Asche zerlegte, ergriff Manuela Georgs Hände und flüsterte:

„Schorsch, was bedeutet das?", obwohl sie die Antwort bereits ahnte.

„Krieg", war Georgs kurze Antwort.

„Oh, Gott," formten Manuelas Lippen tonlos. Ihre Gedanken überschlugen sich. Sie fühlte sich wie eine Gefangene, denn sie wusste sofort, dass sie, solange Bomben fielen, nicht hinausgehen würden.

Mittlerweile hörte man auch schon vereinzelt Schüsse draußen. Manuela reckte sich leicht um einen Blick nach draußen zu werfen, doch Georg riss sie wieder nach unten. Da merkte sie erst, dass sie sich beide unwillkürlich bei der ersten Bombe geduckt hatten.

Warnend blickte Georg sie an.

„Es ist zu gefährlich hinaus zu sehen," sagte er, während er zu den Lampen kroch und sie ausknipste. „Es sind Scharfschützen unterwegs. Gewehre mit großer Reichweite."

Seine Erinnerungen an den Weltkrieg waren mit einer erschreckenden Heftigkeit wieder in sein Bewusstsein gedrungen. Er spürte die Gefahr, die ihr Haus umgab fast körperlich.

Sie saßen im Dunkeln, hörten nur das Rauschen der Klimaanlagen, die einzelnen Schüsse und immer wieder entfernte Detonationen von amerikanischen Bomben. Am Himmel türmten sich riesige Gewitterwolken, die in einem gespenstischen Orange von unten angestrahlt wurden, so als wären sie von innen beleuchtet.

Manuela fing an zu zittern. Ihr fiel ein, dass der Kühlschrank fast leer war.

„Wir hätten gestern noch einkaufen müssen," sagte sie heiser. Georg spürte den leichten Panik andeutenden Unterton in ihrer Stimme.

„Schatz, ich gehe einkaufen. Ich rufe Himenez an, er kann mich fahren."

Doch als er vom Taxichauffeur erfuhr, dass der Notstand ausgerufen worden war und er nicht fahren durfte, beschloss er zu Fuß loszugehen. Manuela wollte protestieren, aber er schnitt ihr das Wort ab.

„Wir brauchen doch die Lebensmittel und meine Diabetesmedikamente muss ich mir auch noch holen."

Sein Ton war so bestimmt, dass Manuela nichts mehr zu sagen wagte.

Sie umarmten sich stumm. Als die schwere Haustür hinter Georg ins Schloss gefallen war, stand Manuela noch einen Moment erstarrt da, dann schloss sie die drei Sicherheitsschlösser und fing dabei mit der Zungenspitze das Salz ihrer Tränen auf, die sich auf ihren Lippen fanden.

Hörte denn die Angst niemals auf? Wieviel Angst halte ich noch aus?, dachte sie, während sie vorsichtig hinter der Gardine hervorspähte, um Georg auf seinem Weg zum Einkaufszentrum zu beobachten. Er strebte dicht an den Häuserwänden den Läden zu.

Manuela konnte von ihrem Platz aus die ganze calle überblicken, die am den Läden entgegengesetzten Ende in die Balboa mündete. Von dort sah sie plötzlich einen Jeep einbiegen, aus dem einige Panamenen schossen.

Ihr Herz schien stehen zu bleiben. Die Angst verwandelte die Hitze Panamàs in einen eiskalten Schauer, der ihren Körper, besonders ihr Herz erfasste. Georg, geh bitte von der Straße, flehte sie leise. Als sie zu ihm hinüber schaute, sah sie ihn im Eingang des Araberhauses verschwinden.

Manuela atmete erleichtert auf. Der Jeep war kurz darauf vor dem Eingang und verminderte etwas die Geschwindigkeit. Nein!, stöhnte Manuela entsetzt. Hatten sie ihn gesehen?

Der Jeep fuhr jedoch weiter. Ein Stück weiter die Straße hinunter, etwa dort wäre Georg wohl nun gewesen, wenn er nicht im Eingang verschwunden wäre, ging ein weiterer Passant, der wohl nichts von den Schüssen gehört hatte.

Manuela beobachtete den Mann gerade, als der sich plötzlich an die Brust fasste und wie in Zeitlupe zu Boden sank. Fassungslos schlug Manuela die Hand vor den Mund und rang nach Luft. Ihre Hilflosigkeit drang wie ein Messer in ihr Bewusstsein. Ebenso hätte Georg nun anstelle des Mannes dort als Opfer liegen können. Sie wusste, dass sie diese Szene nie mehr in ihrem Leben vergessen würde.

Der Jeep raste nun mit hoher Geschwindigkeit weiter und verschwand hinter der nächsten Kurve. Dann gingen die wenigen Straßenlaternen aus und die Straße lag im Dunkeln.

Nur schemenhaft sah Manuela Georg wieder auf die Gehsteig gleiten und dann auf den Mann am Boden zulaufen. Als er niederkniete, kam die Policia und ein Krankenwagen, in den der Mann eingeladen und weggefahren wurde. Die Polizisten sprachen noch kurz mit Georg, stiegen dann ein und schienen die Verfolgung des Jeeps aufzunehmen, da sie in der Richtung, in die der Jeep gerast war, weiterfuhren.

Georg setzte seinen Weg fort und Manuela beobachtete die Straße, bis sie Georg vom Einkauf wieder zurückkommen sah. Er ging langsam, hielt schwere Tüten in seinen Händen und blickte sich oft um. Immer, wenn schnell fahrende Autos zu hören waren, suchte er rasch einen Hauseingang auf und drückte sich an die hinter ihm liegende Wand. Sein Rückweg kam Manuela viel länger vor als der Hinweg. Als er schließlich die Straße überquerte, um zu ihrem Hauseingang zu kommen, sah Manuela erst, dass er stark humpelte.

Ein warmes Gefühl der Liebe durchströmte sie und wischte die Angst für einen Moment fort, er war so tapfer, ihr Schorsch, hatte sein Leben für sie aufs Spiel gesetzt. Tränen der Rührung glitzerten in ihren Augen, als sie ihm die Tür öffnete. Sie küsste und umarmte ihn, als sähe sie ihn nach einer endlos langen Reise wieder. Wie liebte sie dieses Gesicht, dass ihr nun fahl, fast grau entgegensah.

„Ich hatte solche Angst um dich," sagte sie schließlich unter Tränen.

Er grinste sie an:

„Ich weiß, mein Herzchen, so und nun nimmst du mir die Tüten ab, ich muss mich setzen."

Manuela stellte die Tüten in der Küche ab und ging zu Georg, der gerade sein Hosenbein aufkrempelte. Als er sein verletztes Bein sah, wurde er im Sessel ohnmächtig. Das Blut lief ihm an der Wade herunter. Immer wenn er sein eigenes Blut sah, wurde Georg ohnmächtig. Manuela kannte das schon.

Sie holte schnell Wasser, Desinfektionsmittel und Verbandszeug. Während sie die Wunden versorgte, wachte Georg wieder auf und stöhnte.

„Wie ist das passiert, das hab ich ja gar nicht gesehen, dass du gestürzt bist," fragte sie besorgt.

Georg erzählte ihr, wie er in einen offenen Gulli gestolpert war, von dem Vandalen den Deckel entfernt und ihn die Straße hatten herunterrollen lassen. Er war eineinhalb Meter in das Loch gestürzt und hatte sich mit den Händen auf der Straße abgefangen.

Er war so erleichtert gewesen, dass er nicht der Erschossene gewesen war und sich bei seinem Sturz nichts gebrochen hatte, dass er euphorisch sogar eine Dose echten Kaviar gekauft hatte, den er nun mit Manuela zur Feier des Tages aufessen wollte.

Sie legten gerade den Kaviar auf eine dünne Eisschicht, mit der Georg anschließend seine Handgelenke kühlen wollte, als das ganze Haus erzitterte.

„Das war ziemlich nah," konstatierte Georg und schob sich ungerührt einen Löffel Kaviar in den Mund.

Wieso konnte er nur so ruhig da sitzen, wunderte sich Manuela.

„War der Mann tot?" fragte sie unvermittelt.

„Welcher Mann?" fragte er.

„Ach, du hast also doch aus dem Fenster gesehen," sagte er mit strenger Stimme. „Ich hatte dich doch gebeten nicht ans Fenster zu gehen."

„War er tot," fragte sie noch einmal, diesmal mit schriller Stimme.

„Ja," antwortete Georg dumpf.

Er sah die sich rasch ausbreitende Blutlache unter dem Brustkorb des Mannes hervorsickern, das feine Blutrinnsal aus seinem Mund rinnen, sich mit dem Blut der Lache vereinigen, sah die Taschenlampe des Polizisten sich darin spiegeln, roch den süßlichen Geruch der Angst noch einmal, so als läge der Mann mitten in ihrem Wohnzimmer.

„Warum haben sie dich nicht mitgenommen, ich hatte Angst, dass sie es tun," sagte Manuela fragend.

„Ich habe meine Dauerresidenzkarte vorgezeigt und schon ließen sie mich gehen. Rieten mir aber nicht zu lange draußen herumzulaufen."

Manuela fragte nichts mehr. Sie verspürte plötzlich ein starkes Hungergefühl und fing an zu essen.

Mit jedem Bissen schien sie mehr und mehr von einer gewissen Ruhe erfüllt zu werden. Doch bei jedem Einschlag, den sie hörten und fühlten, kehrte die lähmende Angst wieder. Die Fragen existenzieller Angst schwirrten wieder in ihrem Kopf herum.

„Glaubst du, dass unser Haus auch noch getroffen wird?" fragte sie und war sich im demselben Moment bewusst, wie sinnlos diese Frage war.

Aber Georg antwortete ruhig: „Nein, ich glaube nicht, dass die Paitilla zerstört wird."

„Warum glaubst du, dass wir verschont werden?" wunderte sich Manuela.

„Nun, hier in unserem Viertel wohnt und regiert das Geld. Hier sitzen Amerikas Verbündete, die Juden haben eine mächtige Lobby in Amerika. Sie können es sich nicht leisten, die zu anzugreifen. Sie suchen ja nur nach Noriega."

Georg lächelte fast, als er Manuela dies erklärte.

„Aber," fuhr er dann ernst fort, „es könnte natürlich sein, dass unser Haus aus Versehen getroffen wird. Davor habe ich die meiste Angst, denn das passiert öfter als man denkt."

Manuela sandte ein weiteres Stoßgebet zum Himmel.

Georg erklärte ihr:

„Am besten ist es bei einem Angriff dicht an einer Wand zu sitzen oder zu liegen. Eng an der Wand ist die Chance am größten einen Einsturz des Hauses zu überleben."

„Gott, wenn es dich gibt, verschone uns diesmal, sei gnädig, ich bitte dich." Manuelas Stimme übertönte Georgs.

Georg blieb still. Doch im Innern betete er mit ihr.

„Gott, hilf uns aus unserer Not."

Dann trank er ein Glas Whiskey in einem Zug aus, verschloss die Flasche wieder und schwor sich, wenn sie heil aus diesem Krieg hervorgingen, nie wieder maßlos Alkohol zu trinken. Er teilte Manuela seinen

Entschluss nicht mit, denn er betrachtete dies als seinen persönlichen Geheimpakt mit Gott.

Als Antwort gab Gott eine schwere Detonation, bei der das ganze Haus erzitterte und die Fensterscheiben klirrten. Dann war der Strom ausgefallen. Nach diesem Einschlag kroch die Ruhe danach ungewohnt still auf sie zu.

„Mist, die Klimaanlagen sind tot.", entfuhr es Georg. Er erhob sich und ertastete den Lichtschalter. Es blieb dunkel im Zimmer.

„Alles tot. Also muss es in der Nähe eingeschlagen haben." Georg wischte sich den Schweiß aus dem Nacken. Obwohl die Geräte gerade erst ausgesetzt hatten, kam ihm die Luft schon stickig und heiß vor.

Manuela prüfte, ob das Wasser noch lief. Sie ließ die Badewanne voll Wasser laufen, machte Handtücher feucht und hing sie überall in der Wohnung auf. Sie füllte alle leeren Gefäße mit Wasser und stellte sie in der Wohnung auf.

Sie öffneten alle Fenster um Durchzug zu machen, hielten aber nach einiger Zeit den Lärm der Sirenen, die andauernd heulten, nicht aus und schlossen sie wieder.

Nach einigen Stunden fiel das Wasser aus. Nicht mehr ein Tropfen rann durch die Leitungen. Manuela war froh, dass sie daran gedacht hatte, Wasservorräte anzulegen.

So konnten sie sich nun wenigstens einen Kaffee kochen. Darauf mochte Manuela gar nicht verzichten.

Am nächsten Tag gingen die Bombardements unvermindert hart weiter. Beide konnten an Schlaf nicht denken. Die Hitze war zunehmend unerträglicher geworden. Die Klimaanlagen waren noch immer außer Betrieb. Manuela lag ermattet auf ihrem Bett, nur in ihr dünnstes Nachthemd gekleidet, während Georg nackt durch die Wohnung ging. Er beobachtete die menschenleeren Straßen und die hohen Häuser, die alle unbewohnt wirkten. Niemand zeigte sich an den Fenstern.

„Gut, dass unsere Fenster so verspiegelt sind, da kann man von außen nicht sehen, wenn jemand dahinter steht.", stellte er fest und vermittelte Manuela ein kleines Stückchen Sicherheit, die es trotzdem nicht wirklich gab.

Sie wussten es beide. Doch gerade in solchen Gefahrensituationen spielten sie ihr Rollenspiel perfekt durch. Er, der Ehemann, der alle Situationen im Griff hat, sich sorgt, beruhigt, Nahrung besorgt, sich in Gefahr begibt, sie dagegen die leicht hysterische Ehefrau, die das Essen auf den Tisch bringt, seine Wunden versorgt und heilt und vorausschauend Wasser auffüllt.

Für eine Stunde gab es dann endlich wieder frisches Wasser und ein wenig Strom, so dass man die Nachrichten sehen konnten. Noriega hielt sich immer noch verborgen.

Dann endlich klingelte seit langer Zeit wieder einmal ihr Telefon.

Georg nahm ab und plötzlich spürte er die Ähnlichkeit zwischen Katja und ihrer Mutter sehr deutlich. Fragen über Fragen wie: „Geht es euch gut?"

„Hört ihr die Bomben?" „Wie ist der Krieg?" „Was macht ihr denn am Tag?" „Könnt ihr noch rausgehen?" „Könnt ihr nicht einfach das Land verlassen?"

Georg beantwortete alle Fragen und gab dann den Hörer weiter an Manuela.

Das Gespräch endete damit, dass alle in den Hörer schrieen, dass sie sich alle lieb hatten, da neuerliche Bombenangriffe das Haus erschütterten. Am anderen Ende der Leitung saßen Katja und Robert und starrten fassungslos und aufgeregt ihr Telefon an, durch dessen Leitung das ohrenbetäubende Geräusch der heftigen Luftangriffe übertragen wurde. Manuela konnte sich gut die besorgten Gesichter ihrer Kinder vorstellen.

Als sie den Hörer weggelegt hatte, spürte sie die große Leere auf sich zu kommen, die immer nach solchen Gesprächen mit der Heimat auftauchte und sie für eine Weile erfüllte. Die Leere der Heimatlosigkeit, des Heimwehs, der Ungerechtigkeit, die große Leere der Leblosigkeit, die für einige Zeit sogar die Angst vertrieb.

Für Manuela fand das Leben in Deutschland bei ihrer Tochter Katja statt. Auch nach diesem Telefongespräch hatte sie dieses Empfinden.

Aber weitere Einschläge hinter ihrem Haus ließen sie schneller in ihr eigenes Leben zurückkehren, als sie es sonst kannte. Es war einfach keine Zeit den Gedanken und Erinnerungen nachzuhängen. Sie lebte hier und jetzt und es war Zeit Georgs Bein neu zu verbinden.

„Wir rufen wieder an!", hatte Katja noch in den Hörer gerufen.

Manuela wartete auf diesen Anruf. Doch so sehr sich Katja und Robert auch bemühten, es kam am nächsten Tag keine Verbindung nach Panamà zustande. Die Leitungen waren hoffnungslos überbelegt.

Erst am 24. Dezember, Heiligabend, wurde eine Verbindung möglich.

Der Krieg war zu Ende. Zwischen 3000 und 7000 Menschenleben und mehrere Tausend Verletzte hatte er gekostet. Colón und Panamà City waren von verheerenden Zerstörungen gekennzeichnet.

Manuela und Georg sahen von ihrem Küchenfenster direkt auf den zerstörten Stadtflugplatz. Verwüstet lag das Barrio hinter dem Flugplatz da. Kein Stein schien dort mehr auf dem anderen zu stehen. Rauchende Trümmerhaufen waren zu erkennen und dazwischen suchende verzweifelte Menschen.

War dies ein völkerrechtlich zu verantwortender Krieg gewesen, in dem es eigentlich nur um einen einzelnen Menschen ging, den Diktator Noriega? Dafür mussten so viele Menschen ihr Leben lassen oder leiden?

Katja war glücklich, die Stimmen ihrer Eltern zu hören. Manuela und Georg waren auch glücklich überlebt zu haben. Aber wie viele Menschen waren unglücklich geworden durch vier schicksalsträchtige, entscheidende Tage in ihrem Leben. Präsident Bush hatte für sie das Schicksal in die Hand genommen. Konnte er damit ruhig schlafen?, fragten sich Georg und Manuela ein um das andere Mal.

Sie dankten Gott, dass er sie vor diesem zweifelhaften Schicksal verschont und ihre Gebete erhört hatte. Georg aber trank abends nicht mehr bis zur Besinnungslosigkeit, sondern trank so wenig, dass Manuela es bald bemerken konnte. Georg hatte die Begrenztheit seines Lebens hautnah erfahren und hielt nun seinerseits den Pakt ein, den er mit Gott geschlossen hatte. Seine letzten Jahre wollte er nun gesünder verbringen und noch genießen.

Allein

Im Januar 1999 bekam Georg starke Schmerzen beim Wasserlassen. Mit Erschrecken stellte er fest, dass sein Urin voller Blut war. Er fuhr daraufhin ins Krankenhaus Paitilla, wo die Ärzte ihm nach eingehenden Untersuchungen die Mitteilung machten, dass er „cancer" hatte. Mit der verheerenden Diagnose: Blasenkrebs und sie haben noch drei Wochen zu leben, ließ er sich, versehen mit einem Dauerkatheter, von Himenez wieder nach Hause fahren. Drei Wochen, dachte er. Ich muss noch so viel regeln. Katja muss herkommen, sie wird Manuela helfen, ach, das geht ja nicht. Sie kann ja nicht einfach ihre Stellung aufgeben.

Er verwarf den Gedanken, der ihm spontan gekommen war, wieder. Ihm war zum Weinen zumute. So bald soll ich diese Welt und Manuela schon verlassen? Ich kann es nicht glauben. Nie bin ich richtig krank gewesen, außer grippalen Infekten hatte ich nichts Schlimmes. Das kann gar nicht sein. Diese panamenischen Ärzte müssen sich irren. Er hatte nicht mal Zeit zum Angsthaben gehabt. Völlig unvorbereitet hatte ihn die Diagnose oder sollte er besser sagen das Urteil der Ärzte getroffen.

Sie hatten eine Chemotherapie vorgeschlagen, da das Krebsgeschwür zu dicht an der Blasenwand saß und daher inoperabel war. Er ging zu der Therapie. Er verlor seine volle Haarpracht ziemlich schnell und er bekam an seinem ganzen Körper kleine Geschwüre und Beulen, die wie Frostbeulen aufplatzen, juckten und schmerzten. Die Haut wurde extrem trocken und schien eine Lage dünner zu werden, als sie noch im gesunden Zustand gewesen war. Schlimme Gelenkschmerzen und ständige Übelkeit quälten ihn monatelang und außer dem Erfolg nach vier Monaten noch zu leben, hatte er bei einer neuerlichen Untersuchung an Besserung nichts vorzuweisen. Im Gegenteil, die Ärzte wollten die Dosis der Chemotherapie noch erhöhen, da die heimtückischen Krebszellen gewachsen waren. Er wusste jedoch, dass eine weitere Erhöhung der Dosis kaum noch von ihm zu verkraften wäre. Seine tapfere Manuela würde mit seiner Pflege nur total überfordert werden. Das tägliche Bettwäsche waschen, Unterwäsche reinigen, aufwischen dort, wo der Katheter geleckt hatte, ihm alles bringen zu müssen, weil er zu schwach geworden war sich selbst seinen Kaffee zu holen, geschweige denn Essen zu machen. Manuela musste nun alles alleine machen und das mit fünfundsiebzig Jahren.

Plötzlich musste sie jeden Tag kochen, putzen, Einkäufe bei der Hitze machen, auf dem Wochenmarkt nach Agavenblättern suchen, in deren Mark, wie die Indianer seit Urzeiten behaupten, besondere Heilstoffe für Krebskranke enthalten sind. Jeden Tag brachte Manuela etwa eine Stunde damit zu das Mark mit einem kleinen scharfen Messer aus dem Inneren der festen, dornigen Blätter herauszuschälen und zu schaben. Die geleeartige farblose Masse füllte sie in ein Glas, das Georg vor dem Mittagessen auslöffelte.

„Deine Vorspeise, Schorschel, ist angerichtet",

pflegte sie zu sagen, wenn sie ihm das Glas brachte.

Als Manuela Katja anrief und ihr von der Erkrankung ihres Vaters berichtete, war für Katja klar, dass sie ihren Vater wohl nicht wiedersehen würde. Auf jeden Fall entschloss sie sich dazu im Sommer, wenn die großen Ferien anfingen, sofort nach Panamà zu reisen. Zu Ostern erfuhren Manuela und Georg von ihrem Entschluss.

„Ich werde da sein, so Gott will!",

rief Georg mit schwacher, brüchiger Stimme von hinten ins Telefon.

„Ich weiß nicht, ob er es schaffen wird dich noch einmal zu sehen.", weinte Manuela.

„Er schafft es!", widersprach Katja. Ich hoffe es, dachte sie, als sie den Hörer auflegte.

Robert hatte das Gespräch mit angehört. Er legte den Arm um ihre Schultern, gemeinsam schwiegen sie, er betete für seinen Schwiegervater, dass er noch lange genug lebte um noch ein letztes Mal seine Tochter sehen zu können. Katja wusste, dass er für sie mit betete, weil sie nicht an seinen Gott glauben wollte.

Sie glaubte an eine innere Kraft, die unsterbliche Seele, von der alles für einen Menschen ausging und sich entwickelte. Für sie gab es keine Zufälle, die kosmischen Energieströme beeinflussten ihrer Meinung nach das Leben, wo es auch immer im Kosmos stattfand. Sie war sich nicht sicher, ob es nicht letzten Endes auf den Glauben an Gott hinauslief, was sie glaubte. Auch von den indianischen Mythen war sie beeindruckt, entdeckte aber immer wieder Parallelen zum christlichen Glauben. Manitu oder Gott, war er nicht derselbe, alles beseelende Geist?

Sie las das indianische „Medizinrad", in dem sie etwas über ihren Vater herausfand. Seine Persönlichkeit neigte zu dem Krankheitsbild, das er nun hatte. Sie stellte sich mental auf die Reise nach Panamà ein, indem sie sich auf ihre Reikifähigkeiten besann und indianische Mandalas mit in ihren Koffer packte. Sie wollte sie zusammen mit ihrem Vater ausmalen, dabei meditieren und mit ihm Frieden für die Ewigkeit schließen.

Als sie Manuela am Flughafen allein erblickte, bekam sie erst eine Ahnung davon, wie schwer krank er wirklich war. Manuela wirkte aktiv und gesund, sie bereitete ihre Tochter auf Georg vor, indem sie ihr von den letzten Monaten berichtete.

Zwei Mal hatte er eine Chemotherapie bekommen, die dritte hatte er abgelehnt. Seine Haare waren wieder nachgewachsen, erstaunlicherweise in seiner Naturhaarfarbe, seine Haut hatte sich weitgehend regeneriert und er freute sich auf Katja.

Als sie ihn sah und umarmte, war sie erschrocken, wie dünn, ja fast zartknochig er geworden war, aber sein Gesicht und seine Augen vor allen Dingen strahlten, als hätte sie gerade ein L-Springen bei einem Turnier gewonnen oder er einen wertvollen Silberpokal beim Segeln. Doch er bejubelte sich selbst, dass er es geschafft hatte, die Zeit zu besiegen. Nach der düsteren Prognose vom Januar hätte er schon sechs Monate tot sein müssen. Er hatte sein Ziel, welches er sich damals gesetzt hatte, erreicht.

Katja versuchte sich ihre Erschütterung über seinen Zustand, der so offenkundig den Verfall seines Körpers demonstrierte, nicht anmerken zu lassen. Sie packte gleich ihre Geschenke für die Eltern aus, warme Hausschuhe für ihn und eine Seidenstola für sie. Während sie Ihre eigenen Kleider im Schrank aufhing, bemerkte sie überall den Schmutz in der Wohnung.

Es war zwar aufgeräumt und oberflächlich gewischt worden, aber an den Türen und Lichtschaltern fiel ihr der über Jahre nicht beseitigte Schmutz auf. Da sie mit so etwas gerechnet hatte, verurteilte sie sich zum Großreinemachen und machte sich aktiv an die Arbeit, die sie in ihrer eigenen Wohnung auch höchstens einmal im Jahr tat.

Nach zwei Stunden dieser ungewohnten Aktivität, bei vierunddreißig Grad im Schatten, setzte sie sich erschöpft zu ihrem Vater, der sich meistens in seinem hellblauen monströsen Sessel, dicht am Fenster aufhielt, von wo er den Blick über die gesamte Straße hinunter zur Calle de Balboa hatte, der Küstenstraße, die zum alten Panamà führte.

Oft schweifte sein Blick über den Pazifik, dessen Wellen bis an die Balboastraßenbefestigung schlugen oder hinüber zu dem majestätischen Wahrzeichen von Panamà City, dem blauen fast kastenförmigen Berg Ancón.

Doch an diesem Tag schaute er nicht hinaus, sondern er verfolgte Katjas Bewegungen, seit sie die Wohnung betreten hatte. Er war glücklich und nun bereit jederzeit zu sterben. Jeden weiteren Tag, den er nun noch leben durfte, nahm er hin wie ein Geschenk, sagte er Katja.

Er, der seit Monaten die Küche nicht mehr betreten hatte, fing an wieder zu kochen. Er kochte nun jeden Mittag Katjas Lieblingsgerichte. Wenn Manuela und Katja ihm helfen wollten, winkte er ab. So ging Katja wieder jeden Vormittag zum Schwimmen.

Georg ließ es sich nur selten nehmen, sie zum Essen zu rufen. Es war wie früher, als hätte jemand die Zeit zurückgedreht. Nur eines passte nicht dazu, Georgs Katheter, den er fast gleichgültig hinter sich herschleifen ließ.

Einmal saßen sie am Mittagstisch und Katja traute sich endlich zu fragen, was sie schon lange hatte fragen wollen. „Wenn du stirbst, Papa, habt ihr euch einmal Gedanken dazu gemacht, was dann mit Manuela werden soll? Ich kann ja nicht immer, wenn sie Hilfe braucht, mal eben ins Flugzeug steigen um ihr zu helfen." Georg schaute ihr ernst und abwartend ins Gesicht. Sie fuhr fort, ermutigt, dass sie nicht gleich ihren angefangenen Gedanken blockierten.

„Ich möchte vorschlagen, dass hier die Zelte dann abgebrochen werden und Mama zu mir nach Deutschland kommt. Wir haben die Möglichkeit das Haus für eine kleine Anliegerwohnung zu erweitern. Mama, da könntest du einziehen."

Erwartungsvoll blickte sie ihre Eltern an. Ihre Mutter äußerte sich nicht, hatte aber eine ablehnende Körperhaltung eingenommen. Sie war entsetzt, dass Katja den Vorschlag im Beisein des Noch-Lebenden gemacht hatte. Noch war nichts zu entscheiden, fand sie. Ich will nicht, dass er stirbt! Ihre Seele schrie lautlos immer wieder lautlos diesen einen Satz.

Aber Georg nickte und sagte laut:

„Das halte ich für eine sehr gute Idee."

Damit war das Thema für ihn beendet. Er erhob sich und ging seinen Mittagsschlaf machen. Bevor er einnickte, stellte er sich Manuela in Schwarz vor, eine grauenvolle Farbe für sie. Aber Katja würde schwarz stehen. Und sie hatte Recht, Manuela musste ohne ihn nach Deutschland zurück. Sie würde es allein in Panamà nicht schaffen, sondern ihm bald folgen.

Sie sollte leben, dachte er. Ihre Zeit ist noch nicht gekommen. Meine wird bald da sein, ich kann spüren, wie der Krebs mich immer schneller von innen auffrisst. Jeden Tag nehme ich Abschied, dachte er, doch er bedauerte sich nicht.

Ich habe genug erlebt, viel mehr als andere, die zwanzig Jahre älter werden. Mir hat das Leben so viel Wunderbares gegeben, dass ich reich beschenkt aus ihm scheiden kann, ohne Bitternis kann ich sagen, es hat mir eine Menge Spaß gemacht. Lächelnd schlief er ein.

Zwei Wochen durfte er seine beiden Frauen verwöhnen, dann kam Katjas Abreisetermin. Diesmal kam Georg mit zum Flughafen. Während der Fahrt mit dem Taxi, Himenez, der nur noch selten fuhr, brachte sie selbst hin, sagte Manuela:

„Katja, es war schön mit dir. Du hast deinem Vater so viel Spaß gemacht, mit deinem Reiki, ich wünschte, ich hätte diese Gabe."

Als Katja beide immer wieder zum Abschied umarmte, wussten Georg und sie, dass sie sich in diesem Leben zum letzten Mal sahen. Noch bevor sie ins Flugzeug stieg, verließ Georg die Halle. Draußen ging er langsam rauchend auf und ab mit unbewegtem Gesicht. Alles war geregelt, alles ging seinen Gang. Die aufgehende Sonne streichelte ihm seine pergamentene Haut. Ihn trieb die Sehnsucht nach dem Alleinsein, in der pulsierenden Halle voller lärmender Touristen fühlte er sich fehl am Platz.

Während Katja drinnen auf ihre Kofferabfertigung wartete, beobachtete sie Georg, wie er draußen ruhig hin und her ging, das Gesicht mit geschlossenen Augen der Sonne entgegenhielt. Sie schloss ihre Tränen noch ein. Erst wenn sie in der Luft war, würde sie seinen Tod beweinen, denn ohne Zweifel starb er ab dem heutigen Tag.

Er kam noch am selben Abend in die Klinik und schlief fünf Tage später mit einem Lächeln auf seinem Gesicht ein, obwohl er seinem Tod allein begegnete, Manuela erschien fünf Minuten zu spät im Krankenhaus. Das macht ihn unglaublich jung, dachte Manuela, als sie ihn ein letztes Mal umarmte.

Die letzte Flucht

Manuela fühlte sich verletzt, dass er einfach gegangen war, die Welt gewechselt hatte, ohne mit ihr noch darüber gesprochen zu haben. Sie hatte ihn eigentlich immer fragen wollen, was er drüben erwartete. Sie hatte es aber nie getan.

Seinen Tod hatte sie verdrängt, obwohl sie sein Sterben schon so lange begleitete. Es traf sie hart, dass sie zu spät war für ein letztes Wort, und sie konnte nicht aufhören sich Selbstvorwürfe zu machen. Andauernd ertappte sie sich in der Ratlosigkeit, die sie seit seinem Fortgang ergriffen hatte. Wen sollte sie nun fragen? Sie rief Katja an und die sagte ihr, was sie nun tun sollte.

Trotzdem fühlte sie sich wie von der Einsamkeit erschlagen. Sie stellte unbewusst zwei Tassen hin, wenn sie sich Kaffee zubereitete. Sie fing an zu rufen, wenn sie jemandem etwas mitteilen wollte und merkte mitten im Satz, dass ja niemand in der Wohnung war, der ihr hätte zuhören können.

Dann brach sie in Tränen aus, aß tagelang nichts mehr und schien sich in ihren Tränen aufzulösen. Ihr Leben war gleichfalls zu Ende. Ohne Georg konnte sie nicht leben. Sie hätte sich ihren Arm abgehackt nur um ihn weiter pflegen zu dürfen.

Bei der Einäscherung waren nur vier Menschen zugegen. Senior Himenez und seine Frau stützten Manuela. Alonso Himenez junior nahm Manuela die Urne ab, denn sie brach fast zusammen, als sie den schweren Behälter überreicht bekam.

Dann fuhren sie schweigend zur Wohnung zurück. Alonso Himenez trug mit langsamen Schritten die Urne hinauf zur Wohnung. Manuela fegte rasch die herumliegenden Papiere von dem kleinen Tisch neben Georgs Lieblingssessel und sagte auf den Tisch deutend:

„Por aquí, porfavor."

Vor die Urne legte Maria Himenez ein großes Blumengesteck aus strahlend gelben Chrysanthemen und weißen Nelken. Manuela holte einen ihrer silbernen Kerzenleuchter, den sie sich von Katja hatte schicken lassen, steckte eine frische Kerze hinein und zündete sie an. Die Familie Himenez stellte sich mit traurigen Gesichtern vor der Urne auf, als gehöre ihr der Platz und als Manuela sie so beobachtete, war ihr zum Lachen zumute, sie sahen aus, als trauerten sie um einen eigenen Verwandten.

Georg, das müsstest du sehen! Plötzlich sieht es hier aus wie auf einem Friedhof! Vier Menschen trauern um dich, nur vier sind direkt bei dir und du hast mindestens Hundert gekannt, die normalerweise, wären wir in Deutschland geblieben, alle zu deiner Beerdigung gekommen wären.

Dein Sarg wäre von den üppigen Kränzen bedeckt gewesen wie bei Walter. Es wäre gesungen worden, von deiner Crew wäre bestimmt jemand erschienen um auf dich eine Eloge zum Besten zu geben. Die Kirche wäre von schluchzenden Menschen voll gewesen und auch ich hätte weinen können am Arm meiner Kinder.

Nun stehe ich hier, bin völlig erledigt, bin von Fremden umgeben, deren kleines Haus ich nur einmal gesehen habe, sie trauern um dich, ich auch, aber eigentlich hätte ich eben lachen können. Sie merkte nicht, dass ihr die Tränen über die Wangen liefen. Sie merkte nicht, dass die Familie sich verabschieden wollte. Sie nickte nur zu dem, was sie ihr versuchten zu sagen, bekam aber den Sinn der Worte nicht mehr in ihren Kopf. Allein wollte sie sein, allein mit Georg.

Nach einigen Stunden, die sie vor der Urne auf einem der harten Küchenstühle verbrachte, sie wagte sich aus irgendeinem ihr noch verborgenen Grund nicht auf Georgs Sessel zu setzen, merkte sie, dass sie allein war. Wie lange schon?, fragte sie sich. Ihr taten die Wirbel weh und ihre Füße waren eingeschlafen.

Draußen war es dunkel. Die Kerze war fast heruntergebrannt und sie wollte eine neue holen. Doch ihre eingeschlafenen Füße ließen sie nicht aufstehen. Vorsichtig bewegte sie die Zehen, bis das Blut wieder anfing zu zirkulieren. Sie stand auf und ging in die Küche und als sie dort stand, wusste sie plötzlich nicht mehr, warum sie hergekommen war. Verwirrt drehte sie wieder um. Erst als sie wieder vor der Urne stand, erinnerte sie sich wieder.

In den folgenden Monaten verbrauchte sie enorm viele Kerzen. Fast jeden Abend telefonierte sie mit Katja. Katja versuchte ihr so viel Lebensmut zu geben, redete auf sie ein, wartete darauf, dass sie nach Deutschland übersiedelte, begriff nicht, dass sie noch Zeit brauchte um sich von Georg zu verabschieden.

Georg war noch da, fühlte Manuela. Es war unwesentlich, welche Form sein Körper angenommen hatte. Man geht doch nicht von einem Tag zum anderen einfach in eine andere Welt. Er befand sich momentan zwischen den Welten. Er war noch nicht ganz fort. Sie konnte doch noch mit ihm sprechen, manchmal sah sie ihn doch ganz real, wie konnte Katja von ihr verlangen, dass sie ihn verließ. Sie konnte ihn doch nicht allein in Panamà lassen. Das ging doch nicht. Er brauchte sie doch noch.

Erst wenn er bereit war sie gehen zu lassen, dann könnte sie nach Deutschland kommen. Was war aber, wenn er sie suchte? Sie musste doch einen Platz mit ihm vereinbaren, wo er sie sicher finden konnte. Trennung braucht seine Zeit. Ich muss mit ihm unbedingt über den Platz sprechen, wo er mich immer finden kann.

Ja, ja, Katja, er hat gesagt, dass er deine Idee gut findet. Ich habe es auch gehört. Du hast ja Recht. Ich will ja auch kommen. Aber im Moment geht es noch nicht. Übrigens habe ich kaum noch Geld, ich werde meinen großen Brilliantring verkaufen, damit ich etwas zu essen kaufen kann. Vielleicht kann ich auch etwas von der Einrichtung losschlagen. Ich brauche ja auch Geld für den Flug. Katja, ruf uns wieder an, bitte.

Ich muss noch die Agave im Flur gießen. Kurz vor seinem Tod bekam ich sie geschenkt, als der Mieter vom sechsten Stock verhaftet wurde, da fragte mich einer der muchachos, ob ich gern die Blumentöpfe haben wollte. Na sicher, Agaven immer. Schließlich brauchte ich sie ja, damit ich das Habillá für Georg daraus gewinnen konnte. Jetzt brauche ich die Pflanze eigentlich nicht mehr. Wer wird sie bekommen, wenn ich nicht mehr da bin?

Manuela schlurfte zur Haustür. Mühsam öffnete sie die drei Sicherheitsschlösser, die sie seit Georgs Tod oft abzuschließen vergaß. Im Flur staute sich noch die Hitze des Tages, sodass Manuela das Gefühl hatte kaum noch Luft zu bekommen. Eilig goss sie die Pflanzen, die schon anfingen braun zu werden, und kehrte rasch in die kühle Wohnung zurück. Dieser kurze Gang hatte sie erschöpft. Sie legte sich auf ihr Bett und dachte vor dem Einschlafen daran, dass sie Georgs Bett verkaufen könnte.

Im Traum erschien Georg wie jedes Mal, wenn sie eingeschlafen war. Er lachte ihr zu und rief:

„Stell dir vor, ich habe gar keine Schmerzen mehr."

Er trug seinen Katheter nicht mehr und schien völlig gesund zu sein.

„Ich kann hier segeln, vielleicht möchtest du mitkommen."

Dann kam er näher und sie war sich sicher, dass sie seinen Atem spüren konnte. Er kam ihr ganz nah und seine Augen waren von einem intensiven Blau, wie sie es nur an hellen, sonnigen Tagen zeigten. Tief sog sie seinen Geruch ein. Dabei weinte sie im Traum. Doch er lachte:

„Das ist wie früher, du hast in Luv auch immer das Spritzwasser abgekriegt!"

Daraufhin entfernte er sich lachend in einer Wolke aus bläulichem, ihn verschluckenden Nebel.

Als Manuela schweißgebadet aufwachte, war es mitten in der Nacht. Sie stand auf und machte alle Lampen an, so glaubte sie für einen Augenblick die lähmende Einsamkeit verdrängen zu können. Sie zündete eine neue Kerze vor der Urne an und ließ ihre Tränen ohne sie zu trocknen laufen. Sie tropften ihr über die Wangen, das Kinn, den Hals herab in den Ausschnitt ihres dünnen Nachthemds, das sie, seit sie allein in der Wohnung war, noch nicht einmal gewechselt hatte.

Plötzlich fiel ihr ein, dass man von der Straße aus bei Lampenlicht in die Wohnung schauen konnte, und sie bekam Angst und machte überall das Licht aus. Unruhig durchstreifte sie die drei Zimmer, die

Flure und landete in der Küche. Kaffee, sagte ihr Kopf, koch dir einen starken Kaffee. Sie hatte seit Tagen nichts mehr gegessen. Wie eine hungrige Schiffbrüchige durchforstete sie den Kühlschrank und das Tiefkühlfach.

Da war noch der Aal, den Georg nicht mehr geschafft hatte aufzuessen, ihr drehte sich der Magen und sie stürzte zur Toilette und übergab sich. Dabei verspürte sie seit einiger Zeit schon starke Schmerzen im Unterbauch.

Bei dem Durchfall kann ich gar nichts essen. Warum ist mir nur dauernd schlecht? Klar, ich habe auch Krebs. Ich muss dasselbe haben. Georg will, dass ich zu ihm komme. Ich werde wieder mit ihm segeln. Nicht mehr durch das Leben, durch den Himmel. Opapa hat vierzehn Tage nichts mehr gegessen und getrunken, als er sterben wollte, so mache ich das auch.

Dann falle ich niemanden mehr zur Last. Katja wird zwar traurig sein, aber was soll's, sie hat ihre eigene Familie und gar keinen Platz für mich in ihrem Leben. Ich brauche Georg und ich weiß, wo ich ihn finden kann. Für Katja geht das Leben auch ohne mich weiter. Sie war nie auf mich angewiesen. Ich wollte sowieso nie zu ihr. Zu viel habe ich ihr angetan.

Unruhig flackerten ihre Augen, als sie suchend im Zimmer umher blickte. Wo zum Teufel habe ich die Tramaltabletten von Georg gelassen? Er hatte ja noch so viel Medizin. Das morphinhaltige Schmerzmittel lag auf Georgs Nachttisch. Sie nahm zwei Tabletten und die Schmerzen wurden weniger, aber sie wurde dadurch auch müde und schlief bald auf einem der Wohnzimmersessel ein.

Alonso klingelte mindestens einmal am Tag bei ihr und erkundigte sich, wie es ihr ginge und ob er ihr etwas besorgen könnte. Katja, die auch fast jeden Tag anrief, meinte:

„Das ist ja rührend von Alonso, dass er sich so um dich kümmert."

Manuela war da ganz anderer Meinung.

„Er weiß, wo er sich ein paar Dittchen dazu verdienen kann. Nur deshalb kommt er zu mir. Soll ich ihm Georgs Bett schenken?"

Katja dachte: „Georg wird ja nicht wieder in das Bett einziehen", antwortete aber ins Telefon:
„Also verschenk es, wenn du es nicht verkaufen kannst."

Die letzte Flucht

Zu Weihnachten konnte Manuela noch gehen und sich anziehen. Sie verbrachte den Heiligabend bei den einzigen Freunden, die sie in Panamà gehabt hatten, einem mittelalten Schweizer, der auf einer Geschäftsreise eine junge Panamenin lieben gelernt und zur Frau genommen hatte. Frank und Lisa waren immer sehr beschäftigt, weil sie beide viel arbeiteten, aber der Tod von Georg hatte besonders Frank sehr getroffen, für den Georg Vaterersatz gewesen war. Frank hatte seinen Vater kaum noch gekannt, weil er zu klein war, als er starb. Genau wie Katja war er im Juli desselben Geburtsjahres geboren. Er hätte also wirklich ihr Sohn sein können, den sie nie bekommen hatten.

Bei Katja regte sich der Stachel der Eifersucht, die Geschwister oft im Kindesalter bekommen, als sie hörte, dass Manuela zu Weihnachten bei Lisa und Frank sein würde. Wenn ihre Mutter nicht so störrisch wäre und den Verkauf ihrer Möbel in Gang gebracht hätte, könnte sie im Kreise ihrer Familie feiern, aber sie zieht es vor einsam zu werden und vor allen Dingen zieht sie mir den Frank und seine Panamenin vor.

Bei ihrem letzten Besuch hatte sie Frank und Lisa kennen gelernt. Für sie war er ein Angeber, denn er trug goldene Kettchen am Hals und an den Armen und fuhr einen auffälligen Jaguar, dessen Alarmanlage mindestens drei Mal aufgeheult hatte, während sie Kaffee tranken. Traurig dachte sie an den Nachmittag zurück, als sie mit Manuela für das letzte Fest im Leben ihres Vaters eingekauft hatte und wie liebevoll Georg alles arrangiert hatte. Ihr wurde noch einmal bewusst, dass sie in diesen Tagen mit Georg Zeugin geworden war für letzte Male, denn alles, was sie zusammen getan hatten, war für ihn unwiderruflich das letzte Mal gewesen.

Es war albern eifersüchtig auf Frank oder Lisa zu sein. Er hatte Frank geliebt wie einen Sohn. Zu Lisa war er liebenswürdig gewesen, wie er es immer, sein Leben lang, zu netten Damen war. Ich bin einfach kindisch, sagte sich Katja einsichtig. Mama wird kommen, wenn sie soweit ist.

Sie muss erst lernen loszulassen. So lange waren die beiden zusammen, haben Goldene Hochzeit gehabt, sie wird es lernen allein zu sein.

So spekulierte Katja mit der Zeit, doch Manuela wurde nach Weihnachten ernstlich krank. Ihr geschundener, vernachlässigter Körper forderte seinen Tribut. Er fing an ihr Leben zu fordern. Es begann mit den unerträglichen Schmerzen im Bauch, steigerte sich bis zur andauernden Inkontinenz, sodass Alonso seine Cousine, eine junge Medizinstudentin, zu Rate zog, die daraufhin jeden Tag für mehrere Stunden zu Manuela kam und sie versorgte. Maritza war eine wahre Perle, die mit ihrem Lachen und einer hellen Stimme die Sonne von draußen mit ins Haus brachte. Manuela bekam seit langem wieder einmal etwas anderes als Weißbrot und Kaffee zu essen. Vom Wochenmarkt brachte Maritza das feinste Gemüse mit, doch sie merkte nicht, wie entschlossen Manuela war zu sterben.

Die leichten Brühen, die Maritza ihr kochte, mit vielen Vitaminen, kippte Manuela in unbeobachteten Momenten einfach in den nächstliegenden Ausguss. Belegte Brote verschwanden unter der Matratze, angeblich hatten sie hervorragend geschmeckt. Als Nachtisch nahm Manuela immer zwei Tramaltabletten.

So wurde sie mit der Zeit immer verwirrter und misstrauischer. Sie verdächtigte jeden, der ins Haus kam, dass er stahl, obwohl alle nur kamen um ihr zu helfen. Doch sie hatte nicht mehr die Kraft ihr Geld oder ihren Schmuck zu zählen. Alonso schrieb sie eine Vollmacht aus, damit er das restliche Geld vom Konto holen konnte. Schließlich hatte sie so große Schmerzen, dass sie es nicht mehr aushielt.

Alonso fuhr sie eilig ins Krankenhaus, wo der untersuchende Arzt vorsichtig diagnostizierte, es könnte Krebs sein und ihr Tramal verordnete. Nur die Schmerzen wurden nicht weniger, sodass er bei einem weiteren Besuch vorschlug zu operieren, worauf Manuela antwortete, sie würde sofort wieder nach Hause fahren. „Sie kommen ja doch wieder, bleiben Sie doch gleich hier," versuchte der Arzt sie zu überzeugen. Sie ließ sich von Alonso fortbringen und nahm ihm das Versprechen ab sich bis zu ihrem baldigen Tod um sie zu kümmern.

Katja wunderte sich darüber, dass so oft Fremde ans Telefon gingen und ahnte nicht im Geringsten, in welchem desolaten Zustand sich Manuela befand. Am Telefon riss sie sich jedes Mal mit letzter Kraft zusammen, denn sie wollte nicht, dass Katja mitbekam, wie schlecht es ihr ging. Aber von Mal zu Mal wurde es schwerer für sie. Sie wusste selbst nicht mehr am Ende eines Gesprächs, was sie mit Katja besprochen hatte.

Katja spürte schließlich doch so etwas wie Verzweiflung in Manuelas Stimme und fing an darauf zu drängen, dass Manuela schnellstens in einen Flieger stieg und nach Hamburg kam. „Wovon soll ich denn leben?", fragte Manuela zusammenhanglos. „Das wird sich finden. Wo sechs Leute satt werden, ist auch noch Platz für einen siebten", sagte Katja leicht verärgert.

Sie fand immer einen neuen Grund um nicht zu kommen. Gerade wenn sie so krank war, musste sie fliegen um hier wieder gesund zu werden, um regelmäßig zu essen, denn sie ahnte schon, dass ihre Mutter das Essen vernachlässigte, aber sie hatte keine Ahnung, dass ihr Körper von den Folgen ihrer Mangelernährung bereits so stark angegriffen worden war, dass ihr der baldige Tod drohte.

Ihre Mutter war nun ruhig am anderen Ende der Leitung.
„Mama!",
schrie Katja,
„Bitte, setz dich ins Flugzeug."
Sie hörte Manuela am anderen Ende schwer atmen.
„Es ist zu spät. Ich kann nicht mehr reisen. Kommst du mich holen? Dann kann ich es vielleicht schaffen."
Entgeistert starrte Katja den Hörer mit aufgerissenen Augen an, als sei ihre Mutter winzig klein plötzlich in der Muschel aufgetaucht.
„Was? Du kannst nicht mehr allein fliegen? Du weißt doch, dass ich Schule habe. Du musst dann wieder bis zu den Sommerferien warten. Robert kann auch nicht kommen, der ist gerade befördert worden und muss sich einarbeiten, der kann im Moment gar nicht weg."

Die Enttäuschung saß Katja als dicker Kloß in der Kehle. „Kann man nicht auf dem Flughafen jemanden organisieren, der dich begleitet, im Rollstuhl vielleicht?"

Nun gab Manuela zu, dass sie einen Rollstuhl brauchte, dass sie gefallen war, sich vermutlich dabei einen Wirbel gebrochen hatte und es ihr so schlecht ging, dass sie einen Krankentransport brauchte.

„Den können wir nicht bezahlen," schloss Katja aus.

Aber sie war entschlossen eine Lösung zu finden. Doch zu allererst musste Manuela dafür sorgen, dass die Urne endlich beigesetzt wurde.

„Ja, Schatz, ich werde ihm nun seinen Frieden geben", sagte Manuela entschlossen zu.

Alonso hatte das Gespräch mit angehört. Er nahm Manuela in seine starken kräftigen Arme.

„Wir werden Doctore Aitinga im Atlantik, dort wo sie gesagt haben, versenken. Meine Mama und mein Papa und ich werden ihm die letzte Ehre erweisen."

Verstohlen wischte er sich eine Träne aus seinem breiten, dunklen Indiogesicht. Manuela hauchte:

„Si, esta bueno, Alonso, muchas gracias."

Es war gut, alles war, wie es kommen musste, dachte sie. Mein Weg darf hier noch nicht zu Ende sein. Unsere Wege trennen sich nun. Du wirst den endgültigen Pfad zum großen Wagen nehmen, doch ich möchte noch einmal ins Leben zurück. Ich kann dich nicht begleiten. Nun geb` ich dich frei, mein Geliebter, denn so kann ich nicht leben und nicht sterben.

Ich muss Panamà verlassen, sonst holt mich doch noch der Sensenmann, obwohl ich es eigentlich nicht will. Einmal möchte ich noch meine Tochter sehen und dann in der Heimat sterben.

So hatte sie zu guter Letzt doch noch herausgefunden, dass ihre Heimat in Deutschland lag. Bei dem letzten Gespräch vor ihrer Abreise stöhnte Manuela kaum verständlich ins Telefon:

„Katja, meine Süße, ich hoffe, dass ich nicht in dieser Wohnung sterben muss. Morgen fliege ich mit Alonso los. Wünsche mir, dass ich es lebend bis zu dir schaffe."
Dann hatte sie aufgelegt.
Erstarrt saß ihre Tochter mit dem Hörer in der Hand am Esstisch. Ihre Kinder hatten sich aufgeregt um sie geschart und Robert kuckte sie erwartungsvoll an.
„Spätestens übermorgen ist sie da",
gab sie kund und alle jubelten, nur ihr war nicht zum Jubeln zumute.
Eine unbekannte Größe rückte bedrohlich näher, vor der sie Angst hatte, mindestens genauso viel wie ihre Mutter: der Tod, vor dem Manuela ihre dritte Flucht antrat.

Ende

Epilog

Ich war sehr glücklich, als ich mein erstes Buch abgeschlossen hatte. Bis es jedoch seine endgültige Form erhalten hatte, waren einige Kämpfe auszufechten.

Mein Mann erwies sich als kompetenter kritischer Leser, der mich unbequem auf meine Fehler hinwies. Auch meiner Tochter will ich an dieser Stelle für wertvolle Anregungen danken. Meiner Familie und allen anderen Menschen möchte ich danken, die mir so selbstlos geholfen und mich auf meinem Weg zur Schriftstellerei unterstützt und ermutigt haben.

Als dem ersten Menschen, der nie den Glauben an mich verloren hat, möchte ich meiner Mutter danken, die sich zwei Jahre in ihrem Leben nach dem Tod ihres Mannes erkämpft hat. Nun hat sie den Kampf gegen den „cancer", wie sie ihre Krankheit immer benannt hat und die Ärzte ihn zuletzt auch bestätigen mussten, aufgegeben.

Ich möchte auch ihrer Cousine Charlotte danken, denn sie hat mich in die Stimmung der Kriegs- und Nachkriegszeiten versetzt durch erschütternde authentische Berichte, die sie mir freundlicherweise zusandte, die ich leider nicht alle verwenden konnte, die mir aber erlaubten, fast ohne weitere Recherchen über die Vertreibung aus Ostpreußen zu schreiben.

Meiner Tante Trautel danke ich für ihre Ermutigung und Berichte, die sich auf die Nachkriegsverhältnisse im damaligen Hamburg beziehen.

Meinen Freundinnen, Andrea und besonders Elke, die mit Akribie meine Kommafehler ahndete, bin ich sehr für ihre Unterstützung dankbar. Besonders Andrea hat meine spirituelle Seite immer sehr inspiriert.

Ähnlichkeiten mit lebenden Personen sind rein zufällig und nicht beabsichtigt, dennoch ist nicht auszuschließen, dass sich einige Menschen mit den Romanfiguren identifizieren können.

ulimé